产权理论与
企业发展研究

年志远◎著

中国社会科学出版社

图书在版编目（CIP）数据

产权理论与企业发展研究／年志远著 . —北京：中国社会科学出版社，
2019. 12

ISBN 978 – 7 – 5203 – 5788 – 3

Ⅰ. ①产… Ⅱ. ①年… Ⅲ. ①产权理论—研究②企业发展—研究—中国
Ⅳ. ①F014. 1②F279. 23

中国版本图书馆 CIP 数据核字（2019）第 286340 号

出 版 人	赵剑英	
责任编辑	黄 晗	
责任校对	冯 烽	
责任印制	王 超	

出 版	中国社会科学出版社	
社 址	北京鼓楼西大街甲 158 号	
邮 编	100720	
网 址	http：//www. csspw. cn	
发 行 部	010 – 84083685	
门 市 部	010 – 84029450	
经 销	新华书店及其他书店	

印 刷	北京明恒达印务有限公司	
装 订	廊坊市广阳区广增装订厂	
版 次	2019 年 12 月第 1 版	
印 次	2019 年 12 月第 1 次印刷	

开 本	710×1000 1/16	
印 张	19	
插 页	2	
字 数	254 千字	
定 价	89. 00 元	

凡购买中国社会科学出版社图书，如有质量问题请与本社营销中心联系调换
电话：010 – 84083683

目　　录

导　言

　　奉献给读者的这部产权理论与企业发展研究专著，实际上是一部产权理论与企业发展研究论文选集。其中的论文主要是从我公开发表的学术论文中挑选出来的。其中，有一些论文是我承担"国家社科基金项目""教育部人文社会科学重点研究基地重大项目"和"教育部人文社会科学一般项目"等项目时，发表的阶段性成果。有些论文发表后，被《高校文科学报文摘》和《中国人民大学报刊复印资料》摘编或转载。

　　由于是论文选集，所以很难形成系统、完整、有机的理论体系。专著不是按照论文公开发表的时间顺序编辑的，而是把同类研究论文编辑在一起成章的；编辑时，根据成书的需要，对个别论文题目进行了提炼。由于是论文选集，所以个别学术观点或内容可能会在几篇论文中出现，这是当时撰写论文时的实际需要。为了保持论文的原貌和学术观点的完整性，专著在编辑时没有对这种重复进行删改，而是按照论文发表时的原貌编入，以便于读者了解我当时的学术思想。

　　由于个人的学识水平有限，再加上经济理论与企业改革的不断发展，所以，回眸审读，论文中难免有不正确乃至谬误之处。有的论文或许是幼稚的，有的论文或许是肤浅的，有的观点或许还没有揭示问题的真谛，等等。因此，诚恳就教于理论界的同仁。本书如果能够对读者有所启迪，或能够使读者有所感悟，将是我最大的欣慰和快乐。

全书共六章。第一章为人力资本产权研究，主要研究了人力资本产权界定、人力资本产权投资、人力资本产权特征、人力资本产权交易、人力资本产权流动、人力资本投资者权利、马克思人力资本产权思想；第二章为企业所有权研究，主要研究了企业所有权概念辨析、企业所有权内涵和主体演进、企业所有权分享主体、企业所有权激励功能、企业所有权状态依存特征、企业所有权与财产所有权、企业所有权安排对企业业绩的影响；第三章为企业劳资关系研究，主要研究了企业个体劳资关系、企业个体劳资关系冲突传染性、企业委托代理劳资关系；第四章为企业治理与监管研究，主要研究了企业治理结构理论评析、国有独资公司治理结构重构、德国企业治理模式及其启示、监管国有资产监管机构、国资委权益监管与政府行政监管；第五章为国有企业改革研究，主要研究了国有企业经营者需求实证、国有企业所有权分享安排、资产专用性与国有企业用工制度、国有企业招聘与解聘制度的匹配性；第六章为物质资本产权与人力资本产权研究，主要研究了物质资本产权与人力资本产权比较、物质资本产权与人力资本产权契约、物质资本产权与人力资本产权交易、物质资本产权与人力资本产权再交易、物质资本产权与人力资本产权"化合反应"。

年志远

2019 年 6 月 12 日

第 一 章

人力资本产权研究

本章主要研究人力资本产权界定、人力资本产权投资、人力资本产权特征、人力资本产权交易、人力资本产权流动、人力资本投资者权利和马克思人力资本产权思想。

第一节　人力资本产权界定[*]

人力资本产权界定，是指人力资本产权权能如何在投资者之间分割。人力资本投资既可以是单元的（即只有载体自己），又可以是多元的（即除了载体以外，还有其他投资者）。单元投资者投资形成的人力资本产权由其独享；多元投资者投资形成的人力资本产权由投资者共享。

在多元投资者的情况下，人力资本载体在人力资本的形成过程中，虽然可能没有直接投入货币资金等物质资本，但却投入了时间、智力、健康、机会等"外延资本"。所以，人力资本承载者是"天然"的投资者；人力资本非载体在人力资本的形成过程中，直接投入了货币资金等物质资本，也是人力资本投资者。

人力资本载体投资者和人力资本非载体投资者共同构成人力资

* 本节内容原载《社会科学战线》2003 年第 6 期。

本的投资主体，但是，两者是有本质区别的，所起的作用也是有差别的。非载体投资者是真正意义上的投资者，投资的目的大多是为了取得人力资本使用权。非载体投资者的投资起重要的作用，它对人力资本的形成、质量高低和价值大小具有直接的影响；载体投资者是非载体投资者的投资对象。

由于人力资本投资者有载体投资者和非载体投资者，而且形成的人力资本又不能独立存在，必须依附于载体，所以，人力资本的所有权（狭义）、占有权、使用权、收益权和处置权等各项权能的归属就比较复杂。因此，必须准确地界定其归属，约束各自的行为，保护各投资者的权益。

一 人力资本产权界定的原则和方式

人力资本产权界定直接影响到投资者的利益，所以，必须确定原则和方式。确定人力资本产权界定的原则和方式既要科学合理，又要现实可行，这样才有利于人力资本产权界定。

（一）人力资本产权界定的原则

为了保证人力资本产权界定能够客观地反映人力资本产权分割的规律性，提高人力资本的配置效率，促进人力资本产权投资和产权交易，人力资本产权各项权能的界定必须遵循以下四项原则。

第一，公平性原则。人力资本是投资形成的，所以，载体投资者和非载体投资者都应该享有人力资本产权权能，这样才公平合理。但是，在现实中，人力资本产权权能如何具体界定归属于不同的投资者，则需要根据投资者的实际情况确定。

第二，效率性原则。人力资本产权权能界定，应以提高人力资本效率为出发点。要通过人力资本产权权能界定，充分提高人力资本的使用效率。

第三，激励性原则。人力资本非载体投资者是人力资本形成的重要因素，因此，调动非载体投资者的投资积极性是十分重要的。非载体投资者之所以要进行人力资本投资，完全是有目的的。因此，要努力使非载体投资者实现目的，激励他们继续投资，也为新的非载体投资者投资作出示范。

第四，客观性原则。人力资本产权权能界定应考虑和尊重客观现实。人力资本与其载体不可分离，所以，人力资本产权权能界定时就应认识到这一点，并尊重这一实际情况，只有这样，人力资本产权权能界定才会有生命力并取得成功。

（二）人力资本产权界定的方式

在理论和实践中，人力资本产权界定主要有三种方式。

第一，法规界定。法规界定是指由法律、法规和政策等确定人力资本产权权能的归属。比如，为了加强国家国防建设或改变某些行政区域人力资本短缺的问题，政府可以通过发布有关委托培养人才的政策法规，并以政策法规为依据，进行人力资本投资。被投资的对象应是经济困难需要资助培养的高级专门人才或其他志愿者。这些接受国家投资形成的人力资本的产权权能归属由国家政策法规予以确定。一般情况下，人力资本接收部门应该拥有人力资本产权的部分权能。经人力资本管理部门同意，人力资本承载者可以在工作闲暇时间拥有人力资本使用权。另外，当承载者和投资者发生纠纷时，应由相关部门依据有关政策法规裁定。

第二，协商界定。协商界定是指投资者和被投资者双方协商确定人力资本产权权能的归属。界定结果可以保持一定的灵活性，即人力资本承载者在一定的时间内可以自由选择是否拥有人力资本处置权。承载者既可以选择行使权利，也可以选择放弃权利。如果选择行使权力，应按契约约定赔偿损失。

第三，社会制度与体制界定。人力资本产权是一定社会历史的产物，在原始社会，生产力水平极端低下，人们只有通过共同劳动才能实现生产目的。因此，劳动力是氏族共同体的共同财富，个人的人力资本属于共同体所有；在奴隶社会，奴隶是属于奴隶主的私人财产，所以，奴隶的人力资本属于奴隶主所有，奴隶个人则"一无所有"；在封建社会，独立的个体劳动者有了人身自由，其人力资本完全归承载者所有，但是，农奴的人力资本则由其承载者和农奴主共同所有；在资本主义社会，人力资本载体开始享有人力资本产权，但这种产权是"残缺"的，即缺少收益权，收益权归属于资本家所有。

在现代资本主义社会中，人力资本产权的各项权能开始分属于各个不同的投资者；在中国传统的计划经济体制下，人力资本产权表面上属于承载者，但实际上属于国家。在目前中国经济体制转轨时期，人力资本产权权能的界定应遵循市场经济规则，在不同的投资者之间依据一定的原则进行分割。

二 人力资本产权权能界定

由于人力资本是投资形成的，所以，当人力资本有两个以上的投资者时，为了维护各个投资者的权益，就必须进行人力资本产权权能的界定。

（一）人力资本所有权（狭义）权能界定

当人力资本投资者为两个以上，既有载体投资者，又有非载体投资者时，人力资本所有权归谁所有？理论界有两种截然不同的观点[1]：一种观点认为，人力资本与其承载者不可分离的特点，决定了人力资本所有权"天然"地属于载体；另一种观点则认为，人力资本是投资形成的，应遵循谁投资谁所有的原则，所以，人力资本所有权应归属于投资者。

---

[1] 王璐玲、王琪琼：《人力资本产权问题研究的综述及阐发》，《人口与经济》2002 年第3 期。

　　笔者认为，上面两种观点并不是截然不同的，而在本质上是相同的，只是阐述问题的角度不同，所以影响了人们的理解。由于"人力资本所有权就是人力资本产权"①，所以人力资本所有权既可以是一组或一束产权，又可以是其中任意一项具体产权权能。因此，前一种观点——"人力资本所有权'天然'地属于载体"中的人力资本所有权应是指具体权能，即是指狭义的人力资本所有权；而后一种观点中的"人力资本所有权应归属于投资者"中的人力资本所有权，并不是指狭义的人力资本所有权，而是指一组或一束人力资本所有权。由于这种人力资本所有权组或人力资本所有权束共同归属于投资者，所以，它们应分割成不同的权能，归属于不同的投资者。狭义的人力资本所有权权能当然只能归属于载体投资者，因此，上面两种观点从本质上来看，都是指狭义的人力资本所有权权能归属于载体。

　　（二）人力资本占有权权能界定

　　人力资本天然地依附于承载者，并且已在客观事实上由承载者占有，所以应从客观实际出发，把人力资本占有权界定给承载者。人力资本不能同承载者分离，不能脱离承载者单独存在。人力资本的安全总是同承载者紧密地联系在一起的，如果承载者受到了某种程度的损害，则意味着人力资本也受到一定程度的损害；如果承载者受损害严重，丧失了正常的功能，则人力资本也就会大大贬值，甚至丧失使用价值。人力资本占有权界定给承载者，可以使人力资本得到更有效的保护，增强其安全性。

　　另外，由于人力资本占有权天然地与承载者一体化，所以，如果将其界定给非承载者，则必然会使人力资本的承载者成为非自由人，这是与现代文明社会不相容的。因此，人力资本的占有权只能

---

① 李建民：《人力资本通论》，上海三联书店1999年版，第52页。

界定给承载者。

(三) 人力资本使用权权能界定

人力资本使用权是指不改变人力资本的性质,而依据其用途加以利用的可能性。使用权权能是人力资本产权中的最重要权能,人力资本的价值和价值增值完全是通过人力资本使用权来实现的。非承载者之所以要对人力资本投资,最重要的目的之一就是为了获取人力资本使用权。非载体投资者是否拥有人力资本使用权,以及拥有的人力资本使用权是否完全是至关重要的,因为它直接关系到对人力资本的投资能否收回以及投资收益的大小。

人力资本承载者与人力资本使用权具有天然的联系,并且在事实上控制着人力资本使用权,如果不明确界定人力资本使用权的归属,受利益驱使,人力资本承载者就可能会利用天然控制使用权的优势,滥用人力资本使用权为自己谋利,使人力资本非承载者的利益受损。在现实经济生活中,人力资本承载者滥用人力资本使用权的事例是屡见不鲜的。因此,必须明确清晰界定人力资本使用权的最终归属,约束双方当事人的行为。

人力资本使用权可以有三种界定:一是界定给人力资本承载者;二是界定给人力资本承载者和人力资本非承载者共同所有;三是界定给人力资本非承载者。

笔者认为,第一种界定是不合理的。因为非载体投资者的投资目的之一就是为了获取人力资本使用权,如果不能获取人力资本使用权,非载体投资者就不会投资。没有非载体投资者的投资,也就可能不会有人力资本的形成。

第二种界定从理论上看是合理的,因为谁对人力资本投资,谁就应该拥有人力资本使用权。但是,事实上双方却不能共同拥有。如果是共同拥有,载体投资者和非载体投资者之间利益动态博弈的结果,将会严重地损害非载体投资者的权益。因为人是经济人,每个人都追求自身利益的最大化，所以两个投资主体很难有一致的使用目标。即使有一致的使用目标，但由于双方都追求自身利益最大化，也难以融合和合作。另外，最重要的是影响了非载体投资者投资的收回和收益，使人力资本投资断绝。

因此，人力资本使用权必须首先界定给非承载者，然后再界定给承载者，即非承载者是第一使用者，承载者是第二使用者。在保证非承载者使用的前提下，承载者方可以使用，而决不能反其道而行之。虽然通过使用顺序或时差可以把人力资本使用权界定给非承载者和承载者共同拥有，但是，这必须有一个前提，即人力资本必须是不具有商业秘密性质的一般性人力资本，而不能是具有商业秘密性质的专用性人力资本。

一般性人力资本，由于不含有商业秘密，所以，在非承载者使用之余，承载者使用并不会对非承载者的利益构成影响或侵害。例如，A 在某一企业的资助下完成了学业，毕业后即到该企业职业教育培训部门工作。在工作之余，从事第二职业——做家教。在这种情况下，企业和承载者是共同拥有人力资本使用权的，而且企业是第一使用者。在保证企业使用之后，该人力资本承载者可以行使使用权从事家教工作，取得额外利益。在业余时间利用人力资本使用权，既没有影响企业的工作任务，又没有给企业造成任何损失，而且承载者自身又可以获得额外的利益。

第三种界定是有条件的，即人力资本一定是专用性人力资本。专用性人力资本的使用权只能由非承载者独享，而不能由非承载者和承载者共享。否则，就会造成商业秘密扩散，使非承载者蒙受损失，甚至收不回投资。在一些商业违法案例中，我们常常可以看到，一些人在企业的资助下，到其他单位或国外学习先进技术，学成后回到单位工作的同时，又在业余时间利用该技术到其他单位服务，结果给本单位造成重大经济损失。因此，这类人力资本使用权只能由其所在单位独自拥有，而不能与承载者分享。但是，人力资本使用权只界定给非承载者，有时也会带来一些消极影响，使非承载者付出极高的成本。因为承载者对自己承载的人力资本具有绝对的信息优势，而且还实际控制着使用权，当他感到人力资本的使用权和自己的意志相矛盾时，就可能会限制人力资本的支出，造成人力资本的浪费和使用效率的低下。

（四）人力资本收益权权能界定

人力资本收益权的收益与工资不同，工资是劳动力价值的表现形式，是维持劳动力再生产所必需的生活资料的价值，是对劳动力消耗的补偿；收益权则是指人力资本作为一种资本参与利润分配，获取投资回报的权利。分享利润是人力资本收益权的核心内容，因为人力资本已成为现代生产过程中的一种生产要素，一种生产资本，它与土地资本、金融资本等物质资本一样，有权分割一部分利润。

把人力资本收益权界定给人力资本承载者，是客观合理的，有利于充分调动和激发承载者的工作积极性，符合激励相容原理。对于不同存量的人力资本，其承载者收益权的收益也应是不同的。高存量的人力资本贡献大，应获取高收益；低存量的人力资本贡献小，应获取低收益。承认人力资本收益权，是社会发展进步的要求，它表明人力资本承载者在社会生产中开始逐步占据主导地位。

（五）人力资本处置权权能界定

人力资本处置权是指人力资本产权主体在权力所允许的范围内，以各种方式处置人力资本的权利，如，改变人力资本存在地点的权利、改变人力资本存在方式的权利和改变人力资本价值含量使其增值的权利，等等。人力资本处置权界定给承载者，承载者可能会通过人力资本的不断流动来提高其现时人力资本的收益率。

当然，有时也会通过人力资本再投资的方式来提高人力资本的预期收益率。但是，人力资本的经常流动必然要影响非承载者对人力资本的使用，损害非承载者的利益；而把人力资本处置权界定给非承载者时，他就会尽量减少人力资本的流动性，以尽可能提高人力资本的利用效率，同时也会更重视人力资本的再投资，以不断增加人力资本的存量，使其在未来能具有更高的人力资本价值。可见，人力资本处置权归属主体的界定，会在相当大的程度上提高该主体的利益。考虑到非承载者对人力资本形成的重要作用，人力资本处置权应该界定给非承载者。

第二节　人力资本产权投资[*]

一般而言，人力资本投资的主要目的是为了获取人力资本的所有权，进而获使用权、收益权和处置权等权能。因此，人力资本投资本质上是人力资本产权投资。人力资本产权投资之所以具有较强的吸引力，是因为投资所获得的所有权及使用权会为其带来收益。

根据人力资本形成过程中投资者的构成状况，人力资本产权投资可以划分为两类：一类是只有一个投资者的人力资本产权投资，即投资者只有承载者个人（包括其家庭成员），他既是智力、体力、精力、时间等要素的投入者，又是人力资本形成过程中所需的货币资金等物质资本的投入者。显然，这样所形成的人力资本产权应该完全归属于人力资本承载者；另一类是具有两个或两个以上投资者的人力资本产权投资，即除了人力资本承载者投入智力、体力、精力和时间等外，还有他人（不包括家庭成员）在人力资本形成过程中投入货币资金等物质资本。这时，所形成的人力资本产权应由所有投资者共同所有。

＊ 本节内容原载《天津商学院学报》2002 年第 4 期。

只有一个投资者的人力资本产权投资较单一，产权归属也明确，不涉及产权权能的进一步分割等问题，因此不需要专门研究。本书重点分析具有两个或两个以上投资者的人力资本产权投资及其相关问题。

一　人力资本产权投资风险

与物质资本产权投资不同，人力资本产权投资的风险较大。所涉及风险至少包括以下四种。

第一，违约风险。人力资本是一种"活的资本"①，其载体有思想、有意志，不仅易受利益因素驱使而产生流动性意愿，而且发挥作用中的不确定性也较大。在外界环境的影响和主观因素的作用下，人力资本承载者的思想、意志、目标等可能随时发生变化，到合约执行期时，可能会出现不履约现象。企业出资委托培养人才，在被培养人完成学业后，脱离投资者另行谋职的现象便是最典型的人力资本投资中的违约风险例证。

第二，价值风险。人力资本产权投资获得人力资本所有权及使用权，目的是利用人力资本实现产品、效益和利润的增加。这就要求人力资本具有较高的价值和使用价值。但是，人力资本产权投资在先，而人力资本价值体现在后，而且人力资本的价值和使用价值又难以准确度量，只能通过实践检验。因此，即使所投资的人力资本承载者在人力资本形成后如期履约，其使用价值发挥作用过程中能否实现预期的人力资本投资的目的，也还具有很大的不确定性。人力资本的价值可能达到或超过投资的预期，也可能低于投资的预期，后者显然会使投资者遭受损失。②

第三，市场风险。一般而言，人力资本产权投资所获得的所有

① 刘大可：《论人力资本的产权特征与企业所有权安排》，《财经科学》2001 年第 3 期。
② 年志远：《人力资本产权交易研究》，《经济纵横》2002 年第 2 期。

权和使用权是有一定期限的，该期限应根据当时的人力资本投资额度及对人力资本使用效益预期来确定。但由于商品和劳动力市场是不断变化的，所以人力资本投资就可能面临由预期不当所产生的市场风险。一种情况是，当投资所形成的人力资本开始投入使用时，投资者原来的生产、服务计划可能因市场发生了较大的变化而减少甚至完全停止，结果导致人力资本的使用权不能充分行使，所投资的人力资本不能通过使用价值的实现，发挥预期的作用和实现预期的收益，投资者也就无法收回投资;[1] 另一种情况是，当投资所形成的人力资本开始投入使用时，劳动力市场中此类人力资本供给已经相当充裕，无须任何前期投资即可以获得使用权。这就意味着投资者由于对人力资本供求预期不当而发生损失;还有一种情况是人力资本自身贬值，即由于科学技术的发展等因素而使一些传统性的产业在经济发展中的作用和贡献率不断下降，从而导致这个产业的人力资本价值不断下降。人力资本自身的贬值也会使人力资本投资者遭受损失。

第四，意外风险。由于人力资本不能与其承载者相分离，所以只能由承载者自己维护、保管，以维持其使用价值。如果承载者生活习性不佳，不能善待其身，忽略健康等因素或发生意外人身伤害，就会严重降低人力资本的使用价值，甚至丧失使用价值。在这种情况下，人力资本产权投资者的利益就会严重受损，甚至承担意外损失。[2]

二 人力资本产权投资主体构成及其投资动因

人力资本产权投资主体构成就总体而言，与非人力资本产权的

---

① 王健民：《论人力资本产权的特殊性》，《财经科学》2001 年第 6 期。

② 姚树荣、张耀奇：《人力资本含义与特征论析》，《上海经济研究》2001 年第 2 期。

投资主体构成一样，也包括个人、企业和政府三大类投资者①，但各类主体对人力资本产权投资与非人力资本产权投资的动因及其决定是存有差异的。

第一，个人投资者，即人力资本载体投资者。个人（包括其家庭成员）是人力资本产权投资的重要主体，其投资的动因在于追求被投资者在未来为自身及家庭带来比较优势和相关利益，即获取预期未来收益。因此，个人投资的目的并不是利润的最大化，而是整体效用或收益的最大化。这里的个人预期效用和收益包含经济和非经济两个方面：经济方面的收益主要包括收入、职业保障、职位升迁、就业机会和消费效用等等；非经济方面的收益则更广泛多样，如精神和心理方面的满足、社会地位的提高、生活环境的改善、恋爱婚姻的优势等等。

这些效益是非载体投资者所完全不能获得的。就动因而言，个人人力资本产权投资是功利性的投资。个人进行人力资本产权投资虽然是个体的主观自主行为，但最终还是要取决于人力资本市场的供求状况，它既要受到个人人力资本产权投资的需求，即投资资源条件，如收入水平和时间保证等因素的限制，又会受到市场的供给条件，如教育、职业训练等供给能否满足投资需要等因素的影响。

第二，企业投资者。与个人投资者相比，企业对人力资本产权投资的范围比较小，主要是集中在专业技能教育投资和在职业培训投资等领域。因为这种形式的投资，所获得的人力资本更能满足企业的实际需要。企业进行人力资本产权投资的动因在于获取最大化利润，即通过人力资本产权投资，获取部分人力资本所有权派生出的使用权，最后获得最大化利润。

企业对人力资本产权的投资也是功利性的投资。由于企业既是

① 李建民：《人力资本通论》，上海三联书店、上海人民出版社 1999 年版。

人力资本的投资者，又是人力资本的直接需求者，所以企业投资是按需进行的，一定程度上可以消除投资的市场风险，但却难以消除被投资者违约风险。为了规避或减少违约风险，企业应在投资前应采取相应的风险防范手段，并与被投资者达成具有法律意义的协议或合约，明确双方的权利与义务，特别是要明确确定违约赔偿责任，以求利用合约减少不必要的人力资本的流失，保持其相对稳定性，保证人力资本投资带来预期收益。

第三，政府投资者。随着科学技术的发展和社会的进步，政府已逐渐成为人力资本产权的最重要投资主体。虽然各国的政治制度和经济体制差别较大，但各国政府在人力资本产权投资方面却具有相同的认识，并发挥着同等重要的作用。许多国家实行的中小学阶段的义务教育就是政府对人力资本实施的基础性投资。

政府对人力资本产权的投资动因是非功利性的，因为政府进行人力资本产权投资的目的在于获得以下四个方面的社会福利性效益：一是提高全体公民的素质，促进经济和社会发展；二是在更高的程度上实现人力资本的外部效益、规模效益和连锁效应；三是改善一国个人收入分配状况，缩小个人收入分配差距；四是更大限度地开发人力资源，大幅度地增加社会人力资本存量。因此，政府的人力资本产权投资是福利性的，其投资要求尽量覆盖社会上的每一位公民，且完全不要求人力资本产权归属，在制度上充分保证和体现社会的公平性。考察世界各国的现状，政府人力资本产权的投资领域相当宽泛，除国民教育外，还有科学研究、医疗卫生等方面。

一般而言，政府福利性投资形成的人力资本，大多是普通性或一般性人力资本，但这种人力资本投资又是专用性人力资本投资的重要基础。

三 人力资本产权投资的特征

由人力资本产权投资的特殊性所决定，人力资本产权投资与物质资本产权投资相比具有不同的特点。

第一，人力资本产权投资的影响因素较多。人力资本产权投资的对象或客体不是非生命的物体，而是具有一定的智力、体力、精力和生命的人。所以，人力资本产权投资不仅要受社会、经济、文化、家庭的影响，而且更重要的是取决于个人先天的智商、偏好、行为与性格特征等多方面的因素。因此，人力资本产权投资评估中需要考察的因素就显得更为复杂。

第二，人力资本产权投资具有多元性。人力资本产权投资取向受诸如社会经济体制、个人及家庭收入、企业管理方式等多种因素的影响。在传统计划经济体制下，我国形成人力资本的基础途径——教育的投资者主要是政府；计划经济体制向市场经济体制转轨后，高等教育的投资者开始转向个人，但政府还继续承担义务教育的投资；同时，人力资本产权再投资，诸如在职技能和专业培训等，其投资主体由企业担当。所以，人力资本产权投资者包括个人、企业和政府等，是多元的。①

第三，人力资本产权投资者与投资对象交织。人力资本载体自己是天然的投资者，即人力资本载体自身要投入智力、体力、精力、时间等，但是，同时又是被投资的对象，所以，投资者与投资对象集中于承载者一身，这一点与物质资本投资有着显著的区别。

第四，人力资本产权投资含有非物质形态的投入，即时间投入。人力资本是一种时间密集型的资本，所以时间也就自然成为人力资本产权投资的投入资源。对于大多数人力资本产权投资来说，都需要很长时间，有些投资需要几年，甚至十几年或几十年的时间。人力资本产权投资的时间成本受时期和地域的影响，时期不同，地点不同，时间成本也不同。部分人力资本产权投资，如迁移

---

① 冯子标：《人力资本运营论》，经济科学出版社 2000 年版。

与流动，其时间成本就较少，除此之外，绝大多数的时间投资成本都较高。

第五，人力资本产权投资具有相继性。由于人力资本产权投资需要花费的时间较长，所以呈现出明显的阶段上的相继性，即后期投资必须以先前的投资为基础或前提条件。严格意义上说，人力资本产权投资是由几个阶段相继完成的，典型的如小学教育、初中教育、高中教育（包括中等专业教育）和高等教育，全部教育过程有着明显的阶段性及其相继性。人力资本产权投资的相继性特点，使人力资本产权投资主体复杂化了。一般情况下，小学和中学教育是义务教育，投资主体是政府。作为福利性投资，政府放弃投资所形成的人力资本产权；高中教育和高等教育投资主体是个人（包括家庭成员）或企业，根据投资主体的构成，或者个人拥有全部人力资本产权，或者多元投资者对产权共同分享；人力资本进入企业接受企业培训后，作为功利性投资，新增人力资本产权应归属于企业所有。

从人力资本的形成过程看，福利性投资通常为功利性投资奠定了重要的基础，功利性投资是建立在福利性投资基础之上的，没有福利性投资也就没有功利性投资。先期的福利性投资演变为后期的功利性投资，进而形成专用性人力资本，人力资本承载者具有了普遍性和专用性人力资本。

四 人力资本产权投资的条件

对人力资本产权投资，最重要的是在投资条件上达成共识，这是形成相关合约的基础。其中主要涉及条件应该考虑人力资本产权权能的归属、投资规模与期限、收益期的确定等。

第一，人力资本产权分割。这是一个相关人力资本产权权能及其利益归属的重要条件。人力资本非载体投资者对人力资本产权投资主要是为了获取人力资本使用权权能。因此，人力资本使用权权能应界定给人力资本非载体投资者，或首先界定给人力资本非载体投资者，然后有条件地界定给人力资本载体投资者。有条件地界定是指在不影响人力资本非载体投资者使用和利益的情况下，可以将人力资本使用权权能界定给人力资本载体投资者。获取人力资本使用权权能是非政府投资者进行人力资本产权投资的基本条件，这一条件若不能得到基本满足，投资就难以实现。

第二，投资规模和期限。人力资本投资规模是指进行人力资本产权投资所需货币资金量或实物资本折合的货币资金量总额。一定规模的投资是获取一部分人力资本产权的必要代价，投资规模的大小一般应视未来人力资本的价值而定。未来人力资本价值大，投资额度也必然大；未来人力资本价值小，投资额度也就小。投资规模在一定程度上决定了人力资本产权的分割。一般来说，投资规模大，分割的人力资本产权权能也大；反之亦然。对人力资本产权投资的期限是指投资开始至投资结束所需时间。与一般投资一样，投资期限与投资风险成正比。同等规模的人力资本投资，投资时间越长，投资风险越大；投资时间越短，投资风险越小。

第三，人力资本产权享有期的确定与分配。人力资本产权投资决策中，非载体投资主体必然关注人力资本产权归属于非载体投资者的时间条件，因为人力资本非载体投资者享有人力资本产权的时间长短，直接影响其切身利益。确定与分配人力资本产权享有期应以投资规模作为重要参考因素，即拥有人力资本产权的时间应与投资金额成正比，投资金额大，拥有产权的时间就应该长，这样才能保证投资成本的收回和投资者取得应有的投资收益。

人力资本产权投资中的功利性投资和福利性投资的目的不同，所以要求也不同。个人、企业等进行的功利性投资的目的在于能够在未来取得某种利益，为了鼓励其投资，必须保证其在未来实现既定的目标，这就必须赋予投资者在法权上拥有部分人力资本产权；政府进行的福利性投资的目的是不断提高公民整体素质，着眼于取得外部效益，所以，不需要拥有人力资本产权。由于政府的财力总是有限的，为了使人力资本投资能够充分保证社会和个人的发展需要，政府可以通过提供相关政策、制度保障等路径，支持和引导个人和企业进行人力资本产权投资，并充分保证他们同时拥有各项相应的权利。

第三节　人力资本产权特征[*]

在人力资本产权研究中，关于其特征的观点比较多，也比较杂乱，且差别较大。笔者认为，造成这种现象的主要原因，是研究者对人力资本和人力资本产权的概念认识不清，把两者混淆起来。

有的研究者用人力资本的特征替代人力资本产权的特征。比如，刘大可将"人力资本产权的特征"归纳为四个方面：其一是"人力资本与其所有者天然融为一体，不可分离"；其二是"人力资本的价值难以度量，而且价值信息易于隐藏"；其三是"人力资本的多样性与专业性"；其四是"人力资本使用过程中的协作性"。[①] 很显然，上述四个方面揭示的是人力资本的特征，而并非是人力资本产权的特征。

还有的研究者把人力资本的特征和人力资本产权的特征混同起来。比如，王健民博士认为，"人力资本产权的特殊性，可以概括为六种：其一，个人占有的天然性；其二，运用主体的唯一性；其三，价值实现的自发性；其四，使用的激励性与增值性；其五，产

---

[*] 本节内容原载《财经科学》2002 年第 4 期。

[①] 刘大可：《论人力资本的产权特征与企业所有权安排》，《财经科学》2001 年第 3 期。

权残缺的自贬性；其六，收益的外部性与长期性。"① 笔者认为，这里关于人力资本产权特征的表述与人力资本的特征是有混淆的，六个特征中，前两个特征应是人力资本产权的特征，而后四个特征则是人力资本的特征。

研究和表述人力资本产权的特征，首要的和关键的是要准确理解和界定人力资本和人力资本产权的本质含义。就本质而言，我比较认同将人力资本定义为"存在于人体之中，后天获得的具有经济价值的知识、技术、能力和健康等质量因素之和。"② 与之不同的人力资本产权则是指人们围绕或通过人力资本而形成的经济权利关系，具体包括两种关系：一是人力资本产权所有者与其人力资本的关系；二是不同人力资本产权所有者之间的关系。可见，人力资本与人力资本产权是有本质区别的。因此，人力资本的特征与人力资本产权的特征也必然存在差异，而非同一。

笔者认为，人力资本的特征主要表现在人力资本的形成、内容、价值、能动性等方面；而人力资本产权的特征，则主要表现在人力资本产权所有者的责任、权利和利益等方面。据此笔者认为，人力资本产权应有如下几个特征。

一 承载者占有人力资本的天然性

人力资本存在于承载者的身体之中，与人体不可分离，人力资本不能脱离承载者而独立存在，这是人力资本与其载体天然的生理关系。因此，人力资本只能由其承载者天然的独自占有。人力资本只能由其承载者天然地占有，表明了人力资本承载者是人力资本的唯一所有者或所有者之一。在人力资本载体是唯一投资者，既投入知识、技能、健康等，又投入货币资金等物质资本时，人力资本载

---

① 王健民：《论人力资本产权的特殊性》，《财经科学》2001 年第 6 期。
② 李建民：《人力资本通论》，上海三联书店 1999 年版，第 42 页。

体是人力资本的唯一所有者。

这时，人力资本的所有权（狭义）、占有权、使用权、收益权和处置权等权能均归属于承载者。但是，当人力资本有多个投资者，人力资本载体只是投资者之一，或所有者之一时，人力资本的占有权也仍然归属于承载者，其他投资者或所有者都不拥有人力资本占有权。可见，人力资本所有者可能是人力资本占有者，也可能不是人力资本占有者。但是，人力资本占有者却一定是人力资本所有者。

由于人力资本与承载者不可分离，人力资本依附于承载者的身体而存在，而且还必须是有生命的承载者，所以，人力资本占有权的存在与否、存在的时间长短，以及存在的质量状况等，都与承载者的思想状况、精神状况和身体状况等有密切的相关性。亦即，如果承载者的思想混乱、精神状况不佳、身体素质较差等，或承载者的身体受损，则人力资本的占有权行使也将受损。

占有权与承载者的身体不可分离，使承载者具有了责任性和风险性。享有占有权，就必须承担相应的责任，即要保证人力资本承载者的安全、维护人力资本承载者的生存环境和延续人力资本承载者的寿命。只有保证承载者的安全，人力资本才能存在，人力资本占有权才能体现；只有为承载者提供必要和良好的生活环境和发展环境，人力资本才能正常、创造性地发挥效能；在人力资本发挥效能的高峰期和全部周期内，只有实现和保障人力资本承载者的健康和长寿，尽可能地提高人力资本的使用价值，人力资本占有权才最有价值和意义。

人力资本占有权与承载者不可分离，使货币资金等物质资本投资者承担着巨大的风险，因为人力资本投资期较长，而且即使在投资回收期内，也仍然存在很大的不确定性和难以控制性。这种风险不能规避，只能通过制度制约而尽可能减小。为了将风险降低到最低水平，人力资本使用者不得不承担额外成本，即要承担人力资本占有者的生活费、医疗费、养老保险等费用。对于这种风险，在制度不完善时，可以通过谈判来减小或规避，但是，在法律法规健全的条件下，这种风险是难以减小或规避的，因为法规已对双方的责权利进行了公平、合理的安排和界定。如果企业违规强迫人力资本所有者进行不公平的交易，则法律法规也将给予纠正。

二 人力资本实际使用者的唯一性

在人力资本交易和使用过程中，会出现两种使用权的概念。

第一种人力资本使用权是指人才资本名义使用权，即人力资本非承载者通过人力资本产权投资或交易等合法手段获取的在一定时期内使用人力资本的权利。由于是通过合法手段获取的，并履行了法权化的自由交易、双向选择、自愿签约等程序，所以是受法律法规保护的。通过人力资本产权交易的形式所获得的人力资本使用权，是一种支配性权利，而不是一种操作性权利。这种人力资本使用权是一种法权权利，即法律赋予享有人力资本使用权的主体依法支配人力资本承载者将人力资本付诸使用的权利；同时它也是一种间接权利，因为承载者占有人力资本的天然性使人力资本与其载体不可分，因此人力资本使用权享有者不能直接使用人力资本，而只能通过人力资本承载者来实现使用人力资本的目的。人力资本非承载者虽然享有人力资本使用权，但却不能真实使用人力资本，所以，这种使用权可以界定为人力资本名义使用权。

名义使用权与投资和交易相联系。在投资的情况下，如果人力资本的投资是由承载者和非承载者共同完成的，则人力资本的名义使用权归属取决于双方谈判的结果。谈判结果可能有三种：一是名义使用权完全归属于人力资本非载体投资者；二是名义使用权归属于人力资本承载者，这时，人力资本实际使用权和名义使用权合二为一；三是名义使用权归属于双方共同所有；在交易情况下，人力资本名义使用权的归属将出现两种情况，其一是非承载者全部拥有人力资本名义使用权；其二是交易双方共同拥有人力资本名义使用权。

第二种人力资本使用权是指人才资本实际使用权。人力资本与承载者不可分离，使人力资本承载者成为天然的占有者，享有天然的、独一无二的占有权。这种天然的、独一无二的占有权，又使其成为人力资本的唯一实际使用者。这里，人力资本的占有权派生出人力资本使用权，这种使用权是一种真实、具体、实际使用人力资本的权利，所以它可以称为人力资本实际使用权或真实使用权、具体使用权。

人力资本名义使用权与人力资本实际使用权既有联系又有区别。

首先，二者是有联系的。一是当人力资本名义使用权归属于人力资本承载者时，人力资本名义使用权与人力资本实际使用权重合。出现两种使用权重合的前提条件是人力资本的投资由承载者独自完成，即人力资本承载者是人力资本唯一投资者。二是当人力资本名义使用权归属于非承载者时，人力资本名义使用权与人力资本实际使用权相分离。其前提是人力资本投资是由承载者和非承载者合作完成的，人力资本的投资者是两类。承载者是人力资本投资者，但不是唯一投资者。

其次，二者又是有区别的。人力资本名义使用权是一种法权，人力资本实际使用权是一种私权；人力资本名义使用权基于投资或交易而产生，人力资本实际使用权是由承载者占有人力资本的天然性所赋予；人力资本名义使用权既可以由承载者行使，又可以由非承载者行使，但人力资本实际使用权只能由承载者行使；人力资本名义使用权是一种间接权利，人力资本实际使用权则是一种直接权利；人力资本名义使用权是一种支配权，人力资本实际使用权则是一种操作权,所以,人力资本名义使用权支配人力资本实际使用权。

由于人力资本名义使用权只能通过人力资本实际使用权来实现,所以,人力资本实际使用权的承载者才是人力资本效能发挥的决定因素。因此,必须建立人力资本利用的激励机制,并不断提高激励机制的效率,这样才能调动人力资本承载者的工作和创新积极性和主动性。

三 人力资本产权的"残缺"性

人力资本产权可以由一组或一束产权构成,也可以是单一产权。对于非人力资本产权而言,投资者享有完备的产权,即享有所有权(狭义)、占有权、使用权、收益权和处置权等全部权能。但对于人力资本产权来说,非载体投资者所享有的人力资本产权是不完备的,人力资本产权发生了"残缺",即不享有占有权,只享有使用权、收益权、处置权和一部分所有权(狭义)。

首先,人力资本非载体投资者不享有人力资本的占有权。人力资本与承载者不可分离,这种生理依存关系,使人力资本天然地由承载者占有,当然,在一定的制度安排下,人力资本占有权也可以属于非载体投资者,但这种制度安排违背人权,使承载者失去人身自由,是不被社会认可的、落后的、倒退的制度安排,不但得不到法律的支持,反而会被法律禁止。

其次,人力资本非载体投资者不享有全部所有权(狭义)。非人力资本产权投资,投资者可以获得所投资本的全部所有权(狭义)。但是,人力资本非载体投资者进行人力资本投资,却不能获得形成的人力资本全部所有权,只获得一部分所有权。因为投资对象本身是天然的投资者,也要享有一部分所有权。

最后,人力资本非载体投资者不享有完备的处置权。非人力资本投资者在权利允许的范围内，可以以各种方式处置人力资本，如出租、出售、赠予、抵押等。但是，人力资本非载体投资者不享有完备的处置权，因为人力资本与承载者不可分离，承载者事实上控制着人力资本，所以，人力资本非载体投资者在行使人力资本处置权时，首先要取得承载者的赞同和支持，如果得不到承载者的赞同和支持，则人力资本处置权将很难行使和取得预期的效果。

四 所有者利益的不确定性

非人力资本所有者的利益是确定的。无论是实物形态的非人力资本，如机器、设备等，还是价值形态的非人力资本，如有价证券等，其价值大小都是可以确定的，所以，非人力资本所有者拥有的资产净值或权益也是确定的。但是，人力资本所有者的权益却是难以确定的，其主要原因有以下三个方面。

第一，人力资本价值难以确定。人力资本是由知识、技能、健康等定性的要素构成，所以很难用某一标准来确定其价值的大小，在人力资本市场上，虽然都把受教育程度作为人力资本价值的传递信号，承认接受良好的教育比接受一般的教育投入成本高的事实，认为受教育的时间越长，人力资本的价值越高，同时也要求受教育者具有较高的智力、较强的毅力和竞争力等。但是，由于受教育体制、办学条件、个人思想观念、经济条件等多种因素的影响，受教育程度传递的信号也可能是不十分准确的，特别是还存在着"高分低能"的现象。

另外，以受教育程度作为衡量人力资本价值的标准本身也不准确，因为有很多优秀的人才受教育程度也并不高。由于缺乏度量人力资本价值的信号和标准，所以人力资本的价值就成为其载体的私人信息，他人很难真实准确确定。

第二，人力资本价值在不断变化。由于人力资本与其载体不能分离，而载体是不断地接受信息和积累经验，所以人力资本存量总在增加；另一方面，载体原有的知识、技能等也会因社会及科学的发展而贬值，使人力资本价值有所降低。因此，人力资本的价值始终处于"动态"状态，难以确定。

第三，人力资本价值只能"事后"确定。人力资本是一种无形资本，其价值要通过劳动过程和劳动结果才能表现出来。有些人力资本的价值甚至在劳动"事后"也很难确定，更难于直接观察判断。另外，人力资本价值实现的程度不仅取决于人力资本价值的大小，而且还取决于使用环境、组织制度、市场供求等外在因素的影响状况。在同一环境下，两个具有相同价值的人力资本，如果一个人力资本的工作与其专业一致，另一个则专业不对口，则前一个人力资本价值将得到充分实现，从而显示出较高的人力资本价值；而后者则由于专业不对口，其工作绩效将可能较低，其人力资本价值就得不到充分实现，从而显示出较低的人力资本价值。由于人力资本的价值难以确定，所以人力资本所有者的权益也就难以确定。因此，以谈判方式确定人力资本产权的权能和权益的分配，成为实现人力资本价值的主要方式。

第四节 人力资本产权交易[*]

力资本与物质资本有本质区别，所以其产权交易也完全有别于物质资本产权的交易。因此，研究人力资本产权交易十分重要。它不仅有助于我们加深认识人力资本产权交易的深层次内涵，丰富、完善和发展人力资本产权理论，而且也有利于从本质上把握人力资本的产权交易，使人力资本产权交易能在科学规范的制度约束下进

---

* 本节内容原载《经济纵横》2002 年第 1 期。

行，保证人力资本产权交易的公平、公正和公开，提高交易效率和质量，完善分配体制，促进人力资本投资、合理流动和优化配置，最大限度地发挥人力资本的增值功能。

一 人力资本产权交易特点

人力资本产权交易的特点主要来源于人力资本本身的特殊性。

第一，人力资本产权交易具有不完整性。物质资本产权交易是完整的，即是全部物质资本产权的交易和转移。但人力资本产权交易则完全不同，其交易不是完整的，即不是全部人力资本产权的交易，而只是部分人力资本产权的交易，即只是人力资本使用权、收益权和处置权的交易，并且不发生人力资本转移。

也就是说，无论人力资本产权是否实现交易，人力资本最终都是由人力资本载体所有和控制。这主要是由于人力资本和其载体不可分割造成的，进一步说是人力资本所有权与其载体不可分离造成的。因此，人力资本产权交易是不完全的产权交易。

第二，人力资本产权交易具有较大风险性。物质资本产权交易的风险性较小，因为在多数情况下，交易结束后是一手交钱一手交货。但人力资本产权交易则不同，其交易的风险极大。因为在人力资本产权交易实现后，虽然在形式上人力资本的使用权已归交易客体，即买方所有，但在实质上，人力资本的使用权仍然由人力资本交易主体即卖方控制，他随时都可以不"兑现"使用权。人力资本使用控制权的天然由其载体控制的客观事实表明，即使人力资本产权交易实现了，人力资本的真实供给仍然存在着极大的不确定性，即交易主体，能否履约的风险性。如果交易主体不能履约，则会使交易客体有较大的损失；即使交易主体能够履约，但由于人力资本使用权的无形性和人力资本质量的难以测量性，其履约程度也难以控制，因此，仍然存在履约率的风险。

另外，由于人力资本产权交易结果并不能真正实现人力资本使用权和所有权的分离，所以，交易后人力资本仍然由其载体"保管"，如果承载者没有"保管"好，即出现"意外事故"，使人力资本受损，则就会使人力资本交易客体遭受重大损失。

第三，人力资本产权交易具有重复性。一般说，物质资本在产权交易前，其使用的细节就已基本确定，所以，物质资本在产权交易市场上可以实现完全的产权交易，即物质资本产权只进行一次交易即可。人力资本产权交易首先也要在市场上进行，但与物质资本产权交易不同的是，市场上的交易"契约只对人力资本的使用作了一般性的规定，而细节则要留待进入企业以后再说。"由于人力资本交易契约中的一些权利和义务的细节尚没有详细确定，所以，在企业内部还必须进行人力资本产权的再次交易。

虽然交易契约的某些细节事前具有非契约性，但事后客观情况一旦确定，双方就可以进行讨价还价和重订契约。企业经营者对人力资本使用权在企业内部的具体运用，还需要再谈判。也就是说，尽管人力资本进入了企业，但人力资本产权的使用也并不能完全由企业经营者行政命令单方面决定，还必须进行再次交易，即要考虑人力资本产权所有者的意愿和要求。只有再次交易的结果完全被人力资本所有者接受，人力资本才能正常和充分发挥作用。

另外，由于人力资本是一种"会跑"的资本，所以，当人力资本不能正常或充分发挥作用时，或其对交易的结果不能完全接受时，人力资本产权将会发生再次交易。这里会有两种情况：一是在企业内部重新交易。企业和人力资本所有者通过再次谈判达成新的交易结果。二是到市场上重新交易。如果在企业内部因某些因素影响不能重新交易，或交易结果仍难以令人力资本所有者满意时，人力资本所有者就可能终止服务，重新回到人力资本产权市场去选择交易对象，寻找自己满意的再次交易。

当然，人力资本产权的重新交易也可以是企业要求的。总之，人力资本的使用过程也是人力资本产权的不断交易过程。只要有人力资本的使用，就会发生人力资本产权的交易，直到人力资本退出使用为止。如果人力资本退出使用后不再进入市场，则交易停止；如果重新进入市场，则新的交易又将开始。

二　人力资本产权交易费用

人力资本产权交易同物质资本产权交易一样，也需要花费成本，因为它也消耗了一定的资源。从表面看，人力资本产权交易费用与物质资本产权交易费用构成是相似的，但其实质上有区别。这种实质性的区别主要来源于"人是一种充分主动、会跑的资源"。人力资本产权交易费用主要由以下三部分构成。

第一，信息费用。一是搜寻费用。人力资本产权交易需要有买卖双方，但在现实中，由于买卖双方存在着信息不对称，所以，双方都需要寻找对方。这样，就会发生一定的人财物等的消耗。二是调查了解费用。寻找到交易对象，只是具备了交易的前提条件，能否进入实质性的交易过程和实现交易，则还要取决于双方对对方的了解和满意程度。要做出正确决策，就必须充分了解对方的各种信息，确定对方的信息是否能够达到既定的标准或目标。因此，交易双方都要采取各种可能的措施去了解搜集对方的各种信息。三是决策费用。如果交易过程是多方博弈，就需要对博弈各方进行综合比较分析，做出最后决策。如果决策失误，还会增加决策费用，即重新进行决策的费用。

第二，交易过程费用。交易过程费用包括两部分：一是交易中发生的费用。主要指谈判费用、协议费用、执行费用及其他辅助保障费用等。二是指交易偏离了一致性后所产生的不适应成本、双方矫正事后不一致性所产生的讨价还价成本、与规制结构有关的设立与运行成本以及实现可信承诺的保证费用。

第三，再交易费用。物质资本产权交易是在市场上一次完成，但人力资本产权交易在市场上完成后，还要在企业内部进行多次交易。这是由于企业经营者必须考虑人力资本所有者的意愿和要求，允许其重新交易即讨价和还价，以充分发挥人力资本的积极作用。人力资本产权交易要比物质资本产权交易多支付交易费用。

另外，由于人力资本的价值不断变化，企业对人力资本的要求也不断变化，所以，客观上要求人力资本产权交易要不断进行。当人力资本价值提高以后，原来的交易结果就会显得相对不合理，这时，人力资本所有者就会要求企业重新交易，以实现其应有的价值；如果人力资本的价值不能满足企业的需要，则企业就会要求人力资本所有者重新交易，以降低人力资本价格。可见，人力资本产权交易是绝对的，人力资本产权交易费用是不断递增的。人力资本产权交易的不断上升虽然增加了企业的生产经营成本，但却大大提高了企业生产经营的效率，增强了企业的盈利能力，保证了企业的良性运行。

三 人力资本产权交易价格

人力资本产权交易价格取决于人力资本价值的高低。人力资本价值高，其产权交易价格也高；人力资本价值低，其产权交易价格也低。人力资本价值是通过投资形成的，投入的资金越大、时间越多、体力越多、脑力越多，则人力资本的价值就越高；反之，则低。

一般认为，受教育年限越长和所受教育的质量越高，则人力资本积累就越多，人力资本价值也就越高。这是由于需要投入的资本量大，所消耗的时间、体力和脑力多，而且还可能会使被投资者放弃很多个人发展的机会及获利的机会。工作年限的长短也是决定人力资本价值的重要因素。在劳动者受教育程度相同的情况下，工作年限越长，工作经验就越多，技术也就越熟练，工作效率和质量也越高。

供求关系也对人力资本产权价格具有较大影响。市场短缺的人力资本，其产权交易价格必然上涨；市场供大于求的人力资本，其产权交易价格必然下跌。

人力资本价值体现具有较强的实践性或滞后性，只有在使用之后才能较准确确定。所以，人力资本产权不能像物质资本产权那样在交易前准确定价，而只能在使用后才能比较准确确定。这也是人力资本产权需要进行再交易的原因之一。人力资本价值的充分体现不仅取决于人力资本自身存量的多少，而且也取决于使用环境和组织绩效等。使用环境不同，组织绩效不同，同样价值的人力资本所产生的作用也不同。只有多种影响因素相互匹配，人力资本价值才能真正体现出来。

人力资本产权交易价格应由两部分构成，一部分是工资收入，另一部分是企业剩余分享。因此，年收入可近似地作为人力资本产权交易价格，因为其中既含工资收入，又含其他收入等。

四　推进我国人力资本产权交易市场运作的思路

第一，搞活并规范人力资本产权交易，必须建立人力资本产权交易市场。可以把现有的人才交易市场发展成为人力资本产权交易市场。人才交易市场是人力资本产权交易市场的初始阶段，它与初级市场经济和工业经济社会相适应，其交易价格是工资；人力资本产权交易市场是人才交易市场发展的高级阶段，它与发达市场经济和知识经济社会相适应，其交易价格是工资和企业剩余分享。

人类社会由农业经济社会进入工业经济社会以后，物质资本在社会生产中的作用不断提高，以至于占据社会生产的主导地位。资本雇佣劳动制成为劳动者与生产资料结合的主要方式。与之相适应的劳动力和人才市场应运而生,并支持了工业经济社会的形成、完善和发展;在工业经济社会后期,市场经济已相当发达,知识经济社会开始显现。这时,人力资本在社会生产中的作用不断提高,并正在取代物质资本而逐步成为经济增长的决定力量。

第二,建立人力资本产权交易市场,是适应社会生产发展的客观需要。人力资本在经济发展中的作用不断提高,使人力资本所有者不再满足于附属物质资本的被雇佣地位,而要求与物质资本所有者一同参与分享企业剩余。为充分发挥人力资本所有者的作用,提高企业经济效益,物质资本所有者尝试着允许人力资本所有者分享企业剩余。第二次世界大战后,在日本、美国等发达资本主义国家,分享制(分享企业剩余)经济迅速发展,已经成为一种可以与支薪制相抗衡的经济组织形式。

分享制最先享受者是企业的经营者。企业经营者的收益主要是由合同薪水、奖金、企业剩余分成和股票期权组成。其中,分享的企业剩余占很大比重。适应社会生产发展需要而出现的这种分享制,本质上就是人力资本产权交易,是人才市场潜在地向人力资本产权交易市场转化,人力资本产权交易市场开始显现。因为在人才市场中,人才的价格或价值只是工资,它是人才维持自身简单再生产的物质基础,这种雇佣劳动制使劳动者的人力资本投资边际收益率为零。等量投资要求得到等量收益是市场经济的规律,但如果投资得不到应有的回报,那么劳动者就会尽可能减少人力资本投资。而人力资本投资减少又会直接影响社会经济的发展,因此,社会生产力的发展客观上要求变革雇佣劳动制,而人力资本产权交易市场正适应了社会生产发展的客观需要。人力资本产权交易市场使人力资本所有者既可以得到劳动的报酬,又可以凭借自己的人力资本投资分享企业剩余。

第三,要制定科学、严谨、配套的法律法规,推进人力资本产权交易市场的良性运作。制定的法律法规除要解决交易公平、公开和公正问题外，还必须明确界定人力资本产权承载者的权利和义务。因为在现代社会中，人力资本可能属于多个所有者，但却只受承载者一个人控制，所以，有时人力资本承载者可能会利用控制人力资本的特权，谋私利而损害其他所有者的权益。这种现象在社会经济生活中时常发生。因此，必须通过健全的法律法规严格约束人力资本承载者的行为。与此同时，还必须在法律法规中明确规定人力资本所有者拥有分享企业剩余的权力。

另外，还应强化人力资本产权交易的监管工作。只有监管到位，人力资本产权交易市场才会健康发展。

第五节　人力资本产权流动[*]

在现实社会经济生活中，受各种因素的驱使，人力资本产权有时需要流动①。人力资本产权流动既可能产生积极影响，又可能产生消极影响。有序合理的流动能够提高人力资本的价值，调动人力资本承载者的积极性，优化人力资本的配置；但不适当的流动却会降低人力资本的价值，抑制人力资本承载者的积极性，不利于人力资本的有效配置。

一　人力资本产权流动的特征

人力资本产权流动从其产生的意愿的差异上分析，包含了两类流动，一类是主动性流动，另一类是被动性流动。如果人力资本产权在人力资本载体的主导下进行流动，即完全是按人力资本载体的意愿进行的流动，可认定为是主动性流动。人力资本承载者是人力

　＊　本节内容原载《四川大学学报》（哲学社会科学版）2002 年第 5 期。
　①　冯子标：《人力资本运营论》，经济科学出版社 2000 年版，第 100 页。

资本天然的投资者，人力资本与其承载者不可分离，所以人力资本产权按承载者意愿的流动体现了主动性流动的本质特征。

一般而言，人力资本产权主动性流动发生在承载者作为其人力资本唯一的投资者的情况下，即人力资本的智力、健康、时间等的投资和资金、实物等的投资都是由人力资本承载者自己完成的。当人力资本具有两个或两个以上的投资者时，人力资本产权则很难发生主动性流动。人力资本产权主动性流动大多具有积极的意义，因为它体现了人力资本承载者的意愿。

相对应地，如果人力资本产权在人力资本非载体投资者的主导下进行流动，即完全或基本上是按照人力资本非载体投资者的意愿进行的流动，即属于被动性流动。人力资本产权被动性流动完全或基本上排除了人力资本载体的意愿。人力资本非载体投资者之所以能够使人力资本产权在违背人力资本载体的意愿下流动，是因为该人力资本产权的形成过程中，不是只有唯一的投资者，不仅有非载体投资者参与投资，而且非人力资本载体投资者还处于主导性投资者地位。这里的主导性投资者，是指其投资对于人力资本的形成具有决定性作用的投资者。

没有主导性投资，就不会有人力资本的形成。因此，主导性投资者所获得的人力资本所有权就成为主导所有权。由于主导所有权的权利要强于人力资本载体投资者所具有的所有权，所以，人力资本非载体投资者可以主导人力资本产权的流动。又由于这种流动有可能与人力资本载体本身的意愿相悖，所以这种人力资本产权的流动属于被动性流动。

人力资本产权的主动性流动和被动性流动的目的、方式、流向和地点等均有所不同。人力资本产权主动性流动的目的是承载者要实现自身的利益，如增加收入[1]、改善工作环境、解决子女就业问题、得到职务职称的晋升、住宅等福利条件的改善等。流动的方式是由低级到高级，由低层次到高层次。流动的地点通常是流向其他地域。而人力资本产权被动性流动的目的是非承载者要实现人力资本使用效益的最大化或企业整体效益的最大化。

人力资本产权的被动性流动从一定意义上说，也是客观所需，因为就其目的而言，被动性流动所实现的人力资本使用效益的最大化目标在于充分发挥人力资本的作用，提升其价值水平；实现企业整体效益的最大化的目标在于追求在企业系统内，从企业整体效益最大化角度出发来配置人力资本和物质资本。显然，这时的人力资本的使用效益完全取决于企业整体效益的需要，其安排结果既可能实现预期的使用效益最大化，也可能是一般化，或是最小化。

人力资本产权流动的方式通常采取命令式的派遣，人力资本载体无权提出要求或表达自己的意愿，要无条件服从。人力资本产权流动的方向多是不确定的，既可能是由低级到高级的流动，如从低收入部门流动到高收入部门；也可能是由高级到低级的流动，如工作条件降低等。人力资本产权流动的领域一般是在企业系统内流动，如在不同职位之间流动、在不同岗位之间流动、在不同独立核算单位之间流动（如在集团下属的企业之间的流动）等。

二　影响人力资本产权流动的因素

第一，动力因素。人力资本产权流动，是有其内在动力的。对于人力资本产权的主动性流动，其动力主要是人力资本承载者追求自身利益的需要。这种利益既可以表现为物质的，也可以表现为名

---

[1]　黄乾：《人力资本产权的概念、结构与特征》，《经济学家》2000 年第 5 期。

誉、地位、精神和心理的。对于人力资本产权的被动性流动，其动力主要是来源于人力资本非承载者追求其利益的需要。这种利益通常代表的是企业的整体利益，既可能是企业的利润、企业的形象，也可能是企业的名誉和发展战略等。

人力资本产权流动是一个动态的过程，它要打破原有已形成的平衡状态，在新的条件下建立新的平衡。当然，这种新建立的平衡也是一种动态平衡，或称为相对平衡。在条件适宜的情况下，这种动态平衡还会被打破，进而再建立新的动态平衡，这个过程会持续不断地进行下去。每一次旧平衡的打破和新平衡的建立，都是一次发展、进步和飞跃，都会提升人力资本的价值，提高个体或整体的利益水平，进而提高全社会的效益。

第二，所有权归属因素。当人力资本具有两个或两个以上所有者时，即人力资本所有权归属于两个或两个以上投资主体时，人力资本产权将会出现主动性流动和被动性流动两种倾向和要求。这两种流动由于其目的、方式、流向和领域等完全不同，所以，不可避免地要发生碰撞和产生矛盾，进而可能引发对立。这种碰撞、矛盾和对立的结果，将导致人力资本效率的大幅度降低。效率降低的程度完全取决于人力资本载体同非载体投资者的谈判结果。

第三，外部因素。外部因素对人力资本产权的流动也有重要的影响。首先是制度因素。制度因素是一种强制性因素，它往往对人力资本产权的流动起决定性作用。在制度因素的安排下，人力资本产权主体不得不服从确定的流动，否则自身利益就可能受到较大的损害。在传统的计划经济体制下，由于是按国民经济发展计划配置人力资本，所以，不论人力资本能否充分发挥效用，人力资本产权都很难实现流动。在市场经济体制下，人力资本完全由市场配置，制度安排的制约弱化，因此基本可以根据人力资本产权主体的实际需要进行流动。

其次是经济因素。经济因素对人力资本产权主体的影响表现为它对人力资本产权流动的吸引力和推动力。如果某地域经济发达，科技进步，福利条件好，收入水平高，就会吸引大量优质的人力资本向该地域流动。改革开放以后，深圳作为我国改革开放的窗口和试验区，经济得到了飞速的发展，进而吸引了大量全国优秀人才。时至今日，"孔雀东南飞"仍未停止，目前已形成人力资本的净流入格局。但经济欠发达地区或经济落后地区的情况正相反，一方面是人力资本不愿赴该地区工作或生活，另一方面是原有的人力资本不断流出，导致人力资本的净流出。

最后是环境因素。人力资本生活环境和工作环境不仅对其效能的发挥具有较大的影响，而且也影响到人力资本效能发挥的期限。所以，当人力资本处于较差的环境中时，会极力寻找适合自己生存和发展的良好环境，结果导致人力资本产权的流动。生活环境和工作环境对处于不同时期的人力资本的吸引力大小是不同的。在人力资本生命的前期，事业为主的选择常常使工作环境的吸引力大于生活环境的吸引力；但在人力资本奉献较多并在事业上取得了一定成就，生命进入中老年期后，生活环境的吸引力就占据了主导地位，超过工作环境的吸引力，人力资本载体更趋于选择舒适的生活环境来安排流向。

三　人力资本产权流动的成本

人力资本产权流动不可避免地要以一定的流动成本为代价。根据比较经济学原理，当人力资本产权流动的成本低于其边际收益时，人力资本产权就会发生流动。人力资本产权流动涉及的成本因素主要包括以下六个方面。

其一，人际关系成本。人际关系是人力资本发挥效能的必要外在条件。人际关系已经成为一种资本。人力资本产权流动，必然要放弃原有已经建立的各种人际关系，流动后又需要通过一定的过程重新建立新的人际关系，而建立新的人际关系不仅需要时间成本，还需要付出财力、物力和精力等成本。

其二，团队协作成本。一般来说，人力资本要充分发挥作用，需要团队中其他成员的通力协作①。团队成员合作得力，协作密切，人力资本就能充分发挥效能或创造性地发挥效能。人力资本产权未流动之前，长期的团队协作配合，已经为人力资本发挥效能提供了良好的协作配合模式。当人力资本产权流动后，情况将发生变化，人力资本载体需要与新的团队成员进行各方面的"磨合"，经过一定时间的"磨合"后达成"默契"。从"磨合"到达成"默契"，需要付出一定的效率和时间成本。

其三，专用性成本。与物质资本不同的是，人力资本载体通常具有一定的专门技术、工作技巧或某些特定的知识信息优势，从而表现出人力资本的专用性特征②。在人力资本产权流动后，可能会因为其专长得不到相应的使用、评价、赏识等，受一定的损失。

其四，信息成本。人力资本产权要进行流动，事先需要搜集大量的相关信息，首先要多方寻找和筛选流动的方向和位置，其次在候选的流动方向和位置中反复思考、分析对比和权衡利弊，在此基础上进行决策，这些无疑要以一定的成本为代价③。

其五，签约成本。人力资本流动的方向和位置确定后，就需要与新结盟一方进行相关条件的谈判、磋商、签约等，并对签订的契约进行法律认可。同时还需要考虑违约补偿、仲裁等费用。有时，可能还需要付出一定的机会成本。

---

① 刘大可：《论人力资本的产权特征与企业所有权安排》，《财经科学》2001 年第 3 期。

② 姚树荣、张耀奇：《人力资本含义与特征论析》，《上海经济研究》2001 年第 2 期。

③ 年志远：《论人力资本产权交易》，《经济纵横》2002 年第 1 期。

其六，补偿成本。人力资本产权流动时，如果人力资本承载者与原结盟的非载体人力资本投资者之间签有一定期限的人力资本投资和使用协议，若因流动导致违约，人力资本承载者或非承载者（新结盟投资者）就必须支付相应的补偿成本。

四　人力资本产权流动的途径和效率

在市场经济条件下，人力资本产权除了通过市场途径流动外，还可以通过行政手段实现流动。通常情况下，最佳的途径是人力资本所有者通过人力资本市场的需求信息，寻找流动的方向和位置，最后通过筛选做出决策来完成流动。在这种途径的流动中，人力资本市场及其有效性是十分重要的，人力资本市场对人力资本的配置能否发挥作用成为关键。除此以外，人力资本所有者还可以借助于行政机构的政策、法规、政令和规定等进行人力资本产权流动，实现人力资本产权的按需配置。这是一种行政性流动。

在人力资本产权流动中，其流动的效率与流动的成本高度相关。流动效率高，可以节省人力资本产权流动成本；流动效率低，则人力资本产权流动成本就高。因此，提高人力资本产权流动效率也就意味着降低人力资本产权流动的成本，提高人力资本的产出水平。相反，则会增加人力资本产权流动的成本，降低人力资本产出水平。为了追求成本最低，效益最大，必须不断提高人力资本产权流动的效率。

实践中我们可以设定衡量人力资本产权流动速度的指标——单位时间内所完成的人力资本产权流动的工作量来度量人力资本产权流动效率。流动效率高，表明人力资本产权流动速度快、效果好；流动效率低，表明人力资本产权流动速度慢、效果差。这里所设定的人力资本产权流动效率应是一个相对指标，因此，它只有在比较的状态下才有实际意义。

五　人力资本产权流动的要素

人力资本产权同物质资本产权一样，具有所有权（狭义）、占有权、使用权、收益权、处置权等权能。但是，由于人力资本载体的天然性特征，决定了人力资本产权流动与物质资本产权流动的差异。

人力资本产权流动主要是所有权、使用权和处置权的流动，一般不涉及占有权和收益权的流动。占有权发生流动，将会使人力资本承载者失去人身自由，沦为新占有者的私人财产。在现代文明和法律的框架内，占有权必须由人力资本承载者终身所有[①]；收益权也必须由人力资本承载者享有，因为他最终控制着人力资本的使用权。他的积极性和主动性如何，将直接决定人力资本使用权发挥的效率、效益和效果。所以，必须把人力资本的收益权界定给人力资本载体投资者，以调动他们的工作积极性和主动性。

在人力资本占有权和收益权归属于人力资本载体，不进行流动的前提下，人力资本产权流动就只能是所有权（狭义）、使用权和处置权三个权能要素的流动。这是一个狭义的人力资本产权流动概念。

（一）人力资本所有权的流动

这里所说的人力资本所有权的流动是指人力资本非载体投资者所拥有的人力资本所有权的流动，而不是人力资本载体自身所拥有的人力资本所有权的流动。受某种因素的支配，如尽快收回投资、进行人力资本效能的替换、提高人力资本的利用率等，人力资本非载体所有者可能会通过转让等方式放弃所有权，从而导致人力资本所有权发生流动。虽然促使人力资本所有权流动的因素很多，但人

---

① 王健民：《论人力资本产权的特殊性》，《财经科学》2001 年第 6 期。

力资本所有权流动后并不会发生变异，只不过是投资者——人力资本所有权主体发生了替换，新的人力资本投资者对人力资本进行的投资仍然是所有权的投资。

因此，人力资本所有权流动的结果，直接改变了人力资本所有权结构，并将影响人力资本载体所有者的利益。既可能提高人力资本载体所有者的利益，也可能降低人力资本载体所有者的利益。虽然人力资本载体所有者受到的影响较大，但是人力资本载体所有者对于人力资本所有权的流动是难以拒绝的，因为在一般情况下，人力资本非载体所有者有权力做出流动或不流动的选择。这种事例在国内外足球俱乐部中是普遍存在的，一些球员常被其加盟的俱乐部转让，这种转让其本质就是人力资本所有权的流动。

（二）人力资本使用权的流动

人力资本使用权的流动有两种类型，一种是有期限流动，另一种是永久性流动。如果人力资本所有者在一定的期限内，有条件地让渡人力资本的使用权，到期后即收回让渡的使用权，这种人力资本使用权的流动就其性质而言是有期限流动；当人力资本所有者有条件地永久性将人力资本的使用权让渡出去时，人力资本使用权的流动就成了永久性流动。后一种使用权的让渡实质上是人力资本所有权的让渡。这里所说的人力资本使用权的流动，指的是前一种类型，即只在一定期限内让渡使用权。人力资本使用权的流动既可以是主动性流动，也可以是被动性流动。

根据使用者的需要，人力资本使用权可以进行一次流动、两次流动或多次流动。市场中的人力资本所有者具有独立的所有权以及由此派生的使用权。通过与物质资本交易，人力资本使用权让渡给企业，企业在一定时期内拥有人力资本使用权，人力资本所有者获得工资、福利、社会保障等利益。这是人力资本使用权的一次流动。让渡期限终止后，人力资本所有者收回人力资本使用权。企业如果需要继续利用该人力资本使用权，则需要与人力资本所有者再次进行交易。

在约定的人力资本使用期内，如果企业需要终止使用权，或根据协议许可需要通过转让获取更大收益时，企业就可能将人力资本使用权进行转让，以减少人力资本因闲置而产生的支出浪费或为企业创造比较收益，这就会导致人力资本使用权的二次流动或再次流动，即人力资本使用权再流入到一个使用者手中。当然，人力资本使用权还可以进行三次、四次以至多次流动。

人力资本使用权的二次流动或多次流动也可以由人力资本所有者发动。人力资本所有者向企业让渡使用权后，如果时间、精力等还很充沛，即存在提供剩余劳动的可能时，仍然可以通过牺牲休息时间进行二次流动或多次流动，向其他企业让渡使用权。典型的例子是，一个人力资本所有者在多家部门兼职。当然，人力资本使用权的二次乃至多次流动的前提是必须保证第一次让渡的使用权的使用时间和效果。

（三）人力资本处置权的流动

人力资本处置权的流动，主要是指为了调整人力资本存量而让渡和改变人力资本内容的权利。人力资本与物质资本不同，它是人所具有的知识、技术、经验等能力的体现，这种资本是积淀的结果。随着科技的发展和社会的进步，人力资本的价值将有可能减小。所以，必须不断地通过教育培训等形式增加人力资本存量和提高人力资本的价值。这就需要人力资本所有者经常投入货币资金。否则，人力资本将会贬值甚至被淘汰。

为了维护和提高人力资本的价值，或为了减少存量人力资本闲置成本，人力资本所有者就会让渡人力资本处置权，让有能力和需要该人力资本的投资者进行再投资。可以说，人力资本处置权流动的结果，造就出了新的人力资本所有者。新的投资者之所以接受人力资本处置权，对人力资本再投资，多出于改善人力资本存量结构，获得人力资本使用权，并在此基础上获得某种预期利益的目的。

第六节　人力资本投资者的权利[*]

人力资本投资者（设有两个以上投资者）可以分为载体投资者与非载体投资者。有学者认为，根据现代经济法则，人力资本所有权应归属于全体投资者所有[①]。笔者认为，由于人力资本与其载体不可分离，所以，现代经济法则已不适用于人力资本投资；根据实践可行性，载体投资者应享有人力资本所有权，但这种所有权已经不完全与物质资本投资者所享有的所有权相同，即已发生了变异；非载体投资者应享有债权，即享有已形成的人力资本的实际收益权、法权使用权和法权处置权。

一　人力资本载体投资者的权利

对物质资本投资，投资者可以获得所有权，但对人力资本投资，载体投资者所获得的所有权则会发生变异，即获得的是变异的所有权。变异的原因是人力资本不能脱离载体独立存在。变异所有权是指其构成要素多数发生了变化的所有权。与物质资本所有权一样，变异的人力资本所有权也可以分为广义和狭义两类。广义变异的人力资本所有权是一个完备的体系，是一组或一束权利，具体来说是由所有权（狭义）、占有权、实际使用权、理论收益权和实际处置权等权能构成。

由于人力资本与其载体天然不可分离，所以载体投资者独享变异的人力资本所有权；狭义的人力资本所有权仅是其一项具体权能。

---

[*] 本节内容原载《天津社会科学》2004 年第 2 期。

[①] 李建民：《人力资本通论》，上海三联书店 1999 年版，第 52 页。

（一）人力资本所有权（狭义）

人力资本所有权（狭义）是变异的人力资本所有权的一项具体权能，是其一部分。人力资本所有权（狭义）是指人力资本财产承载者所享有的人力资本财产的权利，它仅仅表示单纯的归属或领有关系。人力资本存在于承载者的身体之中，不能与人体分离而独立存在，这是人力资本与其承载者天然的生理关系。但是，这并不表明人力资本就一定要归属于其承载者。人力资本的归属也可以由社会制度决定。在一定的制度安排下，人力资本所有权既可以归属于其承载者，也可以归属于其他主体，即人力资本所有权可以与其承载者相分离。

在现代社会中，每个人都是自由人，所以不论是单元投资者，还是多元投资者，人力资本承载者都是人力资本的唯一所有者。人力资本所有权有三层含义：一是表明对人力资本财产的归属、领有关系，排斥他人违背自己的意志和利益侵犯自己的所有物；二是可对人力资本财产设置法律许可的权利，如决定人力资本所有权权能是否让渡、让渡对象、让渡方式、让渡条件、让渡期限等；三是利用所有权权能获取一定的经济利益。

（二）人力资本占有权

在现代社会中，人力资本占有权只能与人力资本所有权（狭义）重合，因为无论有多少个人力资本投资者，人力资本都只能依附于承载者的身体而存在，而不能与承载者的身体相分离。人力资本承载者是人力资本唯一的天然的占有者。人力资本承载者直接掌握、控制或管理人力资本，当对其施加影响时，体现为人力资本占有权。它是人力资本所有者与他人之间因对人力资本财产进行实际控制而产生的权利义务关系。可见，人力资本所有者就是人力资本占有者，人力资本占有者也一定是人力资本所有者。

由于人力资本占有权与人力资本所有权（狭义）重合，所以，很容易使人误认为两者没有区别，或两者相似、相近。事实上，两者是不同的：一是所有权有时指广义的、完整的所有权，即包括所有权（狭义）、占有权、实际使用权、理论收益权和实际处置权等权能；而占有权仅仅是其一个权能，所以，两者的区别是整体产权和局部产权。二是所有权有时又指已经同其他主体权能相分离的、单纯的、狭义的所有权，即它仅仅表示归属和领有的关系，而不包括其他四项权能。也就是说，这种单纯的、狭义的所有权并不直接掌握在法权上属于他的客体；而占有权则事实上掌握、控制或管理着客体。

（三）人力资本实际使用权

人力资本实际使用权是指实际使用人力资本财产的权利，它是人与人之间因利用人力资本财产而产生的权利关系。人力资本的价值和价值增值是通过人力资本实际使用权来实现的，所以，人力资本实际使用权是人力资本价值的实现形式。人力资本承载者与人力资本实际使用权具有天然的联系，并且在事实上控制着人力资本的实际使用。人力资本所有者享有天然的、独一无二的占有权，使其成为人力资本的唯一实际使用者。

人力资本占有权派生出来的人力资本实际使用权，是一种真实的、具体的实际使用人力资本的权利。由于人力资本的实际使用权是由其承载者管理和控制，所以，人力资本真正发挥作用和提高效率，完全取决于人力资本承载者的意愿。如果人力资本承载者认为人力资本的使用和自己的意志不一致或矛盾时，将限制人力资本的实际支出。结果造成了人力资本的浪费和使用效率的低下。

（四）人力资本理论收益权

从理论上来说，人力资本所有者应享有人力资本收益权。人力资本收益权是人力资本作为资本使用时所有者参与利润分配、获取投资回报的权利。人力资本收益权具体体现在人力资本所有者对企业剩余或利润的分配上，它对人力资本所有者具有较大的激励作用，也是载体投资者追求人力资本投资的动因之一。

分享利润是人力资本收益权的核心内容。人力资本现在已经成为一种生产要素、生产资本，所以，它与土地资本、金融资本等物质资本一样，有权分割一部分利润，即有获取资本投资回报的权利。在多种因数的影响下，人力资本收益权可能会分解为理论收益权和实际收益权。理论收益权是指人力资本作为资本使用时所有者应该享有的分享企业剩余的权利。在现阶段，人力资本所有者只能享有理论收益权，却不能享有实际收益权。但是，在条件成熟时，也将享有实际收益权。

理论收益权仅仅是理论上的权利，是一种虚置的权利；实际收益权才具有真实的价值。人力资本收益权应与所有权归属相统一。人力资本收益权归属于载体投资者，有利于充分调动和激发承载者的积极性，符合激励相容原理。对于不同存量的人力资本，其承载者收益权的收益也应不同。

（五）人力资本实际处置权

人力资本实际处置权是指承载者改变人力资本的用途、状态、内容、存量等权利。人力资本实际处置权主要是反映承载者在变更人力资本财产的过程中所产生的权利和义务关系。人力资本与承载者不可分离，使承载者成为唯一的占有者，并享有唯一的占有权。这种唯一的占有权，又派生出人力资本实际处置权。这是一种真实的、具体的、实际处置人力资本的权利。

人力资本实际处置权主要包括以下权利：一是改变人力资本的存在地点，即人力资本可以在不同的地区、不同的行业、不同的部门和不同的企业之间进行自由流动的权利；二是改变人力资本存在方式的权利，即人力资本所有者既可以在一定时期使人力资本进入生产领域，处于使用状态，也可以在一定时期使人力资本退出生产领域，处于闲置状态；三是改变人力资本内容的权利。人力资本所有者可以通过对人力资本进行再投资（如教育和培训等），提高人力资本的存量。人力资本实际处置权的功能是使人力资本处于最佳的市场位置和最佳的使用状态，从而达到人力资本使用效率最大化。

二　人力资本非载体投资者的权利

非载体投资者虽然在人力资本的形成中投入了货币资本或实物资本，但由于在现代社会中，每个人都是自由人，所以他不能享有人力资本所有权。否则，人力资本承载者将成为非自由人。因此，人力资本非载体投资者进行人力资本投资，只能获得债权，成为债权人；人力资本承载者则成为债务人。人力资本非载体投资者进行人力资本投资获得的债权，主要由人力资本实际收益权、人力资本法权使用权和人力资本法权处置权构成。

（一）人力资本实际收益权

人力资本实际收益权是指能够在事实上获得人力资本作为资本使用所产生的收益的权利。在现实中，人力资本实际收益权归属于人力资本非载体投资者，与人力资本法权使用权和人力资本法权处置权相重合。目前，人力资本理论收益权归属和人力资本实际收益权归属是矛盾的，前者属于载体投资者，后者属于非载体投资者。从理论上和公平角度讲，两者应统一归属于载体投资者。

出现这一矛盾的主要原因：一是人力资本产权理论正处于发展之中，很多理论问题尚未解决，使人力资本理论收益权和实际收益权的归属难以准确确定。二是受产权经济学的误导。产权经济学只承认物质资本产权，而忽视人力资本产权，所以，在现实中自然就会剥夺人力资本所有者的实际收益权。随着人力资本产权理论的逐步形成和产权经济学的发展及完善，人力资本实际使用权必将回归人力资本所有者。

（二）人力资本法权使用权

非载体投资者进行人力资本投资的目的，主要是为了获得人力资本法权使用权。所谓人力资本法权使用权，是指人力资本非承载者通过人力资本投资取得的使用人力资本的权利，即法律赋予投资者使用投资所形成的人力资本的权利。它是一种支配人力资本承载者的权利，也是一种间接的和法权上的权利，而不是具体的、真实的、实际使用人力资本的权利。

人力资本法权使用权是有期限的，也是有条件的，即应遵守双方签订的合约和各项法律法规。非载体投资者通过运用人力资本法权使用权，支配人力资本实际使用权，收回投资的本金和利息，进而获得投资收益。由于人力资本法权使用权是通过合法手段获取的，所以受法律法规保护。人力资本法权使用权是一种依法支配人力资本承载者把人力资本付诸使用的权利。人力资本法权使用权与人力资本实际使用权既有联系又有区别。

首先，当人力资本法权使用权归属于人力资本承载者时，人力资本法权使用权与人力资本实际使用权重合。出现两种使用权重合的前提条件，是人力资本的投资由承载者独自完成，即人力资本承载者是其人力资本唯一投资者；当人力资本法权使用权归属于人力资本非承载者时，人力资本法权使用权与人力资本实际使用权相分离。其前提是人力资本投资是由承载者和非承载者合作完成的。

其次，人力资本法权使用权是一种法权，人力资本实际使用权是一种私权；人力资本法权使用权是基于投资或交易产生的，人力资本实际使用权是由承载者占有人力资本的天然性所赋予；人力资本法权使用权既可以由承载者行使，又可以由非承载者行使，但人力资本实际使用权只能由承载者行使；人力资本法权使用权是一种间接权利，人力资本实际使用权则是一种直接权利；人力资本法权使用权是一种支配权，人力资本实际使用权则是一种操作权，所以，人力资本法权使用权支配人力资本实际使用权。由于人力资本法权使用权只能通过人力资本实际使用权来实现，所以，人力资本实际使用权的承载者是人力资本效能发挥的决定因素。因此，必须建立人力资源使用的激励机制，并不断提高激励机制的效率，这样才能调动人力资本承载者的积极性和主动性。

（三）人力资本法权处置权

非载体投资者对人力资本进行投资，获得了人力资本法权处置权。人力资本法权处置权是指人力资本非承载者通过人力资本投资而获得的在一定时期内处置人力资本的权利，即法律赋予投资者处置投资所形成的人力资本的权利。它是一种支配权利，即支配人力资本承载者的权利，也就是依法支配人力资本承载者处置人力资本的权利；同时，它又是一种间接的和法权上的权利，而不是具体的、真实的、实际处置人力资本的权利。

人力资本法权处置权是有期限的，也是有条件的。非载体投资者通过运用人力资本法权处置权，支配人力资本实际处置权，保证自身的实际需要。由于法权处置权是通过合法手段获取的，所以受法律法规保护。人力资本法权处置权与人力资本实际处置权既有联系又有区别。其联系和区别同人力资本法权使用权和人力资本实际使用权相类似。

第七节　马克思人力资本产权思想*

马克思在《资本论》中深层次地、系统地研究了劳动力理论，并且形成了理论体系。笔者认为，在马克思劳动力理论中，已经包含了人力资本产权思想。

---

* 本节内容原载《长春大学学报》2003 年第 3 期。

一　劳动力与人力资本

劳动力是人的劳动能力，既包括一般体力和脑力的劳动能力，也包括需要经一定教育和培训才能获得的劳动能力；而人力资本则是指经过正规教育和训练后才能在劳动者身上体现出的劳动才能，它属于劳动者劳动能力中的一部分。因此，劳动者的劳动能力并不一定就是人力资本。人力资本体现在劳动者身上，是指凝结在劳动者身上的知识、技能及其表现出来的能力，这种能力是生产增长诸因素中的主要因素。因而，有技能的人的资源是一切资源中最重要的资源，而且，人力资本投资的效益大于物质资本投资的效益。

然而，由于"技能"一词是一个历史的范畴，当社会生产力随社会经济发展而提高时，在先前一个社会经济时代被视为是需要特殊训练才能获得的某项技能，在当代则可能已被视为无须培训的简单劳动，所以，人力资本是累积的结果；而劳动力既包含简单的体力和脑力劳动，又包含经教育培训而拥有的知识和技能（即人力资本）。劳动力是人的劳动能力，它以劳动者为载体，存在于劳动者体内，与劳动者不可分离。

劳动力的主要特征有：一是劳动者与其劳动力不可分割；二是劳动力发挥作用的物质前提是存在能凝结活劳动的对象；三是即使劳动力无法发挥作用，劳动者仍需要消费一定的生活资料；四是劳动力发挥作用具有周期性；五是劳动者具有能动性。

二　马克思劳动力思想

马克思在其经济理论中，对劳动者的劳动力进行过比较系统的研究。但是，由于这些研究比较分散，所以没能引起大多学者的关注。

第一，关于劳动力的概念。马克思认为，劳动力可以"理解为人的身体即活的人体中存在的，每当人生产某种使用价值时就运用的体力和智力的总和。"① 马克思关于劳动力的概念主要强调了以下三个问题：一是强调劳动力存在于劳动者体内，而且与劳动者不可分离；二是强调劳动者必须是有生命的，因为只有是有生命的，才可以运用它创造或生产某种使用价值。劳动者没有了生命，劳动力也就自然消失；三是强调劳动力是由劳动者的"体力和智力"构成的。笔者认为，这里的"体力和智力"应理解为既包括一般体力和智力，又包括由投资获得的体力和智力。

第二，关于劳动力所有权。马克思认为："劳动力所有者要把劳动力当作商品出卖，他就必须能够支配它，从而必须是自己的劳动能力，自己人身的自由的劳动者。"② "他必须始终让买者只是在一定期限内暂时支配他的劳动力，使用他的劳动力，就是说：他在让渡自己的劳动力时不放弃自己对它的所有权。"③ 马克思还认为："劳动力所有者和货币所有者在市场上相遇，彼此作为身份平等的商品所有者发生关系，所不同的只是一个是买者，一个是卖者，因此双方是法律上平等的人。"④ 在《资本论》第 2 卷中，马克思又指出："劳动力的买和卖，这种行为本身又是建立在先于社会产品的分配并作为其前提的生产要素的分配的基础上的，也就是建立在作为工人的商品的劳动力和作为非工人的财产的生产资料互相分离的基础上的。"⑤ 在《资本论》第 3 卷中，马克思强调，工人是劳动力的占有者。马克思写道："他所以是一个资本家，能完成对劳动的剥削过程，也只是因为他作为劳动条件的所有者同只是作为劳动力的占有者的工人相对立。"⑥

---

① 马克思：《资本论》（第 1 卷），人民出版社 1975 年版，第 190 页。
② 同上。
③ 同上书，第 191 页。
④ 同上书，第 190 页。
⑤ 马克思：《资本论》（第 2 卷），人民出版社 1975 年版，第 428 页。
⑥ 马克思：《资本论》（第 3 卷），人民出版社 1975 年版，第 49 页。

马克思的一系列论述，全面深刻地阐明了劳动者拥有劳动力所有权。不仅如此，我们还应该在更深意义上认识到：其一，劳动力所有权是可以分割的，可以分割为所有权（狭义）、占有权、使用权和处置权等权能；其二，劳动力所有权是可以交易的。在交易时，劳动力所有权和货币所有者是法律上平等的人。在交易后，劳动力使用权发生让渡，当然，是有条件和时间期限的让渡；其三，劳动力所有权可以划分为广义和狭义两种。广义的劳动力所有权是一组权能，劳动力所有权交易就是这种广义的所有权交易；而狭义的劳动力所有权则只是单纯的所有或领有的意义；其四，进行劳动力所有权交易是有条件的，即劳动者必须是自由人。

第三，关于劳动力的差异性。马克思虽然并没有对劳动力作详尽的、具体的分类，但是他却始终坚持认为劳动力是有差异的。马克思是在论述劳动二重性学说时，间接地提出了这种思想。马克思把劳动分为简单劳动和复杂劳动，并指出："比较复杂的劳动只是自乘的或不如说多倍的简单劳动。"[1] 既然劳动存在简单和复杂之分，那么不同劳动对从事劳动的人就具有不同的要求，从事简单劳动的人只需具有体力以及少量的经验和技能即可，即具有初级或低层次的劳动力；而从事复杂劳动的人则必须具有足够的才能，即具有高级或高层次的劳动力。更重要的是，马克思指出了不同层次的劳动力之间的联系或换算关系，即高层次劳动力是自乘的或多倍的低层次劳动力，尽管这种不同的比例"是在生产者背后由社会过程决定的。"[2]

如果说，马克思在此处是按简单劳动与复杂劳动的区分来间接地反映其劳动力具有差异性的思想，那么在论述劳动力价值时，则明确提出了这种思想。马克思指出："要改变一般的人的本性，使

---

① 马克思：《资本论》（第1卷），人民出版社1975年版，第58页。
② 同上。

它获得一定劳动部门的技能和技巧，成为发达的和专门的劳动力，就要有一定的教育和培训，而这就得花费或多或少的商品等价物。劳动力的教育费随着劳动力性质的复杂程度而不同。"① 劳动力的差异性在这里更明确地体现出来，并且指出低层次的劳动力转变为高层次的劳动力的途径：教育和培训。

马克思还认为，在社会主义社会劳动力也存在着差异性。他在讲到按劳分配时说，社会主义不承认任何阶级差别，"因为每个人都和其他人一样只是劳动者，但是它默认不同等的个人天赋，因而也就默认不同等的工作能力是天然特权。"②

第四，关于劳动力的价值。马克思从劳动价值理论出发，论述了劳动力的内在价值。马克思认为："劳动力的价值，就是维持劳动力所有者所需要的生活资料的价值"③，"劳动力的价值规定包含着一个历史的和道德的因素"④，它包括"生产劳动力所必需的生活资料的总和，要包括工人的补充者即工人子女的生活资料。"⑤ 而且，"教育费……包括在生产劳动力所耗费的价值总和中。"⑥ 劳动力价值的规定性决定了劳动力内在价值，但是，不同的劳动者，各部分的份额不同。对于低层次的劳动力，教育费用较低，但对于高层次的劳动力，教育费用则较高。

对于劳动者的工资，马克思认为是"劳动力的价值或价格"⑦，并且同时认为，"执行同一职能的不同工人的工资间存在着个人的差别"⑧，即工资随劳动者拥有的劳动力质量不同而不同。这种差别

---

① 马克思：《资本论》（第 1 卷），人民出版社 1975 年版，第 195 页。
② 马克思：《哥达纲领批判》，人民出版社 1965 年版，第 14 页。
③ 马克思：《资本论》（第 1 卷），人民出版社 1975 年版，第 194 页。
④ 同上。
⑤ 同上书，第 195 页。
⑥ 同上。
⑦ 同上书，第 585 页。
⑧ 同上书，第 593 页。

在不同的社会中，由不同的主体来承担，"在奴隶制下落到奴隶主身上，而在雇佣劳动制度下则落到工人自己身上。"① 从工资的形式上看，分为计时工资和计件工资。计时工资更多地体现了劳动力的平均定价，它以劳动力支付的数量为依据，简单地以劳动时间作为衡量劳动力数量的尺度，而忽略了劳动力的质量差异和使用效率差异。计件工资以计时工资为基础，但它以生产的产品件数作为计发劳动力收益的依据。在计件工资中，各个工人的实际收入，就会因技能、体力、精力、耐力等的不同而有很大差别。计件工资还体现出劳动者使用劳动力的效率高低。

三　马克思人力资本思想

在马克思劳动力理论中，虽然没有直接使用人力资本这一词汇，但是却内含着丰富的人力资本思想。马克思这些丰富的人力资本思想，对于我们学习人力资本理论、研究人力资本理论、发展人力资本理论及用其指导中国企业改革实践，都具有十分重要的意义。马克思人力资本思想主要如下：

第一，关于人力资本的概念。马克思认为，劳动力可以分为两大类：一类是从事简单劳动的劳动力，另一类是从事复杂劳动的劳动力。这两类劳动力是有本质区别的。从事简单劳动的劳动力只具有一般的"体力和智力"，而从事复杂劳动的劳动力却具有高层次的"体力和智力"，这种高层次的劳动力即是指人力资本，因为人力资本是指人体内存在的知识、技能、能力和健康等，它是人从事复杂劳动的内在依据。另外，马克思笔下"发达的和专门的劳动力"也是指能够从事复杂劳动的劳动力。因此，不论是从事复杂劳动的高层次劳动力，还是"发达的和专门的劳动力"，都是人力资

---

① 马克思：《资本论》（第1卷），人民出版社1975年版，第608页。

本的代名词。从本质上来看，就是人力资本。

第二，关于人力资本的形成。人力资本是投资形成的。马克思认为，从事复杂劳动的高层次劳动力是投资形成的，即把一般的劳动力培养成为不同性质的高层次劳动力，需要"花费"一定数量的"商品等价物"，而且"花费"的"商品等价物"的多少是随着劳动力的性质和层次不同而不同的。相同性质不同层次的劳动力，其投资份额不同；不同性质相同层次的劳动力，其投资份额也不同。但是，一般来说，劳动力层次越高，性质越复杂，则投资份额越大。笔者认为，这种由投资形成的相同性质的或不同性质的高层次的劳动力即是人力资本。

第三，关于人力资本的投资途径。马克思认为，培养"发达的和专门的劳动力"的途径是教育和培训，教育和培训可以使一般的劳动力掌握某些劳动部门的劳动技能和技巧，成为高层次的劳动力。在人力资本投资理论中，人力资本投资途径有教育、培训、医疗、卫生、保健和"干中学"等，但其中最主要的投资途径还是教育和培训。马克思论述的劳动力投资途径，即是人力资本的投资途径。

四 马克思人力资本产权思想

由于马克思劳动力思想中包括了劳动力所有权，而马克思劳动力思想中又包含了人力资本思想，所以，马克思人力资本思想中也同样包括人力资本所有权。与马克思劳动力所有权一样，马克思人力资本所有权也是一组或一束权利，而且也是可以分割的，即马克思人力资本所有权也可以分割为所有权（狭义）、占有权、使用权和处置权等权能。由于"人力资本产权就是人力资本的所有权"，[①]因此，马克思人力资本所有权也就是马克思人力资本产权。

---

① 李建民：《人力资本通论》，上海三联书店 1999 年版，第 52 页。

第二章

企业所有权研究

本章主要研究企业所有权概念辨析、企业所有权内涵和主体演进、企业所有权分享主体、企业所有权激励功能、企业所有权状态依存特征、企业所有权与财产所有权、企业所有权分享安排形式。

第一节　企业所有权概念辨析*

企业所有权概念是企业所有权理论中的一个重要内容，对它的界定是否准确，将直接影响到企业所有权理论的形成和作用的发挥，因此，必须深层次、广视角地展开研究，进而加以准确地界定。

一　张维迎对企业所有权概念的界定及评析

在现代企业理论的研究中，关于企业所有权概念的研究并不多。从现有的文献来看，只有张维迎深入研究过企业所有权概念。张维迎关于企业所有权概念的研究，散见于其专著《企业理论与中国企业改革》和《企业的企业家——契约理论》（以下简称张文）中。张维迎在其专著中先后几次对企业所有权概念进行界定。概括

　＊　本节内容原载《吉林大学社会科学学报》2003 年第 2 期。

起来，这些界定可以划分为两类：

一是从经营者角度出发对企业所有权进行的界定，界定的目的是强调对经营者的激励，强调把企业剩余索取权和剩余控制权对应起来；二是从股东角度出发对企业所有权进行的界定，界定的目的是强调股东要严格监督和选择经营者，努力实现企业价值的最大化，切实保证自身的合法权益，不断提高自身的收益水平。

（一）第一种企业所有权概念界定及评析

张文认为，企业所有权是指剩余索取权（residual claim）和剩余控制权（residual rights of control）。剩余索取权是相对于契约收益权而言的，是指对企业收入在扣除所有固定的契约支付（如原材料成本、固定工资、利息等）的余额（利润）的要求权；剩余控制权是指契约中没有特别规定的活动的决策权。剩余索取权和剩余控制权之所以存在，是因为企业契约是不完备的；如果企业契约是完备的，也就不存在所谓的剩余索取权和剩余控制权了，进而也就不存在企业所有权问题了。一个完备的契约意味着所有的"收益权"和"控制权"都合同化了，没有"剩余"存在①。但是，有的时候，张文又把剩余控制权简称为控制权，② 因此，张文对企业所有权的界定就简化为剩余索取权和控制权。这种推论从逻辑上看是没有问题的，他在以后的著述中也常这样使用。比如，在论及企业所有权分配问题时，张文认为，如果撇开非人力资本所有者不讲，那么企业的剩余索取权和控制权应该分配给经营者，因为经营者的工作是最重要的、最难监督的。③ 需要注意，这里的控制权就是剩余控制权的简称。

笔者认为，剩余控制权不能简称为控制权，因为两者是不完

①　张维迎：《企业理论与中国企业改革》，北京大学出版社1999年版，第70—71页。

②　同上书，第75页。

③　同上书，第80页。

全相同的概念。控制权是指契约中规定的决策权和没有特别规定的决策权，即包括明晰控制权和剩余控制权；而剩余控制权则只是契约中没有特别规定的决策权，只是控制权中的一部分，两者不能互相替代，否则，将引起理论和实践上的混乱。事实上，张维迎对剩余控制权的简化使用，已经造成理论上和实践上的混乱：有的人把"剩余索取权和剩余控制权"作为企业所有权的概念使用，[1] 有的人则把"剩余索取权和控制权"作为企业所有权的概念使用。[2]

笔者认为，张文以上界定的不是企业所有权，而是经营者企业所有权，因为该企业所有权是为激励经营者而设立的。

经营者企业所有权应使剩余索取权和剩余控制权对应起来。剩余索取权和剩余控制权的对应安排，既可以避免权力的滥用，又可以充分激励经营者，实现企业价值最大化。

（二）第二种企业所有权概念界定及评析

张文虽然明确地把企业所有权界定为剩余索取权和剩余控制权，但他在以后的著述中又多次对企业所有权进行重新界定。他认为，"委托权是指剩余索取权和控制权。顾名思义，剩余索取权是指对企业剩余（总收益减去固定合同支付）的要求权。而控制权，大体上说是选择和监督其他代理人的权力。"[3] 在这里，张文所说的委托权就是企业所有权。但是，笔者认为，委托权中的控制权并不是剩余控制权的简称，而是指明晰控制权，即契约中已经明确规定的股东拥有的选择、监督经营者（代理人）和重大事项决策的权力。

张文还认为，当企业有偿债能力时，股东是企业所有者，拥有

①　钟朋荣：《中国企业归谁所有》，《时代工商》2002 年第 3 期。

②　杨瑞龙、刘刚：《双重成本约束下的最优企业所有权安排》，《江海学刊》2002 年第 1 期。

③　张维迎：《企业理论与中国企业改革》，北京大学出版社 1999 年版，第 102—103 页。

剩余索取权和对经理的最终控制权；而当企业偿债能力不足时，即处于亏损破产状态时，债权人就成为企业所有者，取得企业控制权。[①] 笔者认为，这里对经理的最终控制权也不是剩余控制权的简称，同样是指股东拥有的明晰控制权。

很显然，张文在这里界定的企业所有权（指剩余索取权和控制权）中的控制权是一个新提出的概念，是指股东所拥有的契约上已明确规定的权力，即明晰控制权。因此，笔者认为，这种企业所有权应该称为股东企业所有权。更明确地概括一下，股东企业所有权应界定为剩余索取权和明晰控制权。

笔者认为，生产者也应该分享到企业所有权。生产者企业所有权应界定为剩余索取权和参与控制权。参与控制权是指契约中已经明确规定的生产者拥有的参与企业经营管理的权力，是归属于生产者的权力。

二　企业所有权概念廓清

(一) 理论界对企业所有权概念的困惑

关于企业所有权概念，理论界感到很困惑，相当一部分人认为企业所有权概念比较难以界定，因为其中的剩余控制权概念难以界定。

张文先后几次对企业所有权概念进行界定，但却没有形成一个统一的、具有广泛性和包容性的概念。所以，他认为，剩余控制权是一个不好定义的概念，因为无法确定是经营抉择权力（科斯意义上），还是对管理者本身的权力。[②] 杨其静也认为，剩余控制权不是一个科学的、确定的概念，如果不慎重使用，就将造成很多不必要

---

① 张维迎：《企业理论与中国企业改革》，北京大学出版社 1999 年版，第 110 页。

② 张维迎：《企业的企业家——契约理论》，上海三联书店、上海人民出版社 1995 年版，第 20 页。

的混乱。[①] 杨瑞龙和周业安认为，为了避免因概念内涵的含糊性所引起的理论上的混乱，比较现实的态度是把剩余控制权定义为企业的重要决策权，它是"当一个信号被显示时决定选择什么行为的权威"，这些行为能给企业带来较直接的损益，同时决策人要承受一定的风险[②]。

　　笔者认为，上述学者之所以认为剩余控制权难以界定，主要的原因是他们没有区分剩余控制权、明晰控制权和参与控制权，而把三者混同起来。杨瑞龙和周业安似乎已认识到这个问题，他们指出，虽然格罗斯曼和哈特等人用剩余控制权来定义企业所有权，并把剩余控制权理解为契约中未特别规定的活动的决策权，但是，真正运用该定义来分析企业治理结构时却会遇到难以克服的困难。因为按照该理论逻辑，契约中已明确规定的活动的决策权并不属于企业所有权的范围。比如，公司法和公司章程中已规定的战略性重大决策权、聘任总经理和解聘总经理的权力、公司合并和清算的权力、重大投资权等[③]。但事实上，这些权力均属于企业所有权的范畴。

　　（二）企业所有权概念的廓清

　　为了解决目前经济理论界对企业所有权或剩余控制权认识和使用的混乱问题，应该对企业所有权概念进行明确界定。考虑到广泛性和包容性，笔者认为，应该把企业所有权明确界定为剩余索取权和控制权。其中，剩余索取权仍"是指对企业收入在扣除所有固定的契约支付（如原材料成本、固定工资、利息等）的余额（利润）的要求权"。但是，控制权并不是剩余控制权的简称，而是既可以指剩余控制权，又可以指明晰控制权，还可以指参与控制权。剩余

---

① 杨其静：《合同与企业理论前沿综述》，《经济研究》2002 年第 1 期。

② 杨瑞龙、周业安：《企业的利益相关者理论及其应用》，经济科学出版社 2000 年版，第 86 页。

③ 同上书，第 85—86 页。

控制权仍"是指契约中没有特别规定的活动的决策权"；明晰控制权是指契约中已明确规定的活动的决策权；参与控制权是指参与企业经营管理的权力。

据此，笔者认为，企业所有权应该有三种表现形式：即经营者企业所有权、股东企业所有权和生产者企业所有权。在内涵上，这三种企业所有权既有联系又有区别。三者的联系是，都含有剩余索取权要素；三者的区别是，"控制权"的性质不同。经营者企业所有权中含有剩余控制权，股东企业所有权中含有明晰控制权，生产者企业所有权中含有参与控制权。

新界定的企业所有权概念中的控制权可以有三种解释：一是指由股东拥有的明晰控制权；二是指由经营者拥有的剩余控制权；三是指由生产者拥有的参与控制权。剩余索取权与明晰控制权构成股东企业所有权；剩余索取权与剩余控制权构成经营者企业所有权；剩余索取权与参与控制权构成生产者企业所有权。

可见，新界定的企业所有权概念中的控制权是一种归属性权力，当其归属于不同的主体时，其含义也不同。当其归属于股东时，含义为明晰控制权；当其归属于经营者时，含义为剩余控制权；当其归属于生产者时，含义为参与控制权。

由于股东、经营者和生产者在企业中所处的地位和所执行的职能不同，所以他们各自的企业所有权中的"控制权"的权力也不同。股东企业所有权中的明晰控制权，是指契约中已经明确规定的、有关企业"大政方针"和选择监督经营者等方面的权力；经营者企业所有权中的剩余控制权，是指契约中没有特别规定的、有关企业经营决策和对生产者选择监督的权力；生产者企业所有权中的参与控制权，是指契约中已经明确规定的生产者参与企业经营管理的权力。

（三）企业控制权分析

企业所有权明确界定为剩余索取权和归属性控制权，其中剩余索取权的含义已经很明确了，下面我们建立模型分析一下归属性控制权。

设 A 为契约中明确规定的权力；B 为契约中没有规定，但各契约主体却都认同的权力（如公司法等法律法规规定的权力），其他合约规定的权力，等等；C 为契约中没有规定的权力，契约中各方理解不一致的权力，没有先例可循的处置突发事件的权力，等等；k 为契约可实施程度，与实施费用有关。依据这些设定，我们可以得出下列公式：

剩余控制权 E 可以表示为 $E = C + (A + B)(1 - k)$；明晰控制权 F 可以表示为 $F = k(A + B)$；参与控制权可以表示为 Z。因此，归属性控制权 D 可以表示为：$D = E$，或 $D = F$，或 $D = Z$。

讨论：

（1）当 $k = 1$ 时，剩余控制权为 C。也就是说，即使契约中的各项条款都能得到全面实施，仍然存在剩余控制权。造成这种剩余控制权的原因较多，主要是个人的有限理性、外部环境的复杂性和未来的不确定性、信息的不对称性和不完全性以及由此导致的大量交易费用，等等。一般而言，C 的大小主要取决于交易费用。交易费用大，C 小；交易费用小，C 大。此时，明晰控制权为（A + B），完全由现实的和潜在的契约所规定。参与控制权为 Z。综合起来，归属性控制权为：$D = C$，或 $D = A + B$，或 $D = Z$。

（2）当 $k = 0$ 时，剩余控制权为（C + A + B），明晰控制权为零，参与控制权为 Z。这表明，由于契约完全不能实施，明晰控制权转化为剩余控制权。一般而言，这种情况是不会出现的，因为契约不可能一点都不能实施。综合起来，归属性控制权为：$D = C + A + B$，或 $D = 0$，或 $D = Z$。

（3）当 $C = 0$ 时，剩余控制权为（A + B）（1 - k），明晰控制

权为 k（A+B），参与控制权为 Z。这表明，即使契约主体能够预料到未来的一切情况，从而使契约条款能够消除将来的所有不确定性，但如果契约的可实施程度比较低，这时仍然会有剩余控制权，因为契约主体一方无法确定他方是否按照契约条款去做了，所以，这部分剩余权力是由契约实施程度 k 决定的。如果某个契约相对于其他契约来讲比较容易执行，而且实施过程容易监督、实施结果容易测量，那么这个契约的实施成本也就比较低，从而 k 值就比较大。这时，明晰控制权的大小也就完全取决于 k 值大小。综合起来，归属性控制权为：D=（A+B）（1−k），或 D=k（A+B），或 D=Z。

第二节 企业所有权内涵和主体演进[*]

一 企业所有权内涵演进

企业所有权的内涵是随着企业所有权理论的发展而不断演进的，因此，企业所有权内涵的演进历程，也是企业所有权理论的发展历程。企业所有权是指企业的剩余索取权和归属性控制权。但是，这一概念的确定并得到广泛的认同，却是经济学家经过长时间艰苦努力探索的结果。也就是说，现在企业所有权的内涵与最初企业所有权的内涵是有较大差别的，它是随着企业所有权理论研究的深入和展开而不断演进的。企业所有权内涵的演进经历了以下四个阶段。

（1）第一阶段，企业所有权的内涵为剩余索取权。在企业理论的早期文献中，经济学家把企业所有权定义为剩余索取权。[①] 阿尔钦和德姆塞茨（1972）认为，企业生产实质上是一种团队生产，即

---

* 本节内容原载《当代经济研究》2004 年第 10 期。

① 张维迎：《企业理论与中国企业改革》，北京大学出版社 1999 年版，第 71 页。

产品是由集体成员协作生产出来的。由于最终产品是集体共同努力的结果，而且每个成员的个人贡献又难以观测和分解出来，这就必然导致搭便车问题。搭便车使团队成员可以将"偷懒"的成本转嫁给别人，结果降低了团队的生产率。如果这些"偷懒"可以在较低的费用下被监测到，那么它们就不会出现。一般来说，市场竞争有可能在一定程度上解决团队成员的"偷懒"问题，但不可能完全消除"偷懒"问题。阿尔钦和德姆塞茨还认为，减少"偷懒"问题的最好办法是设立专门从事监督其他成员的监督者。但是，这同时又提出一个新的问题，即如果监督者再"偷懒"怎么办？他们认为，为了使监督者不"偷懒"或少"偷懒"，就必须赋予监督者剩余索取权，以激励他们监督其他成员的积极性，否则，监督者不仅缺乏监督别人的积极性，而且自己也可能"偷懒"。监督者越有积极性，越努力，其他成员就越难"偷懒"，进而，团队的生产率也就越高，要素的报酬和监督者的剩余也就越大。监督者为了获得企业剩余而使企业的生产率不断提高。①

阿尔钦和德姆塞茨所指的监督者大体上有两种来源：一种是出资者或雇主兼任监督者，另一种是雇员转任监督者。对于前一种监督者，由于他既是企业的财产所有者，又是企业所有者，所以理所当然地享有企业剩余索取权；对于后一种监督者，虽然他不是企业财产所有者，但却享有企业剩余索取权，成为企业所有者。企业所有者自然就应该享有企业所有权，所以剩余索取权已经在事实上成为企业所有权。但是，阿尔钦和德姆塞茨却没有在理论上明确把企业所有权定义为剩余索取权。首次把剩余索取权定义为企业所有权的人是法玛和詹森（1983）。②

---

① 费方域：《企业的产权分析》，上海三联书店、上海人民出版社 1998 年版，第 34—37 页。

② 黄乾：《企业所有权安排的理论探讨》，《河北学刊》2002 年第 2 期。

关于监督者的数量，阿尔钦和德姆塞茨认为，监督者的数量宜少不宜多。监督者数量越少，个人所获得的剩余索取权就越大，激励的作用也越大，效果就越好。如果企业全体成员都是监督者，都分享剩余索取权，则"偷懒"问题仍将难以减少或消除。笔者认为，企业全体成员都是监督者，进而平均分享剩余索取权肯定是不可取的，它会导致"大锅饭"。但是，如果在全体成员都是监督者的条件下，按照贡献大小的原则安排剩余索取权，则就可能较好地解决这个问题。

剩余索取权来源于契约的不完备。如果契约是完备的，即企业的所有收入都已在契约中作了分配，也就不会有剩余索取权的存在。享有企业的剩余索取权，也就意味着要承担企业的风险，因为企业可能有剩余，也可能没有剩余。

（2）第二阶段，企业所有权的内涵为剩余控制权。20 世纪 80 年代后期，格罗斯曼和哈特提出了不完全契约理论。这一理论认为，产权安排的重要性来自于契约的不完备性。契约之所以不完备，是因为人们不可能事前预料到未来可能发生的情况，或者即使预料到了，也写入了契约，但可能无法执行。当契约不完备时，就出现一个问题，即契约中没有规定的情况出现时，由谁来做出决策。这就是所谓剩余控制权问题。

格罗斯曼、哈特、莫尔从契约的不完备性出发，把企业所有权定义为剩余控制权。1995 年，哈特再次强调企业契约的不完备性，认为剩余索取权是一个没有很好定义的概念，又以剩余控制权定义企业所有权。[①] 需要我们注意的是，在格罗斯曼等的观念中，财产所有权和企业所有权是没有区别的，但事实上，企业所有权是比财产所有权更为复杂的概念。关于格罗斯曼等的企业所有权理论，张

---

① 张维迎：《企业理论与中国企业改革》，北京大学出版社 1999 年版，第 71 页。

维迎认为，他们是用财产所有权定义企业所有权，所以发展的是财产所有权理论，而不是企业所有权理论。①

关于谁应该拥有剩余控制权，费方域认为，根据经验，或者说，人们用自己的实践，早就回答了这个问题：所有者拥有任何不与先前的契约、惯例和法律相违背的方式对物质或资产的使用做出决定的权力。由于这种权力是契约条款中遗漏的或没有规定的，所以相对于契约已经列明的或已经作出规定的特定控制权来说它们就成了剩余控制权。由于只有所有者才有这种权力，所以它们就被用来定义所有权了。②

这里，费方域所说的所有权，也是指财产所有权。可见费方域也没有区分财产所有权和企业所有权，而是把财产所有权定义为剩余索取权了。财产所有权归属于财产所有者，企业所有权归属于企业所有者。财产所有者不一定是企业所有者，不一定拥有企业所有权。例如，当企业在正常经营的情况下，股东拥有支配性企业所有权，但是，当企业经营出现不正常时，即处于亏损破产的状态时，则债权人拥有支配性企业所有权，但股东仍然拥有企业财产所有权。

（3）第三阶段，企业所有权的内涵为剩余索取权和剩余控制权。张维迎认为，企业所有权是指对企业的剩余索取权和剩余控制权。企业剩余的索取者也即是企业的风险承担者，因为剩余是不确定的，没有保证的，在固定合同索取被支付之前，剩余索取者将什么也得不到。

把剩余索取权和剩余控制权定义为企业所有权具有重要的意义。因为剩余索取权和剩余控制权相对应，就可能使风险承担者和

————————

①　张维迎：《企业的企业家——契约理论》，上海三联书店、上海人民出版社1995年版，第43页。

②　费方域：《企业的产权分析》，上海三联书店、上海人民出版社1998年版，第97页。

风险制造者相对应。这样，风险制造者或决策者就会在自利动机的驱使下尽可能地做出优良的决策，而避免做出不良的决策。如果拥有剩余控制权的人没有剩余索取权，则剩余控制权也就成了"廉价投票权"，相反，如果拥有剩余索取权而没有剩余控制权，则剩余索取权也将很难实现。

当然，由于契约的不完备性，剩余索取权和剩余控制权的完全对应也是不可能的。但是，从另一个角度来讲，两者也是不能分离的，因为拥有剩余控制权的人如果不能合法地拥有剩余索取权，那么他也会利用剩余控制权把企业剩余"分配"给自己；而拥有剩余索取权的人如果没有剩余控制权，则拥有的剩余索取权也将失去意义。

（4）第四阶段，企业所有权的内涵为剩余索取权和归属性控制权。企业所有权涉及股东、经营者和生产者三个契约主体，而每个契约主体的各自职权又有所不同，所以，企业所有权定义为剩余索取权和归属性控制权之后，应明确规定其中的归属性权力。当其归属于股东时，是指明晰控制权；当其归属于经营者时，是指剩余控制权；当其归属于生产者时，是指参与控制权。明晰控制权是指企业最终控制权或企业法定控制权；剩余控制权是指企业实际控制权；参与控制权是指参与企业经营管理决策和参与企业日常经营管理等权力。

二 企业所有权主体演进

（一）企业所有权主体问题争论

关于企业所有权主体问题，国内存在"单一主体论"[1] 和"多元主体论"[2] 之间的争论。前者主张非人力资本所有者是企业所有

① 张维迎：《企业理论与中国企业改革》，北京大学出版社 1999 年版，第 84 页。
② 周其仁：《市场里的企业：一个人力资本与非人力资本的特别合约》，《经济研究》1996 年第 6 期。

权的主体，"资本雇佣劳动"是最佳的制度安排；后者主张由非人力资本所有者和人力资本所有者共同承担企业所有权主体。

黄乾和李建民认为，企业所有权主体应该通过企业性质分析来确定，企业具有生产性质和交易性质。① 企业生产性质表明，企业所有权主体的确认首先取决于其是否承担了一定的义务。人力资本所有者和非人力资本所有者在企业中都承担了相应的义务，如非人力资本所有者承担了出资的义务、保持资本完整的义务和承担企业一部分亏损及债务的义务等；人力资本所有者则承担了企业的管理、技术创新和具体的生产操作等义务。企业的生产成果是人力资本和非人力资本等生产要素共同投入的结果，它们都为企业的生存和发展做出了贡献，因此，人力资本所有者和非人力资本所有者都应是企业所有权主体；企业的交易性质表明，财产所有权是企业所有权主体确认的基础。企业是一个交易性组织，是人力资本产权和非人力资本产权进行交易而形成的。这说明人力资本所有者和非人力资本所有者是相互独立和平等的产权主体。双方都拿出了一部分自己所拥有的产权进行了交易，就有权从交易活动中获得自己的产权权益。② 双方都是企业所有权主体，这是非人力资本产权和人力资本产权交易的必然结果。

笔者认为，不仅人力资本所有者和非人力资本所有者应是企业所有权主体，而且债权人也应是企业所有权主体，因为债权人也向企业"投入"了资本，也承担了企业的经营风险。当然，债权人享有的企业所有权应是不完全的，即只应享有企业控制权。

（二）企业所有权主体演进

企业所有权主体是随着企业制度的变迁而逐渐演进的。概括起

---

① 黄乾、李建民：《人力资本、企业性质和企业所有权安排》，《经济学家》2001 年第 6 期。

② 杨瑞龙、周业安：《企业的利益相关者理论及其应用》，经济科学出版社 2000 年版，第 77 页。

来，企业所有权主体经历了以下五个阶段的演进。

（1）第一阶段，企业所有权主体为出资者或业主。在业主制企业中，企业所有权由出资者或业主独占，雇员不享有企业所有权，只领取固定的工资收入。因此，企业所有权主体为出资者或业主。企业是人力资本和非人力资本的契约，是人力资本所有者和非人力资本所有者交易产权的形式和结果，所以，双方都是同等重要的，失去任何一方，企业都不会存在。既然如此，为什么企业所有权却只由出资者或业主独占呢？

笔者认为，出现这种情况的主要原因有两个：一是非人力资本的特殊性，二是资本家兼任经营管理者和技术工作。资本家的非人力资本主要包括货币、厂房、设备、原材料等，这些都是实实在在的社会财富，具有强烈的价值显示信号；而雇员的人力资本是一种无形资产，它隐含在劳动过程中，只有通过观察其劳动过程和劳动结果，才可能大致被了解。在当时的业主制企业时代，科学技术比较落后，教育也不发达，受到良好教育的人也较少，生产也只需要简单的劳动即可，因此，人力资本价值显示信号很弱。

在业主制企业的各项工作中，最能显示人力资本价值的是经营管理和技术工作，而这两项工作又都由资本家来兼任，即资本家自己经营管理企业和从事技术工作。这样，人力资本的价值信号就完全被非人力资本的价值信号所覆盖，得不到显示。结果，企业所有权就完全由出资者或业主所独占。从某种意义上来说，也可以把资本家独占企业所有权，理解为出资者和经营者分享了企业所有权，只不过两者重合为资本家一体。非人力资本价值信号显示强烈，引导了经济学家的视线和思路，使他们忽略了经营管理等人力资本。

（2）第二阶段，企业所有权主体为合伙人。在业主制企业中，由于业主个人的财力有限，很难筹集到更多企业发展所需的资金，所以企业的发展壮大受到了制约。另外，业主制企业完全是由业主直接经营，包括对企业生产做出决策和管理，确定雇员的增加或减少以及报酬，等等。有时业主的经营管理能力有限，就较难以使企业持续、快速、健康地发展；更由于企业的命运与业主的状况紧密相关，一旦业主本人思想改变或发生意外，企业也就终止。而社会和经济的发展又需要企业持续、快速、健康地发展，特别是需要一些较大型企业，因此，合伙制企业应运而生。与业主制企业相比，合伙制企业可以带资入伙的方式吸收更多的投资者来扩大企业的资本，扩张企业的经营范围，扩大企业规模；同时，由于允许有管理经验的人以管理经验作为出资，这样就解决了企业管理专业化问题，更有利企业的发展；某个合伙人的退伙一般不会影响企业的存在和发展。

合伙制企业是由两个或两个以上的合伙人共同投资、共同管理、共同监督、共享企业剩余、共担风险的企业。合伙制企业的性质决定了企业的合伙人共同分享企业所有权，即企业所有权主体为全体合伙人。

在世界范围内来看，合伙企业的合伙人可以用多种方式出资。可以以货币出资、以实物出资、以技能出资、以管理经验出资、以劳务出资、以信用出资、以社会地位出资，等等。非货币和实物出资的出资比例完全由全体合伙人共同协商确定。[①] 由于管理、技能等可以折成出资比例，就使人力资本转化为非人力资本了，价值显示信号由弱转强。这样，全体合伙人都成为非人力资本出资者。按业主制企业的企业所有权分配观念，当然也就都是企业所有权主体了。

如果从最初的出资方式考虑，或者从本质上来说，管理者等人是以自身的人力资本为依据才获得企业所有权的。因此，也可以

---

① 甘培忠：《企业与公司法学》，北京大学出版社 1998 年版，第 73 页。

说，是人力资本所有者和非人力资本所有者共同分享了企业所有权。

（3）第三阶段，企业所有权主体为股东和经营者。合伙制企业也有很大的弱点，发展潜力仍然是有限的。比如，每一个合伙人对企业所欠的债务均负无限责任，而且相互株连，彼此连带；非经其他合伙人同意，不能随意把自己的出资份额转让给第三者；如果某一合伙人退出，合伙企业仍有解体重组的可能；合伙企业的自控机制受企业规模的影响。另外，企业由合伙人共同管理也会造成职责不清，出现事实上的"大锅饭"现象，等等。为了进一步适应社会和经济的发展需要，股份公司诞生了。

股份制企业是由数量较多的股东所组成的，其全部资本分为等额股份，股东以其所持股份为限对公司承担有限责任，公司以其全部财产为限对公司债务承担有限责任的企业。股东是非人力资本所有者，是企业所有权的当然主体；在早期企业中，经营者只拥有企业剩余控制权，而不拥有企业剩余索取权。经营者拥有的是不完全企业所有权（或残缺企业所有权），所以是不完全企业所有权主体。随着经营者作用的不断突现，一些企业为了调动经营者的积极性，开始向经营者授予一定剩余索取权，这些经营者成为完全企业所有权主体。但是，多数企业的经营者还没有分享到剩余索取权，所以仍然是不完全企业所有权主体。

（4）第四阶段，企业所有权主体为股东、经营者和生产者。企业所有权安排给经营者，就是承认了经营者的特殊性人力资本。但是，生产者的人力资本还没有得到承认。生产者的人力资本属于一般性人力资本，其价值显示信号要弱于特殊性人力资本，所以，常常被忽视。

20世纪70年代中期，美国律师卡尔索的职工持股理论得到了西方许多国家的认同和采纳。美国和英国很多公司实行了职工持股计划。职工持股计划的本质，是将雇员的人力资本作为享有公司股权的依据，使雇员享有剩余索取权，成为企业所有权主体之一。[①]这样，企业所有权主体又演进为股东、经营者和生产者。

到目前为止，企业所有权主体已经历了一个由单元主体，到二元主体，再到三元主体的渐进式演进。单元主体是指业主制企业中的出资者，二元主体是指合伙企业和早期部分股份公司中的出资者（或股东）和经营者，三元主体是指部分现代股份制公司中的股东、经营者和生产者。

（5）第五阶段，企业所有权主体为股东、经营者、生产者和债权人。企业所有权主体演进的下一个阶段，是债权人也将成为企业所有权主体，因为企业的经营状况如何，不仅直接关系到股东、经营者和生产者的切身利益，而且也直接关系到债权人的切身利益。因此，债权人也应成为企业所有权主体，分享企业所有权。准确地说，是只拥有企业控制权，而不拥有企业剩余索取权。或者说，是拥有不完全企业所有权，而不是拥有完全企业所有权。

第三节　企业所有权分享主体[*]

一　企业所有权分享主体争论及评析

关于企业所有权分享主体问题，理论界存在"单一主体论"和"多元主体论"之间的争论。"单一主体论"认为，物质资本股东应是企业所有权唯一分享主体；"多元主体论"认为，所有利益相关者都应是企业所有权分享主体。[②]"单一主体论"是主流经济学

---

① 洪远朋、叶正茂、李明海：《共享利益制度：一种新的企业制度》，《复旦学报》（社科版）2001 年第 3 期。

＊ 本节内容原载《经济体制改革》2007 年第 3 期。

② 布莱尔：《所有权与控制：面向 21 世纪的公司治理探索》，中国社会科学出版社 1999 年版。

理论，是大多数国家现行立法所依据的理论；随着人力资本作用的不断增强，这种主流企业所有权独享理论已经难以适应经济和社会的发展需要。"多元主体论"虽然在理论上可行，但却只能停留在理论层次，难以实践操作。

（一）企业所有权分享"单一主体论"及评析

企业所有权分享"单一主体论"，来源于新古典产权学派。新古典产权学派认为，企业是股东投资设立的，股东承担企业风险，股东是企业所有权唯一主体、是企业剩余的唯一索取者，所以，企业应由股东控制，经营者要为股东的利益最大化服务。企业的剩余索取权与控制权对应是最有效率的企业所有权结构。[①] 该理论的主要代表人物有阿尔钦（Al chian）、德姆塞茨（H. Demsetz）、曼内（Manne）、詹森（Jensen）、麦克林（Meckling）和哈特（Hart）等人。

从积极的意义上来说，企业所有权分享"单一主体论"促进了资金所有者投资于企业；但是，从相反的意义上来说，这一理论还存在很多缺陷，难以适应社会和企业自身的发展需要。

第一，原始理念错误。企业所有权分享"单一主体论"认为，经营者和生产者获得事先预定的固定工资，当企业经营失败时，他们可以转移到其他企业劳动，所以，并不承担企业剩余风险。但是，股东投入到企业的资产已经转化为固定资产和原材料等，这些资产具有较强的专用性；又由于股东投入企业的是实实在在的物质资本，抵押性较强。因此，如果企业遭受损失或倒闭破产，股东的资产就会贬值和减少，甚至血本无归，股东成为实际的风险承担者。根据风险同利益对等的原则，股东应该成为企业所有权唯一主体。

---

① 张维迎：《企业的企业家——契约理论》，上海三联书店、上海人民出版社 1995 年版。

笔者认为，企业所有权分享"单一主体论"强调的股东是企业所有权唯一主体的理念是错误的，因为经营者和生产者投入到企业的资产也具有一定的专用性和可抵押性。当他们进入企业并长期把精力投入企业，就会积累起企业专用性资产，如专业技巧、团队精神和集体荣誉等。脱离特定的企业环境，这些企业专用性资产就很难充分发挥应有的作用，甚至可能完全失去价值。一个具有专用性资产的人退出企业，不仅会给企业造成损失，而且也会给他自己造成较大损失。因为这种企业特有的人力资本在企业外部或其他企业将得不到充分评价，价值会降低，甚至难以进入市场。从某种意义上来说，人所具有的这种专用性资产也具有抵押性，即经营者和生产者也承担了企业剩余风险，所以也应成为企业所有权分享主体，因此，企业所有权分享"单一主体论"的理念是错误的。

第二，难以解释日益发展的分享制度。企业所有权分享"单一主体论"强调股东是企业所有权的唯一主体，但是，20世纪60年代以后，分享制度在西方国家兴起并得到快速的发展。分享制度的核心是物质资本出资者、经营者和生产者都成为企业所有权的分享主体。这个事实，企业所有权分享"单一主体论"是无法解释的。当然，分享制度的兴起和发展，并非是一些企业出资者良心的发现和仁慈，而是他们为了缓和劳资矛盾和获取更大的利益采取的办法。

分享制度作为一种产权激励的制度安排，不仅明显地提高了企业组织效率，而且也促进了经济发展和社会进步。一是激发了劳动者的劳动积极性。分享制度对劳动者的激励来自于两个方面：一方面是外在激励。由于分享制度把劳动者的收入和企业的经济效益直接捆在了一起，所以，劳动者要提高自己的收入水平，就必须先提高企业的收入水平，而要提高企业的收入水平就应该努力工作；另一方面是内在激励。劳动者分享了一定的企业所有权以后，会觉得自己是在为自己工作，所以会努力工作。二是调和了劳资矛盾。分享制度改变了劳动者被雇佣的身份，使劳动者成为与物质资本出资者平等的产权主体，这样就拉近了劳资双方的距离，使劳资双方从对立走向合作。劳资双方成为利益共享、风险共担、共损共荣的利益共同体，任何一方的不合作，都会损害双方的共同利益，因此，理性的劳动者和物质资本的出资者都会选择合作而不是对抗。三是有助于社会的进步。在实行分享制度的企业中，实现了权力平等、收入平等和经济民主，从而使劳动者由被雇佣者、被监督者和被剥削者转变为自主劳动、自主参与和自我约束的主人翁。社会呈现出从产权平等，到人权平等的公平、和谐、民主、文明与进步。

第三，忽视人力资本所有者。企业所有权分享"单一主体论"认为，企业是物质资本所有者投资设立的，所以，物质资本所有者应该是企业所有权的唯一主体。但笔者认为这种认识是错误的，因为它忽视了人力资本所有者的权利。首先，从企业的构成来看：企业是人力资本所有者和物质资本所有者缔结的一个合约，如果没有人力资本所有者签约，就不会有企业，不会有企业所有权，更不会有企业所有权主体。[①] 因此，人力资本所有者和物质资本所有者双方都应该是企业所有权分享主体。

其次，从企业的生产、经营管理来看：就生产而言，企业的生产是物质资本和人力资本相结合的过程，在物质资本投入一定的情况下，生产时间长短、产品质量高低、成本大小，完全取决于人力资本的投入状况。所以，人力资本所有者理所当然地应该成为企业所有权分享主体；从经营管理来看，经营管理是一个复杂的系统工程，它需要经营者具有多方面的才能和知识，还需要经营者全身心的投入。所以，人力资本的投入决定企业生存和发展。只有经营者

---

① 黄乾：《企业所有权安排的理论探讨》，《河北学刊》2002 年第 2 期。

成为企业所有权分享主体，才会有积极性经营管理好企业。

最后，从企业的交易来看：企业是人力资本产权与物质资本产权交易的结果，两者之所以能够达成交易，是因为双方都是独立的产权主体，否则，他们不可能签约。[1] 既然双方都拿出了自己的一部分产权进行交易，双方就都应该成为企业所有权分享主体，获得自己的产权权益。尽管目前企业所有权分享"单一主体论"是一种主流经济学理论，但是，不能否认，这一理论存在的缺陷已经难以满足经济和社会的发展需要，已经受到人们的质疑。这种主流经济学理论面临着客观经济现实的挑战。

（二）企业所有权分享"多元主体论"及评析

企业所有权分享"多元主体论"是在批评企业所有权分享"单一主体论"的过程中发展起来的。该理论的主要代表人物有布莱尔（Blair）、科奈尔（Cornell）和夏皮罗（Shapiro）等人。企业所有权分享"多元主体论"反对股东是企业所有权唯一主体，主张利益相关者都应是企业所有权分享主体。

企业所有权分享"多元主体论"可以较好地解释分享制度，但是，从实践性来看，却是难以具体操作的。也就是说，这一理论只能停留在理论上，而根本不可能应用于实践。因为：

第一，利益相关者的身份和数量难以准确确定。利益相关者是指所有影响企业活动或被企业活动影响的人或团体，具体是指股东、经营者、生产者、债权人、供应商、消费者、政府部门、相关的社会组织和社会团体、周边的社会成员，等等。可见，利益相关者种类繁多，构成复杂，涉及方方面面，分布在各个行业、各个地域。因此，利益相关者的身份很难准确确定。由于利益相关者的身份很难准确确定，所以，利益相关者的数量也就很难准确确定。利

---

[1]　费方域：《企业的产权分析》，上海三联书店、上海人民出版社 1998 年版。

益相关者的数量是一个动态的概念，在不同的时点上，数量也不同。即使今天能够确定，明天又可能会发生变化。另外，利益相关者还与一个国家或地区的政治、经济、体制、政策、人口和法规等因素有关。

第二，利益相关者的资产数量难以准确确定。企业所有权分享"多元主体论"认为，企业所有权在利益相关者之间分享，应该依据利益相关者所拥有的专用性资产来确定。这个问题看起来简单，但是，实际上根本做不到，因为有一些专用性资产是不可能准确确定数量的。比如，政府对企业的影响就难以准确确定。政府对企业的影响主要是通过政策、体制、法规等手段进行的，因此，政府的政策、法规等也是一种"专用性资产"，其对企业的影响虽然可以通过某些指标来评估，但是要准确确定则是不可能的。由于有一些利益相关者的专用性资产的数量难以准确确定，所以企业所有权的分享主体也就难以确定。

第三，企业治理结构难以构建。企业所有权分享"多元主体论"强调所有的利益相关者共同治理企业，但是，由于利益相关者的身份和数量难以准确地确定，所以，企业的治理结构边界也就难以确定。利益相关者大会是企业的最高权力机构，它应该由全体利益相关者组成，但是，由于利益相关者的身份和数量难以准确确定，所以利益相关者大会也就难以召开，因而也就无法行使职能。同理，由利益相关者代表组成的董事会和监事会也难以设立。

第四，没有主导利益相关者。企业所有权分享"多元主体论"的核心是所有利益相关者都是企业所有权分享主体，但是它没有明确由哪一个利益相关者来主导企业所有权的分享，即没有确定主导利益相关者。从理论上来说，任何一个利益相关者都可以成为主导利益相关者，因为每一个利益相关者都承担了企业的剩余风险。但是，从现实来说，每一个利益相关者或每一类利益相关者所承担的风险又完全不同。有的承担的风险大，有的承担的风险小。没有主导利益相关者，企业所有权是难以分享的。

二　企业所有权分享主体新论——"三元主体论"

企业所有权分享"多元主体论"主张所有利益相关者都是企业所有权分享主体。这种主张是积极的，是符合经济和社会发展需要的。但是，由于这种理论不具有可操作性，所以，只能停留在纸面上，难以应用于实践。这也是为什么企业所有权分享"单一主体论"至今仍是主流经济学理论的主要原因。

为了适应经济和社会的发展需要，更为了满足经济实践对理论的呼唤，笔者拟从可操作性出发，提出能实现企业所有权分享思想的企业所有权分享"三元主体论"。企业所有权分享"三元主体论"的核心是企业所有权分享主体应为：物质资本所有者主体（股东）、人力资本所有者主体（经营者和生产者）和借入资本所有者主体（债权人）；物质资本所有者主体处于主导地位。

企业所有权分享"三元主体论"，是以企业资本作为依据，即凡是向企业投入了资本的人或团体都是企业所有权分享主体。物质资本所有者主体向企业投入了货币资本或实物资本；人力资本所有者主体向企业投入了人力资本；借入资本所有者主体向企业投入了"准资本"。由于物质资本所有者主体承担的企业剩余风险最直接、最大，所以，物质资本所有者主体应是主导主体。

三　国有企业所有权分享主体选择

上述的理论分析表明，国有企业所有权分享主体应该是：物质资本所有者、人力资本所有者和债权人（准确地说，债权人分享到的是一部分不完全国有企业所有权，即分享到的只是一部分国有企业控制权）。但是，在现实的国有企业所有权分享主体安排中，却只允许经营者成为企业所有权分享主体，而不允许生产者成为企业所有权分享主体，同时，也不允许债权人成为企业所有权分享主体。经营者成为企业控制权分享主体，是通过法律法规"放权"实现的；经营者成为企业剩余索取权分享主体则是由奖金和年薪制等形式实现的。

这样一来，国家和经营者成为实际国有企业所有权分享主体。这种安排是不合理的，因为生产者作为人力资本产权所有者，也应该成为企业所有权分享主体。生产者所拥有的人力资本和经营者所拥有的人力资本在性质上是相同的，所不同的只是价值差别。既然经营者的人力资本产权得到了承认，那么，生产者的人力资本产权也应当得到承认，即生产者也应当成为企业所有权分享主体。当然，由于生产者人力资本价值小于经营者人力资本的价值，所以，生产者分享的企业所有权份额应小于经营者分享的企业所有权份额。

生产者成为企业所有权分享主体具有重要的意义。

第一，可以实现人力资本所有者之间的平等。生产者和经营者都拥有人力资本产权，所以都应该成为国有企业所有权分享主体。如果只允许经营者成为国有企业所有权分享主体而否定生产者成为国有企业所有权分享主体，则是非常不公平的。

第二，可以实现资本最大增值。国有企业也是人力资本所有者和物质资本所有者的一个契约，国有企业的效率也主要取决于人力资本所有者的工作效率。人力资本所有者既有经营者，又有生产者。虽然生产者的重要性要弱于经营者，但生产者也是企业不可缺少的资本。当生产者成为企业所有权分享主体之后，生产者的人力资本就会被激活，其潜能将会得到充分发挥，实现了资本最大增值。

第三，可以使生产者的主人翁地位进一步增强。生产者成为企业所有权分享主体，就使国有企业真正成为出资者、经营者和生产者的命运共同体。生产者不仅期望获得正常的工资，而且还期望分享更多的企业剩余；出资者不仅期望投入的资本保值，而且也期望更大地增值、更多地获取企业剩余。因此，生产者和出资者在目标上是一致的，从而可以有效地消除生产者被雇佣的思想，形成以厂为家，参与管理，关注企业发展的主人翁意识。生产者在企业中经济地位的提高，不仅可以增强企业的凝聚力，而且也有利于充分调动其生产积极性、主动性和创造性。

第四，可以降低成本，增加利润。生产者成为国有企业所有权分享主体后，其自身利益与企业的利润紧密相连，所以会自觉地遵守劳动纪律，改善劳动态度，提高劳动生产率，增加产品生产。[①]同时，也会严格地控制成本，把物耗和人工成本降低到最小限度，从而消除人浮于事、生产浪费的现象，企业的竞争能力进一步增强和提高，利润也会不断增加。

第五，有利于国有资产的保值增值。在经济体制转轨时期，由于法制不健全等原因，造成国有资产严重流失。但当生产者成为国有企业所有权分享主体之后，国有资产流失问题将逐步得到解决。因为国有资产流失必然会影响企业的经营成果，使利润水平下降，进而减少生产者分享的企业剩余，因此，生产者会对企业的经营进行严密的监督，以减少国有资产流失，实现国有资产保值增值。

另外，在国有企业所有权分享主体安排时，还必须考虑到债权人，因为债权人是企业的"外部人"。由于信息不对称，债权人难以真实了解企业的经营管理信息，常处于被动地位，成为企业主要的风险承担者之一。为了加强对企业的经营监督，降低债权人的借贷风险，债权人必须参与国有企业的决策，成为国有企业控制权的

---

① 李苹莉：《经营者业绩评价——利益相关者模式》，浙江人民出版社 2001 年版。

分享主体，这样才能够强有力地约束经营者，积极地监督借贷资金的使用，提高资金的使用效率，防患于未然，保证借贷资金的安全。

第四节　企业所有权激励功能[*]

激励是指激发人的动机，诱导人的行为，使其发挥内在潜力，为实现所追求目标而努力的过程。[①] 功能是指事物或方法所发挥的有利作用。因此，企业所有权的激励功能，是指企业所有权激发、诱导其主体，促使其追求自身利益的作用。

企业所有权包括剩余索取权和控制权两个方面的内容，而且这两项权力是相互依存、内在统一的。剩余索取权带来的收益是控制权的目的，即企业所有权主体的行为动机，有控制权是为了有利；控制权则是获得利益的手段或充分条件，有权才能有利。

利益是控制权行使的结果，有权就能得利。由于企业所有权规定了其主体可以从企业的剩余中获取与其努力程度相适应的收益，因而对主体追求和实现自身利益具有激励功能。有效的激励能够充分调动行为主体的积极性和主动性，使主体的收益或预期收益与其努力程度相一致。企业所有权的激励功能就是保证预期收益与主体的努力程度基本一致，或者主体为了获得预期收益而努力行使自己的权力。

企业所有权的激励功能是通过两个方面实现的。

第一，引导企业所有权主体的行动方向。企业所有权具有行为导向作用，它激发、诱导和促使主体的行为始终朝着企业所有权指定的方向努力，引导着主体行动的方向。概括起来，即企业所有权

---

[*] 本节内容原载《当代经济研究》2002 年第 10 期。

[①] 颜震华、王绍海：《教育激励的理论与实践》，吉林大学出版社 1992 年版，第 2 页。

通过其剩余索取权激发主体预期收益动机，产生责任感和使命感，进而采取积极、主动、认真、负责的态度和行为，把个体的目标和企业的目标结合起来，不断进取，提高工作效率，实现工作目标。也就是说，企业所有权使行为主体的行为具有明确的目的性和方向性。

企业所有权主体在行动之前，行动的目的和基本的预定结果就以观念的形式存在于大脑中了。主体据此作出计划，指导自己的行动，使之达到预期的目的。在企业所有权的不断激励下，主体的行为会始终朝着一定的目标进行，如果主体的行为偏离了预定的目标，则企业所有权就会通过各种控制和调节活动，纠正和引导主体的行为回到既定的目标上来，继续朝着既定的目标前进，直至目标实观。

第二，为企业所有权主体提供持续的动力。企业所有权为主体确定了预定的目标，并不断地强化该目标，强化主体的行动方向。主体将为实现该预定目标而努力奋斗。一般而言，在预定目标没有实现之前，主体努力的行为是不会停止的。受某种外在因素的影响和制约，主体也许会改变行为的方式，但不会停止其行为，仍然会继续不断地奔向目标。

这是因为，如果预定的目标没有实现，则主体的预期收益也将难以实现。因此，企业所有权推动主体实现预定目标的行为过程具有稳定性、持久性和坚韧性，为主体提供了持续的动力。

企业所有权主体可以分三类：出资者或股东、经营者和生产者。由于他们各自的责权利不同，所以，企业所有权对他们所起的激励作用也不同。

一 企业所有权对出资者或股东的激励功能

出资者或股东是企业财产所有者，拥有企业财产所有权。企业所有权是财产所有权在企业治理结构中的延伸①，所以，出资者或股东自然拥有企业所有权。出资者或股东拥有的企业所有权称为出资者或股东企业所有权。出资者或股东企业所有权对出资者或股东的激励作用大小，主要受出资者或股东人数和出资份额或股份份额等因素的影响。

出资者或股东企业所有权的激励作用与出资者或股东人数呈正相关，即出资者或股东人数越少，则激励作用越大；出资者或股东的人数越多，则激励作用越小。当出资者或股东人数为 1 时，激励作用最大；当出资者或股东人数为 n 时，激励作用为零（不考虑出资份额或股份份额的情况下）。如果不考虑出资者或股东人数，则出资份额或股份份额越大，对其激励作用也越大；反之，对其激励作用越小。

业主制企业出资者为 1 个人，所以，企业所有权对其激励作用最大。由于业主是唯一出资者，所以业主独享企业财产所有权和企业所有权，也独享企业剩余。受企业所有权的强烈激励，业主会千方百计地增加企业剩余，甚至采用不人道的手段。业主常采用的手段是延长劳动时间和增加劳动强度。

生产者的劳动时间分为两部分，一部分是必要劳动时间，指用于再生产劳动力价值所需要的劳动时间；另一部分是剩余劳动时间，即生产企业剩余的劳动时间。业主为了尽可能多地获取剩余劳动时间而获取更多的企业剩余，则会不断地延长劳动者的劳动时间。虽然在一定的生产技术条件下，必要劳动时间是一定的，延长了劳动时间即是延长了剩余劳动时间，进而可以生产出尽可能多的企业剩余。但是，劳动力生理的界限、社会伦理道德界限以及雇员为缩短工作时间的斗争，则限制了这种绝对剩余价值的生产。

---

① 杨瑞龙、周业安：《企业的利益相关者理论及其应用》，经济科学出版社 2000 年版，第86 页。

　　资本家只能设法（如增加劳动强度等）在工作时间长度不变的情况下，缩短必要劳动时间，相应延长剩余劳动时间，进行剩余价值、即相对剩余价值的生产。相对剩余价值的生产意味着缩短必要劳动时间，降低劳动力的价值，即降低维持工人及其家属所需的生活资料的价值，这就必须提高生产这些生活资料部门的劳动生产率，以及为这些部门提供生产资料部门的劳动生产率。

　　合伙制企业出资者比业主制企业出资者略多，人数为两个或两个以上。合伙人共同分享企业所有权，所以，企业所有权对出资者的激励作用小于业主制企业。与业主制企业相比，合伙制企业的出资者比较复杂。业主制企业的出资者是以货币和实物等真实财富作为出资，但合伙制企业中，既可以货币和实物等真实财富作为出资，又可以管理、劳务、信誉和地位等非真实财富出资。非真实财富可以作为出资，表明合伙制企业已经承认人力资本产权和重视企业所有权的激励作用。在合伙制企业中，不仅人数多了，而且每个合伙人的出资比例也不同。

　　合伙制企业的合伙人最少为两个人，企业所有权由两个人分享。企业所有权的激励作用与合伙人的出资比例呈正相关；随着合伙人数的增加，合伙人分享的企业所有权份额减少，企业所有权的激励作用开始减小，而且合伙人之间的"自控机制"开始弱化，"偷懒"行为出现。所以，合伙制企业的合伙人宜少不宜多。同时，还应成立专门的组织机构和配备专门人员，制定一系列相应的规章制度，监督合伙人的权力和行为，惩罚违规的合伙人。

　　股份制企业中，不仅股东人数众多，而且股东持股的数量也有很大的差别。一般来说，上市股份公司的股东人数要远远多于非上市股份公司的人数，而且其流动性也较大。股东由于持股数量相差较大，所以股东大体上可以分为两大类，即持股数量巨大的大股东和持股数量较少的小股东。大股东持有的股份较稳定，小股东持有的股份流动性大。大股东是为了获得长期投资收益和资本增值收益，小股东则是为了获取投机的收益。从股东的数量上来看，企业所有权对股东的激励作用较弱。但是，从股东的持股数量来分析，企业所有权的激励作用又呈现"两极分化"，即对大股东的激励作用巨大，对小股东的激励作用较小，甚至为零。

这主要是大股东持有的股份数量大，拥有的企业所有权份额大，预期收益也大，所以，自然要关注企业的发展状况，同时也会积极地为企业的发展尽心尽力；而小股东由于持有的股份数量小，拥有的企业所有权份额少，预期收益也小，所以即使没有实现投机的目的，也不会非常热心地关注企业的发展状况。他们关心的只是股价的波动，把发展企业的责任完全推给了大股东。小股东搭大股东的便车。与业主制企业和合伙制企业不同，股份制企业的股东，特别是大股东，为了实现预期的收益，还会对企业的重大投资、选择和监督经营者做出积极的努力。

只有企业的重大投资决策正确，选择的经营者合格，同时对经营者又监督到位，企业才能健康、快速发展，股东的预期收益才能实现，企业所有权的激励才达到了预期目的。如果企业的重大投资决策失误，选择的经营者不称职，同时对经营者的监督又不到位，则企业就不可能健康、快速发展，股东的预期收益也难以实现，企业所有权的激励没有达到预期目的。

可见，企业所有权的激励最终能否达到预期目的，还取决于被激励者—股东的素质和努力状况。如果股东的素质较低，虽然很努力，但也难于实现预期的激励效果；如果股东的素质较高，但不积极努力，则也难于实现预期的激励效果。只有股东的素质高，而且又十分敬业，才能获取应有的预期收益。对于不称职的经营者、代理成本高的经营者、违法乱纪的经营者，必须及时更换，保证企业所有权对股东具有积极的激励作用。

二　企业所有权对经营者的激励功能

经营者是专用性人力资本所有者，拥有专用性人力资本产权；经营者的经营管理工作十分重要，关系到企业的生存和发展；经营者代理股东进行企业经营管理，存在委托—代理成本。所以，为了调动经营者的工作积极性和主动性，保证人力资本产权投资回报，减少委托—代理成本，"使风险制造和风险承担对应"，应该向经营者授予企业所有权。经营者拥有的企业所有权可以称为经营者企业所有权。

经营者企业所有权对经营者的激励来源于两个因素：一是剩余索取权带来的预期收益；二是控制权收益。控制权收益是权利定价的一种形式。它以充分尊重经营者对企业的控制权为前提，通过一定的制度安排使经营者获得由于掌握事实上的企业控制权而带来的收益。具体而言，控制权收益主要是指难以度量的非货币收益，它包括在职消费权力，指挥别人带来的满足感，名片上印有总经理的荣誉感以及通过资源转移而得到的个人好处，等等。① 它以经营者拥有对企业的控制权为前提，当经营者在位时，他能够获得控制权收益。但由于自身或外在的原因，如年龄过高要退休或所有者的意愿要求企业被兼并等，经营者就会失去控制权及控制权收益。

在业主制企业中，由于企业的出资者兼任经营者，独享企业所有权，这时，对经营者起激励作用的主要是预期收益，而控制权收益则处于隐性状态，发挥的激励作用很小。因为控制权收益中的主要部分已经（如在职消费权力、转移资源获得的好处等）丧失，即经营者为了企业节约开支，免去了不必要的控制权消费，只保留了其中的指挥别人的满足感和总经理的荣誉感等不需要企业支出的

---

① 张维迎：《控制权损失的不可补偿性与国有企业兼并中的产权障碍》，《经济研究》1998年第7期。

项目。

在合伙制企业中，经营者由合伙人兼任，分享企业所有权。经营者企业所有权对经营者激励作用的大小，取决于经营者分享的企业所有权份额的大小。分享的企业所有权份额大，获取的预期收益也大，激励作用就大；分享的企业所有权份额小，获取的预期收益也小，激励作用就小。受其他合伙人的监督，经营者的控制权收益已被严重弱化，只保留了与企业支出无关的名誉上的内容，所以，激励作用很小。

在早期股份制企业中，股东数量众多，如果每一个股东都参与企业决策，将会影响决策的责任，降低决策的效率，因此，企业的决策管理权移交给管理机构行使。股东只保留剩余索取权、选择经营者和重大决策权。董事会行使经营决策权，职业支薪经营者行使经营管理权。这时，剩余索取权由股东独享，经营者不分享剩余索取权。但是，在现代股份制企业中，经营决策权与经营管理权相结合了。

原先全权行使经营决策的董事会由于缺乏专用性知识，逐步丧失了经营决策的发言权，与一般的股东没有什么区别，实际经营决策权在事实上已交给了职业经营者，所以，现代股份制企业是经营者控制着企业。[①] 这种两权分离的现象，被美国经济学家伯力和米恩斯称为"经理革命"。随着经营者在企业中地位的日益上升，他们所拥有的权力也在不断强化，不仅包括经营和管理财产的权力，而且还获得部分剩余索取权，即经营者凭借自身的专用性人力资本和工作性质，分享到了企业所有权。企业所有权对经营者产生了巨大的激励作用。"霍尔和利伯曼利用美国上百家公众持股的最大商业公司最近 15 年的数据，对这些公司的企业家报酬与其相应的公

---

① 洪远朋、叶正茂、李明海：《共享利益制度：一种新的企业制度》，《复旦学报》（社科版）2001 年第 3 期。

司业绩之间的关系进行了实证研究，得出了企业家报酬与企业业绩强相关的结论。这种强关联几乎完全是由于所持股票和股票价值的变化引起的；尤其是自 1980 年企业家所持股票期权大幅度增加以后，企业家的报酬水平和企业业绩对企业家报酬的敏感程度都戏剧性地增大。"[1] 企业家报酬中主要有薪金、奖金和激励性报酬，其中激励性报酬占相当大的比重，分享的企业剩余包含其中。企业所有权由股东和经营者共同分享。

控制权收益对经营者的激励作用也较大。股东是否干涉经营者的控制权收益，取决于经营者对企业的经营状况。如果企业可以支付股东满意利润，股东就没有兴趣干涉经营者，经营者就可以随意地支付超额利润（如用于在职消费等）；[2] 如果企业不能支付股东满意利润，则股东将干涉经营者的控制权收益，或对其惩罚，或将其解聘。

三　企业所有权对生产者的激励功能

生产者是一般性人力资本所有者，拥有一般性人力资本产权，所以，也应分享企业所有权。但是，由于人们对这类人力资本的认识需要一个过程，所以随着时间的推移，人力资本逐步开始被认识，开始分享企业所有权。

在业主制企业中，企业所有权由出资者或经营者独占，生产者不分享企业所有权，所以，生产者不受企业所有权的激励；在合伙制企业中，企业所有权由合伙人分享，生产者也不分享企业所有权，所以，生产者也不受企业所有权的激励。

在股份制企业的早期，生产者也不分享企业所有权；20 世纪

---

① 黄群慧：《企业家激励约束与国有企业改革》，中国人民大学出版社 2000 年版，第 118—119 页。

② 张维迎：《企业理论与中国企业改革》，北京大学出版社 1999 年版，第 90 页。

60 年代以后，西方一些现代股份制企业中的生产者开始分享企业所有权。企业所有权，特别是剩余索取权对生产者的激励作用是较大的。生产者不仅分享了企业的经营成果，而且也改变了原来被动参与的受控制、受支配的地位，成为企业的所有者。因此，有利于树立正确的劳动态度和提高劳动积极性，实现个人的社会价值。

生产者享有企业所有权，是生产者人力资本产权的体现，也使企业目标和生产者个人目标相一致，使生产者的个人收入与企业的盈亏结合起来，从而使企业内部的"激励相容"成为可能。每个生产者的人力资本投入的回报与企业的稳定发展与利益最大化有关，因此激发了生产者积极性。

生产者成为企业的所有者，不仅使其更加关心企业，而且也会尽量减少自身的"偷懒"行为。同时，也会产生高度的主人翁责任意识，加强对经营者的直接监督，降低代理成本。因为在所有权和控制权分离的股份制企业中，经营者可能会利用控制权来谋求自身利益的最大化，从而产生较高的代理成本。由于信息不对称，所以处在企业外部的股东很难监控经营者的行为，而生产者由于在企业的内部，可以直接观察到经营者的行为，因此可以直接监督经营者。

第五节　企业所有权状态依存特征[*]

与物质所有权相比，企业所有权的显著特征是它的状态依存性。所以，企业所有权是一种状态依存所有权。企业所有权的状态依存特征，是指企业所有权不固定安排给哪一个合约主体永久拥

---

[*] 本节内容原载《经济与管理研究》2002 年第 5 期。

有，而是根据企业状态的实际情况安排给相应的合约主体，或者说，在某种企业状态下，企业所有权安排给甲主体，但在另一种企业状态下，企业所有权又可以安排给乙主体。

企业状态是指企业的生产经营状况。在市场经济条件下，企业状态常用企业总收益衡量。不同的企业总收益，对应着不同的企业所有权依存状态。企业状态可以划分为两大类：一类是正常状态，另一类是非正常状态。正常状态是指企业总收益大于工人的合同工资、债权的合同收入（本金加利息）和股东的最低预期收入之和（此处省略了经营者的工资收入，但不影响分析结果）；非正常状态可分为以下三种情况：一是企业总收益小于生产者的合同工资；二是企业总收益大于生产者的合同工资，但是小于生产者的合同工资和债权人的合同收入；三是企业总收益大于生产者的合同工资和债权人的合同收入之和，但是小于生产者的合同工资、债权人的合同收入和股东的最低预期收益之和。

企业所有权之所以具有状态依存的特征，是因为企业所有权是一种制度安排。在企业正常状态时，生产者、债权人、股东等利益主体的利益不受影响，经营者的企业所有权就不需要调整，状态得以继续下去；但是，在企业处于非正常状态时，利益主体的利益就会受到影响，经营者的企业所有权或股东的企业所有权就必须重新安排。或更换经营者，把企业所有权授予给新经营者；或由债权人接管企业，拥有股东的支配性企业所有权。

企业所有权状态依存特征的标志，是企业治理结构的调整。具体来说，就是董事会改选、经营者更换或债权人接管企业，等等。企业处于不同的状态，对应着不同的治理结构和企业所有权的安排。所以，如果没有治理结构的变化或债权人接管企业，也不会有企业所有权的转移。但是，也并不能说，治理结构一旦发生变化，就一定会有企业所有权的转移。例如，单纯的董事会人员调整，就不一定更换经营者，所以也就没有企业所有权的转移。

假设在现实的企业中存在三类利益主体，即生产者、股东和经营者都拥有企业所有权。生产者企业所有权是参与性权利，即参与股东企业所有权的权利；股东企业所有权是支配性权利，即企业的最终控制权；经营者企业所有权是操作权利，即具体或实际经营管理企业的权利。那么，当企业状态变化时，到底是哪一类主体拥有的企业所有权会发生转移呢？也就是哪一类主体拥有的企业所有权具有状态依存的特征呢？

首先，分析生产者企业所有权。一般而言，生产者在企业中处于被监督和被管理的地位，所以，当企业发生状态变化时，生产者不需要承担任何责任。他们所拥有的企业所有权不会发生转移，所以，生产者企业所有权不具有状态依存特征。

其次，分析股东企业所有权。受多种因素的影响，股东一般不直接经营管理企业，但是，当企业出现非正常状态时，比如，企业亏损不能支付债权人的合同收入时，股东就要承担风险，股东要把拥有的支配性企业所有权转移给债权人，所以，股东企业所有权具有状态依存特征。

最后，分析经营者企业所有权。经营者在企业经营管理中发挥着决定作用，因此，当企业出现不能支付生产者工资，或不能支付债权人的合同收入，或不能支付股东的最低收益时，经营者应当承担全部责任，受到应有的惩罚，惩罚的手段就是剥夺授予他的企业所有权，经营者的企业所有权将发生转移。所以，经营者企业所有权具有状态依存特征。

上述分析表明，并不是全部企业的所有权都具有状态依存特征，而只有经营者拥有的企业所有权和股东拥有的企业所有权才具有状态依存特征。

企业所有权的状态依存特征是企业的一种自我调整和完善机

制，这种机制的建立和运行，才使企业得以生存、发展和富于竞争力，也使企业的各利益主体的利益得到保证。当企业出现非正常状态时，各利益主体的利益受到影响，这种机制将促使企业或者更换经营者，遏制和扭转不正常状态；或者由债权人接管企业，决定企业是清算还是重组。如果企业没有这种自我调整和完善的机制，将难以生存和发展。

企业所有权状态依存特征大体上有四种表现形式。这四种形式出现的顺序取决于企业总收益的分配顺序。在企业负债经营的情况下，企业总收益的分配顺序为：一是支付生产者的合同工资。生产者的合同工资用于补偿劳动消耗，是生产者赖以生存的基础，也是劳动力再生产的需要，所以应最先支付。二是支付债权人的合同收入（本金加利息）。债权的合同收入是事先固定下来的，即使企业总收益不断增加，债权人也不能像股东那样，收益也随之增加。但是，一旦企业亏损，却要承担相应的风险，所以，债权人的合同收入应优先于股东支付。三是支付股东的最低预期收益或"满意利润"。因此，企业所有权状态依存特征呈现出如下顺序。

（1）生产者拥有支配性企业所有权，在企业中处于支配地位。当企业的总收益不能支付生产者的合同工资时，支配性企业所有权转移到生产者手中，生产者在企业中处于支配地位。当然，这只是在企业完全靠内源融资维持生存状态下才会出现的情况（这是一种特例，在现实生活中不是普遍现象）。

（2）债权人拥有支配性企业所有权，在企业中处于支配地位。当企业的收益能够支付工人的合同工资，但不能支付债权人的合同收入时，支配性企业所有权就转移给债权人。债权人拥有支配性企业所有权将更有"动力"和"积极性"做出最优决策。一般来说，债权人控制企业比股东控制企业对经营者的"管制"更严，经营者容易丢掉"饭碗"，所以经营者会更加努力工作。债权人对企业的控制是通过正常的法律程序——破产程序进行的。多数国家的破产法都规定，债权人可以对偿债能力不足的企业进行清算或重组。选择清算还是重组，常常是取决于债权人的集中程度。如果债务集中在少数债权人（比如银行）手中，重组的概率较大；反之，清算的概率较大。

（3）股东直接行使支配性企业所有权，在企业中处于支配地位。当企业的总收益能够支付工人的合同工资和债权人的合同收入，但不能支付股东的最低预期收益时，股东为了实现投资目标，获取最低预期收益，将直接行使支配性企业所有权，对经营者进行严格审查（为了分析简便，本书省略了董事会，但不影响分析问题），必要时，也可能更换经营者。

（4）经理拥有操作性企业所有权，在企业中处于实际"支配地位"。当企业的总收益能够支付工人的合同工资、债权人的合同收入和股东的最低预期收益时，由于各利益主体的利益都得到了满足，而且监督经营者又需要花费成本，所以股东也就没有兴趣干涉经营者的经营管理工作和其他活动（如在职消费等）。所以，经营者将正常行使企业所有权。

那么，企业所有权的状态依存特征就可以简化地表示为：

设 χ 为企业的总收益（$0 < \chi < X$，其中 X 是企业最大可能的总收益）。ω 为应支付工人的合同工资，r 为应支付债权人的合同收入，π 为应支付股东的最低预期收益。

那么，企业所有权的状态依存特征就可以简化地表示为：

（1）当 $\chi < \omega$ 时，生产者拥有支配性企业所有权，在企业中处于支配地位；

（2）当 $\omega \leqslant \chi < \omega + r$ 时，债权人拥有支配性企业所有权，在企业中处于支配地位；

（3）当 $\omega + r \leqslant \chi < \omega + r + \pi$ 时，股东直接行使支配性企业所有

权，在企业中处于支配地位；

（4）当 $\chi \geqslant \omega + r + \pi$ 时，经营者拥有操作性企业所有权，在企业中处于实际支配地位。

从企业所有权状态依存特征来看，在市场机制有效运作的情况下，企业的支配性企业所有权由生产者行使，或债权人行使，或股东直接行使，对他们来说并非是一件好事。因为这意味着他们的预期收益不能实现，至少有一部分收益不能实现。事实上，他们对企业的干涉越小越好，不干涉就更好。因为这时企业处于正常状态，他们的利益都能得到满足，企业由经营者控制。

由以上分析可见，企业所有权状态依存特征是与企业状态变化紧密联系的。但是，有些学者认为，在正常状态下，企业所有权也具有状态依存特征，就是企业所有权从集中式对称分布逐步趋向分散式对称分布。他们还对该观点进行了详尽阐述，并建立数学模型论证观点的严密性。

笔者认为，上述观点是不正确的。因为：其一，企业所有权状态依存特征是与企业状态变化紧密联系的，如果企业状态不变，则该企业所有权就不具有状态依存特征。在正常企业状态下，虽然企业总收益各年可能不完全一样，但都能够支付工人的合同工资、债权人的合同收入和股东的最低预期收益，从"宏观"上看，企业状态还是正常、单一状态，企业状态并没有发生变化，所以，企业所有权不具有状态依存特征。其二，企业所有权状态依存的特征是指经营者或股东拥有的企业所有权的转移，但是，上述观点论述的是在正常企业状态下的企业所有权由股东向员工的微量转移，并没有影响股东支配性企业所有权的地位，更不是股东全部企业所有权的转移，股东仍然拥有支配性企业所有权。另外，由于企业处于正常状态，经营者的企业所有权也不会被剥夺而发生转移，所以，这时的企业所有权不具有状态依存特征。其三，企业的治理结构变化是企业所有权状态依存特征的一个标志，但在正常企业状态下，企业的治理结构并没有发生变化，所以没有企业所有权状态依存特征的标志。

在多数情况下，支配性企业所有权是在股东与债权人之间转移的。由股东转移给债权人的转化点，就是企业的破产点。从这个意义上来说，企业资本结构的选择就是企业破产概率的选择，或者说是企业所有权不同状态的选择。极端的情况是：如果企业选择百分之百的股票融资，那么在任何情况下都不会进入破产状态，支配性企业所有权始终由股东拥有；如果企业选择百分之百的债券融资，则时时刻刻都处于破产状态的边缘，债权人可能随时接管企业，拥有支配性企业所有权，对企业清算或重组。当然，从本质上来讲，百分之百的债券融资等价于百分之百的股票融资，因为债权人变成了实际上的剩余索取者和控制者。

从理论上分析，企业所有权的不同状态之间是很清晰的，是有界线的，然而事实上，企业所有权的不同状态之间是不清晰的，是没有界线的。因为企业所有权是状态依存所有权，是一种事后状态。而且，这种事后状态又取决于事前状态如何，或取决于事前的行为如何。即使在下一个特定状态未出来前，该状态下的利益主体也可能会要求拥有一定的现在状态下的企业所有权。例如，企业要进行一项高风险的投资活动，这项投资活动可以使股东受益，但可能会增加企业破产的概率，牺牲债权人的利益。因此，即使企业还没有实际进入破产状态，那么债权人也可能会对投资决策要求一定的发言权。也就是说，尽管企业现在还处于正常状态，企业经营者仍然拥有操作性企业所有权，股东仍然拥有支配性企业所有权，债权人在法权上没有支配性企业所有权，但是，债权人在事实上还是参与了投资决策，在某种意义上享有了一定程度的企业所有权；又如，债务合同中常包括一些有关投资方向的限制性条款，或企业在进行重大资产调整时，要征求大的债权人的意见，等等。这些都表明，企业所有权不同状态之间的界线是不清晰的。

第六节　企业所有权与财产所有权*

一　问题提出

关于企业所有权与财产所有权这两个概念，经济理论界认识不太一致。邢乐成和王军认为，"企业所有权是指对企业财产的终极所有权"，"我们是不同意'财产所有权'与企业所有权之间有本质不同的观点的。企业虽然是以契约形式组织起来的，但企业所有权并不是企业契约（如公司章程）的所有权，而是对企业财产的所有权，拥有一纸契约的所有权对所有者有什么实际意义呢？"[①] 张维迎比较明确地表述了后一种观点。他认为，"财产所有权不同于企业所有权。"[②] 邢乐成和王军等人的观点是值得商榷的。笔者认为，企业所有权不是"指对企业财产的终极所有权"，而是指企业的剩余索取权和控制权。企业所有权与财产所有权是有本质区别的：企业所有权的本质是一种制度安排，"企业中并不存在绝对的剩余索取者和控制者，存在的只是什么情况下什么人在多大程度上拥有剩余索取权和控制权。"[③] 不同的企业经营状态，支配性企业所有权（指股东企业所有权或企业最终控制权）归属不同。财产所有权则是所有制关系的法律表现。张维迎等人的观点也是不全面的。笔者认为，财产所有权与企业所有权不仅有区别，而且还有密切的联系，同时，两者有时还可能统一或分离。

---

　　* 本节内容原载《社会科学战线》2004 年第 6 期。

　　① 邢乐成、王军：《企业性质及其内部权利分配》，《新华文摘》2001 年第 12 期。

　　② 张维迎：《企业的企业家——契约理论》，上海三联书店、上海人民出版社 1995 年版，第 292 页。

　　③ 张维迎：《企业理论与中国企业改革》，北京大学出版社 1999 年版，第 356 页。

二　企业所有权与财产所有权的区别

（一）企业所有权与财产所有权的性质不同

企业所有权是一种制度安排。"广义的公司治理结构与企业所有权安排几乎是同一个意思，或者更准确地讲，公司治理结构只是企业所有权安排的具体化，企业所有权是公司治理结构的一个抽象概括。"① 公司治理结构是适应现代企业产权制度的根本特点——所有权和控制权分离而选择的一种制度安排，体现了出资者、经营者、管理者、监督者之间的经济关系。这种经济关系是财产权利的直接体现。基于一定的产权，治理结构的各方有各自的经济利益，并且是以《公司法》和《公司章程》等加以保障的。②

财产所有权是所有制关系的法律表现。所有制是一个经济范畴，它表现为社会经济生活中一定的个人或社会组织对生产资料的独占或垄断。所有制的独占或垄断必然在法律上表现为财产的确定性，同时也表现为否定该主体以外的任何人对同一财产的独占，即所有权是所有制的法律形态。对于所有制来说，有决定意义的是具有排他性的独占权。③ 马克思指出："垄断就是财产所有权"。④ "社会赋予实际占有以法律的规定，实际占有才具有合法占有的性质，才具有私有财产的性质。"⑤ 因此，财产所有权是一种法权。

（二）企业所有权与财产所有权的内涵不同

企业所有权是指剩余索取权（residualclaimancy）和控制权

---

① 张维迎：《企业理论与中国企业改革》，北京大学出版社 1999 年版，第 86 页。
② 何玉长：《国有公司产权结构与治理结构》，上海财经大学出版社 1997 年版，第 32—33 页。
③ 杨瑞龙：《现代企业产权制度》，中国人民大学出版社 1998 年版，第 16 页。
④ 《马克思恩格斯全集》（第 1 卷），人民出版社 1975 年版，第 613 页。
⑤ 同上书，第 382 页。

（control rights)。"剩余索取权是相对于合同收益权而言的，指的是企业收入在扣除所有固定的合同支付（如原材料成本、固定工资、利息等）的余额（利润）的要求权。"① 而控制权则是指明晰控制权，或剩余控制权，或参与性明晰控制权。

财产所有权即产权，是指对给定财产的所有权（狭义）、占有权、使用权、收益权与处置权。完整的产权有两层含义：一是指所有权（狭义）、占有权、使用权、收益权与处置权的统一；二是指权利与义务的统一，这主要表现在以下两个方面。第一，产权是财产所有者对其行使财产权利的行为后果的一种承担。当这种后果是一种利益与剩余时，即表现为财产主体的权利；当这种后果是一种成本或损失时，即表现为财产主体的义务。第二，产权不仅是财产所有者对其行为的一种承担，而且是对未来的一种承担。人们的经济行为总是面向未来的。产权既是对预期收益的明确、分配和索取，也是对预期成本、风险和损失的承担。

财产所有权与企业所有权的区别可以用现实中的企业制度来说明。同样的财产所有权制度可以形成不同的企业所有权安排。比如，企业生产者是自己人力资本（一种特殊的财产）的所有者，但不一定是企业所有者；私有产权制度上的企业所有权可以是"合伙制"——所有企业成员共同分享剩余索取权和控制权，也可以是资本所有者享有剩余索取权和控制权的"资本雇佣劳动"私有制，甚至可以是劳动者索取剩余和享有控制权的"劳动雇佣资本"私有制。②

（三）企业所有权与财产所有权的稳定性不同

企业所有权的归属是不固定的或不稳定的。主要表现在以下两个方面。

---

① 张维迎：《企业理论与中国企业改革》，北京大学出版社 1999 年版，第 71 页。
② 同上书，第 71—72 页。

第一，表现在企业所有权的"宏观"配置上。支配性企业所有权的配置是随企业经营状态的变化而变化的。在非正常经营状态下，或生产者拥有支配性企业所有权；或债权人拥有支配性企业所有权；或股东拥有支配性企业所有权。在正常经营状态下，经营者实际上拥有支配性企业所有权。

第二，表现在企业所有权的"微观"变化上。从"微观"上看，企业各产权主体分享的企业所有权份额是随着时间的推移而不断变化的，最终，企业所有权达到最优配置。

企业是人力资本与非人力资本的特别合约。[①] 在信息不对称的情况下，在企业初始合约期，由于非人力资本的价值信号显示充分，并且具有完全的可抵押性；而人力资本的价值因其难以度量和受劳动力市场完善程度的制约，很难准确显示；所以，非人力资本所有者在企业初始合约的谈判中占有明显的优势。随着时间的推移，人力资本的价值逐步得到显现，而且也积累了一定的专用性资产。这些因素导致人力资本所有者的谈判力提高，进而迫使理性的非人力资本所有者承认和尊重人力资本所有者的产权权益，使人力资本所有者分享的企业所有权份额得到增加。

财产所有权归属则是固定的或稳定的。企业中有两类财产：一类是人力资本财产，另一类是非人力资本财产。一般而言，人力资本这种特殊的财产归属于人力资本的载体所有，是不会变化的，即使企业制度发生变化，人力资本财产所有权的归属也不会发生变化；非人力资本归属于出资者，除非出资者把它出售、转让或赠送给他人，否则，非人力资本的所有权也不会变更。总之，财产所有权的归属是稳定的、不变的。

---

① 周其仁：《市场里的企业：一个人力资本与非人力资本的特别合约》，《经济研究》1996年第6期。

三 企业所有权与财产所有权的联系

（一）财产所有权是交易的前提，企业所有权是交易的结果

现代企业理论认为，企业是一系列契约的联结，是人与人之间交易产权的一种方式，所以，企业的签约人或交易者必须对自己投入企业的要素（人力资本或非人力资本）拥有明确的财产所有权。没有产权的人是无权签约的。例如，某人替别人保管一笔钱或一台设备，由于他没有这笔钱或这台设备的财产所有权，所以，他无权同他人签约或交易，把钱或设备投入企业。如果他无视这些，坚持签约或交易，则这种签约或交易是无法律保障的，成立的企业也是不稳定的，随时可能会被法院强制清算，签约人或交易人也将为其行为付出代价。这就意味着，明确的财产所有权是签约或交易的前提，也是企业存在的前提。也可以说，没有财产所有权，也就不会有真实意义上的企业。由于企业是由若干个财产所有者（人力资本和非人力资本）所组成，所以，企业所有权不等于财产所有权。财产所有权是交易的前提，企业所有权是交易的方式和结果①。

（二）企业所有权是财产所有权内涵的延伸

杨瑞龙和周业安认为，企业所有权是财产所有权内涵的延伸，但是，它又相对独立于财产所有权。进一步说，剩余索取权是财产所有权中收益权在企业治理结构中的延伸；而控制权则是控制给定财产的占有权、使用权和处置权。② 财产所有权内涵为什么要延伸到企业治理结构中？为什么能够延伸到企业治理结构中？是如何延伸到企业治理结构中的？

出资者投资企业的目的是为了最大化地获取利润。在业主制企

---

① 牛德生：《关于企业所有权安排理论的观点述评》，《经济学动态》1999 年第 4 期。

② 杨瑞龙、周业安：《企业的利益相关者理论及其应用》，经济科学出版社 2000 年版，第 86 页。

业中，出资者是自己经营管理企业；在合伙制企业中，合伙人既是出资人又是经营管理人。在这两种企业制度中，出资者直接经营管理企业，拥有企业实际控制权，所以，研究财产所有权内涵在治理结构中的延伸没有实际意义。但是，在股份制企业中，出资者一般不参与企业经营管理，企业经营管理完全由支薪经营者承担。为了激励经营者努力工作，就要让经营者分享企业所有权，特别是分享剩余索取权，所以财产所有权必须延伸到企业治理结构中。

财产所有权内涵在企业治理结构中的延伸，是通过对财产所有权的分割和让渡来实现的，即把财产所有权中的收益权分割出一部分作为剩余索取权；把财产所有权中的占有权、使用权和处置权分割出来作为经营权，经营权中的剩余控制权与剩余索取权构成了经营者企业所有权。

（三）财产所有权控制企业所有权

财产所有权内涵在企业治理结构中延伸的目的是激励经营者更好地经营管理企业，并承担经营管理的风险。如果企业的经济效益达不到出资者的要求或经营者违法乱纪，则财产所有权内涵在企业治理结构中的延伸就会改变，即财产所有者要对企业的治理结构进行调整，经营者的企业所有权归属要发生变更，新经营者将拥有企业所有权。因此，财产所有权控制着企业所有权。

财产所有权通过对企业所有权的控制，来保证自身的利益不受损害。财产所有权对企业所有权的控制有两种形式：一是直接控制，即财产所有者直接解雇更换经营者，改变经营者企业所有权的归属；二是间接控制，即财产所有者通过董事会解雇或更换经营者。正是由于财产所有权对企业所有权的控制，才使企业治理结构呈现出动态性。这种动态性也是企业自身的一种调整能力，是企业能够生存和发展的根源。

四　企业所有权与财产所有权的统一

在业主制企业中，企业所有权与财产所有权是统一的。出资者也是管理者。出资者既拥有财产所有权，又拥有企业所有权。雇佣关系或委托代理关系比较简单，即出资者是委托人，生产者是代理人。出资者拥有全部剩余索取权和控制权，同时独立承担全部风险。如果经营失败，出现资不抵债的情况，出资者就要用全部家产予以抵偿。生产者不承担企业风险，不拥有企业剩余索取权，只拿固定收入。

由于业主制企业的财产所有权与企业所有权完全重合，所以这类企业具有决策简便迅速、内外约束少、自主权完整、监督成本低、管理容易等优点。但是，由于受个人资本和管理能力等限制，所以企业很难持续快速发展。更由于企业命运和出资者状况紧密相关，一旦出资者观念改变或发生意外，企业发展也就会出现反复或终止。因此，财产所有权与企业所有权高度统一的业主制企业制度只适合于规模小、结构简单、产品单一的企业。

在合伙制企业中，财产所有权与企业所有权也是统一的。与业主制企业不同的是，合伙制企业具有两个或两个以上的出资者和管理者。合伙人共同出资，共同经营管理企业，共享企业剩余，共同承担企业风险。当企业亏损倒闭时，合伙人之间要负连带责任。虽然合伙人之间一般能够相互监督，形成"自控机制"，但是，由于监督要花费成本，所以，当一个合伙人的监督努力给其他合伙人带来更多的剩余份额时，该合伙人就会萌发偷懒的动机，这种动机会随着合伙人数的增加而加剧，从而使每个合伙人的监督努力对他本人报酬份额的影响越来越小。[①] 进而使监督逐渐弱化，最后可能使

---

① 年志远：《中国私营企业成长中的制度变迁》，《吉林大学社会科学学报》2001 年第 1 期。

监督流于形式，企业"自控机制"失效。合伙制企业虽然具有比较筹资优势，但由于合伙人职责不清、个别人偷懒和负无限连带责任等，所以其发展潜力也是有限的。

五　企业所有权与财产所有权的分离

在股份制企业中，企业所有权（指经营者企业所有权或企业实际控制权）和财产所有权是分离的，出资者或股东是财产所有者，拥有财产所有权；经营者是代理人，拥有企业所有权。[①] 雇佣关系或委托代理关系比较复杂。股份制企业有两层委托代理关系：第一层是股东与经营者（为了分析问题方便，我们省去了董事会）的委托代理关系，其中股东是委托人，经营者是代理人。委托人把经营决策权委托给代理人，代理人取得企业所有权，成为企业所有者；第二层是经营者与生产者的委托代理关系，其中经营者是委托人，生产者是代理人。经营者雇佣生产者，并指挥和监督生产者进行生产或服务。

股份制企业财产所有权比较分散，不像业主制企业那样由出资者一个人持有，也不像合伙制企业那样由合伙人共同分享，这样就出现了财产所有权与企业所有权的分离，产生了职业支薪经营者阶层，专门行使经营管理权。受机会主义影响，每个人都是追逐利益的经济人，经营者也不例外。因此，有时经营者的目标和动机可能偏离股东的目标和动机，造成较大的代理成本。要减小代理成本，最有效的措施就是使经营者在拥有经营决策权的同时，享有剩余索取权。剩余控制权与剩余索取权的对应，会激励经营者更好地经营管理企业。

---

① 张曙光：《企业理论创新及分析方法改造》，《中国书评》1996 年第 5 期。

第七节　企业所有权分享安排对企业业绩的影响 *

　　企业所有权的分享安排形式多种多样。不同的企业所有权分享安排形式，具有不同的激励作用和激励时间，对企业业绩的影响也不同。企业所有权是由剩余索取权和归属性控制权构成的。所以，企业所有权的分享安排形式可以分为两大类：一类是完整的企业所有权分享安排形式，既安排剩余索取权，又安排归属性控制权；另一类是不完整的企业所有权分享安排形式，即只安排剩余索取权，或只安排归属性控制权。

一　剩余索取权分享安排形式对企业业绩的影响

（一）奖金分享安排形式对企业业绩的影响

　　奖金是企业剩余索取权分享安排的形式。奖金分享安排形式可以把经营者和生产者的收入与企业的业绩紧密地联系起来，从而激励他们努力地提高企业业绩，以获得更多的奖金。奖金虽然可以激励经营者和生产者的积极性，但也存在着严重的不足，即容易造成短期行为，不利于企业长远业绩的提高。

　　奖金发放周期决定激励时间长短。奖金发放周期长，激励时间也长；周期短，激励时间也短；激励时间与奖金发放周期呈正相关。奖金发放的数额决定激励作用的大小。奖金数额大，激励作用也大；奖金数额小，激励作用也小。奖金具有一定的刚性，所以，只有当奖金的数额逐渐增加时，激励作用才会不断增强。若奖金数额不能逐渐增加，其激励作用将逐渐减弱，甚至丧失。

（二）利润分享安排形式对企业业绩的影响

　　利润分享是把利润分享给雇员的分配制度。利润分享安排的直

---

　　* 本节内容原载《求索》2006 年第 6 期。

接原因是支薪制存在内在缺陷——物质资本所有者独享企业所有权所带来的劳资关系矛盾，以及由此产生的高昂监督成本和代理成本。利润分享实践有递延式利润分享、直接现金式利润分享和股票分配式利润分享。

利润分享安排只表明经营者和生产者可以按事先约定的比例分享企业的利润，但事实上能否分享到利润，还取决于经营者和生产者的实际工作状况。只有他们为企业创造了利润，才能够真正分享到利润。利润分享计划把经营者、生产者和企业联结成为紧密的利益共同体。企业的利润可能是盈利，也可能是亏损，所以，经营者和生产者所分享的利润既可能是盈利，又可能是亏损。这种制度安排，可以调动经营者和生产者的积极性。

（三）红利分享安排形式对企业业绩的影响

红利是企业利润的一部分。红利发放的对象是企业的物质资本出资者。红利分为现金红利和股票红利两种。红利可以对物质资本出资者产生两种激励：一是直接激励，即激励出资者为追逐红利而关注和参与企业活动；二是间接激励，即激励出资者把红利转化为投资。间接激励的动因是出资者为获取长远的利益而放弃暂时的利益，支持企业少发红利；或不分红利，而把红利转作投资。投资增加将使企业业绩大幅度提高，反映在证券市场上，就是企业股票价格不断上涨。股票价格上涨，将使出资者获得较大的股票差价收益。这些收益要远远大于过去少获得的红利。

（四）股票期权分享安排形式对企业业绩的影响

股票期权是以长期企业业绩为基础的企业剩余分享形式。这种长期的激励手段可以较好地克服经营者的短期机会主义行为。当然，股票期权安排形式能否给经营者带来真实收益，完全取决于经营者自身的经营管理状况。经营管理水平高，企业价值升高，企业股票的价格就会不断上升，经营者就会获得高额的收益。反之，经营者将无利可图。拥有股票期权的经营者，为了多获得收益，会努力提高企业业绩。由于股票期权计划至少要在 1 年以后才能兑现，所以股票期权具有长期激励的特点。股票期权把经营者的利益和企业的利益牢牢地捆在了一起。经营者拥有的股票期权数额大，激励作用也大；拥有的股票期权数额小，激励作用也小。因此，企业应根据需要来确定股票期权数额，以实现预期的激励效果。

（五）员工持股计划分享安排形式对企业业绩的影响

员工持股计划是美国律师卡尔索提出的企业剩余分享形式，即在公司财务上给雇员一种赊账，使其获得股份，雇员将来再用这些股份的收益偿还赊账。员工持股计划使经营者和生产者成为企业的出资者，所以，充分调动了他们生产经营管理的积极性。经营者和生产者为了能在未来获得较大的股票差价收益或红利，会千方百计地提高企业业绩。企业业绩提高以后，既可以获得较多的红利，又可以获得较大的股票差价收益。因此，经营者和生产者都有积极性提高企业业绩。经营者和生产者的积极性与持有的股票数额成正比。持有的股票数额越大，积极性越高。一般而言，经营者持有的股票数额应大于生产者持有的股票数额。

二　归属性控制权分享安排形式对企业业绩的影响

（一）重大事项决策权安排形式对企业业绩的影响

物质资本出资者直接承担着企业的剩余风险，所以，物质资本出资者应该拥有主导性重大事项决策权。重大事项决策权是企业归属性控制权中的最高权力。物质资本出资者行使重大事项决策权的方式是股东大会。股东大会对企业经营发展起决定性的作用。重大事项决策权安排形式可以充分调动出资者的积极性，有利于提高企业业绩。

（二）企业经营管理权安排形式对企业业绩的影响

经营者可以分为广义和狭义两种：狭义经营者是指经理人，广义经营者是指董事会和经理人。这里是指广义经营者。在公司制度下，企业经营管理权可以分解为经营决策权和经营指挥权。经营决策权由董事会掌握，以董事会集体决议形成；经营指挥权由经理人掌握，具体贯彻董事会的经营决策，在董事会议定的范围内实施日常经营管理。经营指挥权激发了经理人的积极性，有利于提高企业业绩。但是，董事会和经理人各自追求的目标不同：董事会要求经理人尽职尽责，实现企业业绩最大化；而经理人所追求的是自身的收益最大化。因此，董事会还应授予经理人企业剩余索取权，以激励经理人实现企业业绩最大化。另外，还应允许生产者和债权人进入董事会，分享企业经营决策权，抑制董事会的机会主义行为，提高经营决策的效率。

（三）监督控制权安排形式对企业业绩的影响

物质资本出资者、生产者和债权人应分享监督控制权，从多角度监督经营者的经营管理行为，提高企业业绩。生产者是企业的"内部人"，掌握信息比较充分，可以进入监事会分享监督控制权，对经营者形成较强的监督；债权人也应进入监事会分享监督控制权，监督经营者资金使用质量和效率，提高企业业绩。

第三章

企业劳资关系研究

本章主要研究企业个体劳资关系、企业个体劳资关系冲突传染性和企业委托代理劳资关系。

第一节　企业个体劳资关系研究[*]

从产权视角来看，所谓企业劳资关系，是指物质资本产权所有者与人力资本产权所有者在企业中的权利和义务关系，即物质资本产权所有者的权利与人力资本产权所有者的义务之间的关系，或物质资本产权所有者的义务与人力资本产权所有者的权利之间的关系。一般而言，物质资本产权所有者或人力资本产权所有者的权利，是指当事人行使的、有法律法规或道德依据的权力和利益；物质资本产权所有者或人力资本产权所有者的义务，是指当事人法律法规或道德上应尽的责任。企业劳资关系是通过市场交易形成的，是物质资本产权所有者与人力资本产权所有者双方各自选择的结果，也是市场机制作用的结果，所以，企业劳资关系是交易契约。在市场中，企业劳资关系受市场机制或价格机制、供求机制和竞争机制的作用和检验。企业劳资关系的影响因素较多，也很复杂。影

　　*　本节内容原载《吉林大学社会科学学报》2016 年第 1 期。

响因素不同，产生的作用也不同。

企业劳资关系具有变易性，即企业聘用职业企业经营者后而引致的企业劳资关系的变化。企业聘用职业企业经营者经营管理企业后，企业劳资关系就变易为企业委托代理劳资关系。企业委托代理劳资关系由企业出资者与职业企业经营者之间的关系，以及企业职业经营者与企业劳动者之间的关系构成。

受多种因素的影响，有时企业劳资关系会产生冲突，即产生权利和义务斗争。企业劳资关系冲突的形成过程比较复杂，既可能是首先产生劳动争议，然后劳动争议不断发展，最后形成劳资关系冲突；也可能是产生劳动争议后，直接形成劳资关系冲突；还可能是受某种特殊因素刺激，由中性劳资关系直接形成劳资关系冲突。企业劳资关系是制度安排的结果，所以，企业劳资关系冲突是可以协调的。

企业劳资关系既是一个广义的概念，又是一个狭义的概念。广义是指一系列企业个体劳资关系的集合，或一系列企业群体（正式群体或非正式群体）劳资关系的集合，或一系列企业个体劳资关系与一系列企业群体劳资关系的集合；狭义是指企业个体劳资关系，或企业群体劳资关系。这里，笔者仅研究企业个体劳资关系。

一　企业个体劳资关系释义

企业个体劳资关系，是指企业出资者与其委托人——每个企业经理人员个体之间在企业生产经营管理事务中的关系，或是指企业经理（或企业）与每个企业劳动者个体之间在企业生产经营管理事务中的关系。

一般而言，企业个体劳资关系具有三个主体，即企业出资者、企业经理和企业劳动者。由于各主体的身份定位不同，所以各主体在企业中所处的地位也不同。企业出资者聘用企业经理，所以企业出资者处于主导企业经理的地位，因此，也主导企业出资者与企业经理之间的企业个体劳资关系；企业经理聘用企业劳动者，所以企业经理处于主导企业劳动者的地位，因此，也主导企业经理与企业劳动者之间的企业个体劳资关系。由于企业出资者主导企业经理，而企业经理主导企业劳动者，所以企业出资者也主导企业劳动者。从企业个体劳资关系角度来说，就是企业出资者主导与企业经理之间的个体劳资关系，主导企业经理与企业劳动者之间的个体劳资关系。[①]

在现实中，一般而言，企业出资者对企业经理与企业劳动者之间的个体劳资关系的主导，是在企业经理（或企业）与企业劳动者个体或群体劳资关系产生严重冲突时，即企业出资者干预或调整企业经理与企业劳动者之间的个体劳资关系，以协调或化解其个体劳资关系冲突。

当然，从事物的发展规律来说，企业经理与企业劳动者之间的个体劳资关系，也反作用于企业出资者与企业经理之间的个体劳资关系的主导。虽然企业出资者与企业经理之间的个体劳资关系主导企业经理与企业劳动者之间的个体劳资关系，但是，企业经理与企业劳动者之间的个体劳资关系并不是消极被主导的，而是会积极反作用于企业出资者与企业经理之间的个体劳资关系的主导。反作用的主要原因，是企业经理与企业劳动者为了维护或争取自身的最大利益。企业个体劳资关系是构成企业群体劳资关系或企业劳资关系的基本单位。没有企业个体劳资关系，就没有企业群体劳资关系或企业劳资关系，也就难以实现企业的功能。因此，通常所说的企业劳资关系，既可以是指企业个体劳资关系，也可以是指企业群体劳资关系，还可能是指企业个体劳资关系和企业群体劳资关系。

---

① 　年志远：《企业委托代理劳资关系研究》，《吉林大学社会科学学报》2011 年第 5 期。

首先，企业个体劳资关系集合为企业经理群体劳资关系。企业经理群体劳资关系主要是由企业出资者与企业经理之间的个体劳资关系、企业出资者与企业各副经理（如主管行政副经理、主管人力资源副经理、主管财务副经理、主管审计副经理、主管技术副经理、主管研发副经理、主管供应副经理、主管营销副经理、主管生产副经理等）之间的个体劳资关系、企业出资者与企业财务总监之间的个体劳资关系、企业出资者与企业总经济师之间的个体劳资关系和企业出资者与企业总工程师之间的个体劳资关系等构成。

其次，企业个体劳资关系集合为企业组织群体劳资关系。随着企业行政组织、人力资源组织、财务组织、审计组织、技术组织、研发组织、供应组织、营销组织、生产组织等的设立和运行，各类管理人员和劳动者也开始逐步配置到各个部门，企业各类个体劳资关系也随之逐步集合到相应的部门中，进而集合成了一系列群体劳资关系。一般来说，企业个体劳资关系，多是按劳动者的工作性质被集合到相应的群体劳资关系中去的。企业行政性的个体劳资关系集合成了行政群体劳资关系，企业资源管理性的个体劳资关系集合成了人力资源群体劳资关系，企业财务性的个体劳资关系集合成了财务群体劳资关系，企业审计性的个体劳资关系集合成了审计群体劳资关系，企业技术性的个体劳资关系集合成了技术群体劳资关系，企业研发性的个体劳资关系集合成了研发群体劳资关系，企业供应性的个体劳资关系集合成了供应群体劳资关系，企业营销性的个体劳资关系集合成了营销群体劳资关系，企业生产性的个体劳资关系集合成了生产群体劳资关系，等等。企业劳资关系是由若干个不同的群体劳资关系构成的结构，即群体劳资关系结构。企业制度不同或企业性质不同，企业群体劳资关系结构的构成也不同。例如，生产型企业、研发型企业和服务型企业，因企业性质不同，所以企业的群体劳资关系结构也不同。

二 企业个体劳资关系分类

企业个体劳资关系的类型与划分依据相关，划分依据不同，划分的企业个体劳资关系的类型也不同。

第一，依据企业个体劳资关系在企业中的重要程度，企业个体劳资关系可以划分为决策型企业个体劳资关系、指挥型企业个体劳资关系和执行型企业个体劳资关系三类。

决策型企业个体劳资关系，是指对企业全局有重要影响的企业个体劳资关系，主要是指企业出资者与企业经理人员①之间的个体关系。例如，企业出资者与企业经理之间的个体劳资关系，企业出资者与企业副经理之间的个体劳资关系，企业出资者与企业"三总师"之间的个体劳资关系，等等。决策型企业个体劳资关系是企业高层的个体劳资关系。决策型企业个体劳资关系的状态，影响企业经营决策的质量和效率。决策型企业个体劳资关系状态和谐，企业经营决策的质量和效率就高；决策型企业个体劳资关系状态冲突，企业经营决策的质量和效率就低。

指挥型企业个体劳资关系，是指对企业局部经营管理有重要影响的企业个体劳资关系，主要是指企业经理与每个企业中层领导者或每个企业中层管理者之间的个体劳资关系。例如，企业经理与企业中层正职领导者之间的个体劳资关系，企业经理与企业中层副职领导者之间的个体劳资关系，企业经理与企业中层管理者之间的个体关系，等等。指挥型企业个体劳资关系是企业中层的个体劳资关系。指挥型企业个体劳资关系的状态，影响企业经营管理的指挥实施、实施质量和实施效率。

执行型企业个体劳资关系，是指对企业局部生产经营有一定影

---

① 一般认为，经理人员主要包括：企业经理、企业副经理、企业财务总监、企业总经济师和企业总工程师等。

响的企业个体劳资关系。例如，企业经理与每个企业从事具体生产经营的劳动者之间的个体劳资关系。执行型企业个体劳资关系是企业底层的个体劳资关系。执行型企业个体劳资关系的状态，影响企业生产产品或提供服务的时间、质量和效率。

决策型企业个体劳资关系反映的是企业经营决策权的委托关系，指挥型企业个体劳资关系反映的是企业经营指挥权的委托关系，执行型企业个体劳资关系反映的是企业经营操作权的委托关系。

第二，依据企业个体劳资关系在企业中存在的时间，企业个体劳资关系可以划分为固定期限型企业个体劳资关系、无固定期限型企业个体劳资关系和任务期限型企业个体劳资关系三类。

固定期限型企业个体劳资关系，是指建立的企业个体劳资关系有固定期限限制，即在固定期限内，企业出资者与企业经理人员个体之间，或企业经理与每个企业各级管理者或劳动者个体之间建立的个体劳资关系。在劳动合同终止之前，企业个体劳资关系存在和运行。约定的劳动合同终止时间一到，劳动合同终止，建立的企业个体劳资关系也随之终止。固定期限型企业个体劳资关系来源于劳动合同的固定期限。

无固定期限型企业个体劳资关系，是指建立的企业个体劳资关系没有固定期限限制而长期有效的个体劳资关系。即企业出资者与企业经理人员个体之间，或企业经理与企业各级管理者或劳动者个体之间，在劳动合同有效期内建立的个体劳资关系。但是，如果劳动合同因某种原因被终止，则企业个体劳资关系也随之终止。无固定期限型企业个体劳资关系来源于劳动合同的无固定期限。

任务期限型企业个体劳资关系，是指在完成工作任务的过程中，企业出资者与企业经理人员个体之间，或企业经理与企业各级管理者或劳动者个体之间建立的个体劳资关系。任务期限型企业个体劳资关系来源于劳动合同是以完成工作任务为期限的。

固定期限型企业个体劳资关系、无固定期限型企业个体劳资关系和任务期限型企业个体劳资关系，反映的是企业用工性质及其时间状态。

三 企业个体劳资关系状态

企业个体劳资关系的状态，是指企业个体劳资关系双方当事人之间在企业生产经营管理中的表现状况。企业个体劳资关系是动态的，是随着双方当事人行为的变化而变化的。一般来说，企业个体劳资关系主要存在三种状态，即和谐的企业个体劳资关系状态、中性的企业个体劳资关系状态和冲突的企业个体劳资关系状态。

和谐的企业个体劳资关系状态，是指企业个体劳资关系双方当事人之间在企业生产经营管理中相互尊重、相互信任、相互融洽、相互协调的状态。这里的相互尊重、相互信任、相互融洽、相互协调，既可能是合情、合理、合法的，也可能是不合情、不合理、不合法的。但是，无论是合情、合理、合法的，还是不合情、不合理、不合法的，只要当事人双方相互完全认同，则企业个体劳资关系就会和谐。① 但是，一般而言，受各种因素的影响和制约，当事人双方之间不可能完全认同。因此，在现实中，完全和谐的企业个体劳资关系状态是不存在的。

中性的企业个体劳资关系状态，是指企业个体劳资关系双方当事人之间在企业生产经营管理中，既不是和谐的企业个体劳资关系状态，又不是冲突的企业个体劳资关系状态。中性的企业个体劳资关系状态，是企业个体劳资关系由和谐的企业个体劳资关系状态，向冲突的企业个体劳资关系状态转变的过渡状态；或是企业个体劳

---

① 年志远：《企业理论与经济发展研究》，吉林大学出版社 2014 年版，第 57 页。

资关系由冲突的企业个体劳资关系状态，向和谐的企业个体劳资关系状态转变的过渡状态。相当于数轴上的 0 点，左面是正数，右面是负数；或右面是正数，左面是负数。一般而言，刚入职的劳动者与企业的个体劳资关系就是中性的企业个体劳资关系状态。这时，企业个体劳资关系没有受到任何内在和外在因素的影响，仅仅是纯粹的企业个体劳资关系，没有倾向性。

冲突的企业个体劳资关系状态，是指企业个体劳资关系双方当事人之间在企业生产经营管理中的争议、抵触、不相容、对立的状态。或有一方认同对方的思想、观念、看法、目标、要求和行为等，而另一方不认同或不完全认同而表现出的争议、抵触、不相容、对立的状况。从本质上来看，引致企业个体劳资关系出现冲突状态的是双方当事人之间权利义务的不平衡。企业个体劳资关系冲突不仅包括企业出资者与企业经理人员或企业经理与企业劳动者的财产权利、人身权利和义务之间的斗争，还包括企业出资者与企业经理人员或企业经理与企业劳动者的财产权利、人身权利和义务之间的斗争。因此，要化解企业个体劳资关系的冲突，关键是公平、公正的交易产权。在现实的企业中，冲突的企业个体劳资关系状态将有可能引致企业的混乱。

和谐的企业个体劳资关系状态，表明企业生产经营管理氛围优良；中性的企业个体劳资关系状态，表明企业生产经营管理氛围一般；冲突的企业个体劳资关系状态，表明企业生产经营管理氛围消极。

企业个体劳资关系呈现动态的主要原因，是企业个体劳资关系当事人双方之间权利和义务的不平衡。例如，冲突的企业个体劳资关系状态，从企业经理或企业的角度来看，是企业经理或企业的实际权利大于法律法规和道德上应有的权利，或实际义务小于法律法规和道德上应尽的义务；从企业各级管理者或劳动者个体的角度来看，是企业各级管理者或劳动者个体的实际义务大于法律法规和道德上应尽的义务，或实际权利小于法律法规和道德上应有的权利。

企业个体劳资关系的状态性表明，企业个体劳资关系的存在状态是可以调整的，即可以通过企业个体劳资关系一方当事人的自我调整或双方当事人的自我调整，或第三方的干预调整，改变企业个体劳资关系的存在状态，使其有利于企业的生产经营管理。也就是说，企业个体劳资关系具有可调性。例如，企业个体劳资关系的冲突状态，可以通过双方当事人积极协调或第三方的介入，转化为中性或和谐状态。从调整的价值上来说，企业个体劳资关系存在争议状态时，是最佳的调整时机，也是最容易调整的时机。企业个体劳资关系存在状态的调整主体，既可以是双方当事人，也可以是一方当事人，也可以是除双方当事人之外的第三方——政府劳资关系调解部门。企业个体劳资关系状态能否进行调整，关键在于劳资双方当事人是否都能够做出一定的妥协，如果劳资双方当事人都能够做出一定的妥协，则有调整的可能；如果劳资双方当事人双方或一方不能够做出一定的妥协，则企业个体劳资关系状态将难以得到调整。

四　企业个体劳资关系传染性

企业个体劳资关系的传染性，是指处于某一种状态的企业个体劳资关系，会积极作用和影响与自身状态不同的企业个体劳资关系，促使其转变为与自身状态相同的企业个体劳资关系的性质。

企业个体劳资关系具有正、负两个方面的传染性。企业个体劳资关系的正传染性，是指企业个体劳资关系积极意义上的传染性，即和谐的企业个体劳资关系把中性的或冲突的企业个体劳资关系，传染成为和谐型的企业个体劳资关系；企业个体劳资关系的负传染性，是指企业个体劳资关系消极意义上的传染性，即冲突的企业个体劳资关系把和谐的企业个体劳资关系或中性的企业个体劳资关系，传染成为冲突的企业个体劳资关系。

企业个体劳资关系的正传染机制是，和谐的企业个体劳资关系，积极主动"侵入"中性的或冲突的企业个体劳资关系，把其改变成为和谐的或中性的企业个体劳资关系；或中性的或冲突的企业个体劳资关系，主动学习和谐的企业个体劳资关系，自主转变成为和谐的企业个体劳资关系。

企业个体劳资关系的负传染机制是，冲突的企业个体劳资关系，积极主动"侵入"和谐的企业个体劳资关系，把其改变成为冲突的企业个体劳资关系；或中性的或和谐的企业个体劳资关系，主动学习冲突的企业个体劳资关系，自主转变成为冲突的企业个体劳资关系。

企业个体劳资关系的传染性，是企业个体劳资关系的自然属性。企业个体劳资关系的自然传染属性，既可以通过外在的鼓励予以支持，强化其传染性；也可以通过外在的干预予以阻止，使其不断地弱化。因此，对于和谐的企业个体劳资关系的传染性，企业应予以鼓励和支持，强化其传染性；对于冲突的企业个体劳资关系，企业应予以干预和阻止，弱化其传染性。

企业个体劳资关系的传染过程既可能是长时间的潜移默化的渗透"演变"，也可能是短时间的疾风暴雨式的"革命"。无论是哪一种传染过程，结果都是相同的，都是使被传染对象发生质的变化，都是一种企业个体劳资关系状态的扩张，另一种企业个体劳资关系状态的消亡。

企业个体劳资关系传染范围和传染力度的大小，既取决于其传染能力，又取决于被"侵入"对象的抵抗力或牢固性。如果企业个体劳资关系传染能力很强，而被"侵入"对象的抵抗力或牢固性又弱，那么，该企业个体劳资关系就会被"侵入"而被传染，变异成为与"侵入者"同类的个体劳资关系；相反，虽然企业个体劳资关系传染能力很强，但被"侵入"对象的抵抗力或牢固性更强，则该企业个体劳资关系就不会被"侵入"而被传染，也不会变异成为与"侵入者"同类的个体劳资关系。

由于企业个体劳资关系集合形成企业群体劳资关系，企业群体劳资关系集合形成企业劳资关系，所以，企业个体劳资关系的传染途径有两个：一是群体内传染。企业群体劳资关系中一个或多个企业个体劳资关系的存在状态，可能会向该群体内其他不同状态的企业个体劳资关系传染，使他们受到传染。二是群体之间传染。在一定因素的作用下，某一群体内的某种企业个体劳资关系状态，可能会使其他群体劳资关系中与之状态不同的企业个体劳资关系受到传染；同样，企业群体劳资关系中其他个体劳资关系的不同状态，也可能传染该个体劳资关系，使其受到传染。企业群体劳资关系内的企业个体劳资关系之间是相互影响、相互作用和相互传染的；企业群体劳资关系之间的企业个体劳资关系之间也是相互影响、相互作用和相互传染的。

企业群体劳资关系内的企业个体劳资关系数量和种类较多，存在状态也不尽相同，既可能存在和谐性企业个体劳资关系，又可能存在冲突性企业个体劳资关系，还可能存在中性企业个体劳资关系。因此，企业个体劳资关系之间的相互影响、相互作用和相互传染的结果，并不能形成完全是同一种状态的企业个体劳资关系。最可能的结果，是企业群体劳资关系变化为：某一种状态的企业个体劳资关系数量较多，占据主体地位，成为企业群体劳资关系的主导力量；其他状态的企业个体劳资关系数量较少，居于次要地位，成为企业群体劳资关系的跟随力量。企业群体劳资关系的主导力量，成为企业群体劳资关系的表现关系。

五　国有垄断企业个体劳资关系

国有垄断企业个体劳资关系，是指国有垄断企业出资者的代表——国有资产监督管理机构与国有垄断企业经理人员个体之间在国有垄断企业生产经营管理事务中的关系，或是指国有垄断企业经理（或企业）与企业劳动者个体之间在企业生产经营管理事务中的关系。国有垄断企业个体劳资关系由国有资产监督管理机构与国有垄断企业经理人员个体之间的劳资关系和国有垄断企业经理（或企业）与企业劳动者个体之间的劳资关系构成。

从现实的国有垄断企业个体劳资关系的状态来看，国有资产监督管理机构与国有垄断企业经理人员之间的个体劳资关系是和谐的。因为国有资产监督管理机构负责任免或者建议任免国有垄断企业经理人员，如果国有资产监督管理机构与国有垄断企业经理人员之间的个体劳资关系不和谐，就会影响国有资产监督管理机构对国有垄断企业的监管，影响国有垄断企业的生产经营管理，所以，国有资产监督管理机构就会调整国有垄断企业经理人员，以使国有资产监督管理机构与国有垄断企业经理人员之间的个体劳资关系呈和谐状态。因此，国有垄断企业经理人员个体会努力保持与国有资产监督管理机构之间个体劳资关系和谐。

目前，国有垄断企业经理（或企业）与企业劳动者之间的企业个体劳资关系是冲突的。冲突主要根源于二者薪酬差距过大。过大的国有企业经理人员与企业劳动者之间的薪酬差距，已经成为国有企业个体劳资关系不和谐的主要因素。

国有垄断企业经理人员与企业劳动者之间薪酬差距过大的深层次原因，是国有垄断企业拥有分配自主权。政府以经济政策、法律政策为主要手段进行调控，不干预国有垄断企业具体的工资分配，国有垄断企业自行制定经理人员与企业劳动者的劳动报酬。[①] 受机会主义倾向等因素的影响，国有垄断企业经理人员自然要为自己制定尽可能高的劳动报酬，而为企业其他劳动者制定尽可能低的劳动报酬。这说明国有垄断企业"在工资收入分配过程中，缺乏外部监督机制，使得企业决策者在利益分配方面放大了'道德风险'"[②]。

国有资产监督管理机构应加强对国有垄断企业经理人员薪酬的监督管理，把国有垄断企业经理人员的薪酬控制在规定的数额内，使之与企业劳动者的薪酬差距适当，改善企业个体劳资关系，进而改善企业劳资关系。

第二节　企业个体劳资关系冲突传染性研究[*]

企业劳资关系研究关注公权力、劳方及其代表和雇主及其组织这三方之间的互动和关系。[③] 企业个体劳资关系是通过市场交易形成的，是市场机制作用的结果，所以，企业个体劳资关系是交易契约，是企业与劳动者交易产权的结果。[④]

"劳资关系体系是一种权力体系和政治体系"，[⑤] 所以，它会引致个体劳资关系冲突。企业个体劳资关系冲突，是企业劳资关系的一种失衡状态，是企业个体劳资关系由协作性关系转化为对立性关系。

---

① 郭庆松、刘建洲、李婷玉：《新形势下国有企业劳动关系研究》，中国社会科学出版社 2007 年版，第 55 页。

② 潘胜文：《垄断行业收入分配状况分析及规制改革研究》，中国社会科学出版社 2009 年版，第 126 页。

* 本节内容原载《武汉大学学报》（哲学社会科学版）2017 年第 3 期。

③ Antoine Bevort & Annette Jobert（2011）. Sociologie du travail：les relations professionnelles, 2eédition, Paris：Armand Colin.

④ 年志远：《企业委托代理劳资关系研究》，《吉林大学社会科学学报》2011 年第 5 期。

⑤ Antoine bevort & Annette Jobert（2011）. Sociologie du travail：les relations professionnelles, 2eédition, Paris：Armand Colin.

一　企业个体劳资关系冲突传染性

企业个体劳资关系冲突的传染性，是指企业劳资双方在企业生产经营管理事务中产生的对立情绪或对立行为，"侵入"扩散至非冲突企业个体劳资关系中，使其感染成为冲突的企业个体劳资关系的行为。企业个体劳资关系冲突具有传染性，是其自然属性使然。企业个体劳资关系之所以会发生冲突，核心矛盾是双方当事人的利益函数不一致，而且各自都努力使自身利益最大化。一般来说，一方利益最大化，另一方利益就不会最大化，利益还可能受损。因而，企业个体劳资关系冲突油然而生。

企业个体劳资关系冲突传染可以通过外在的干预予以阻止，使其不断地弱化。外在干预越强烈，企业个体劳资关系冲突传染越弱。当外在干预达到某一强度时，企业个体劳资关系冲突传染可能就会终止。另外，外在干预方式不同，所达到的干预效果也不同。一般来说，外在干预方式与内在的思想调节相结合，效果会更好。单纯的、强制性的外在干预的效果有时并不理想，甚至可能会激化冲突，适得其反。外在干预选择的时点，也会影响干预的效果。在企业个体劳资关系冲突传染的前期，外在干预的效果较好；在企业个体劳资关系冲突传染的后期，外在干预的效果较差。另外，在企业个体劳资关系冲突传染的酝酿阶段，外在干预的效果较好；在企业个体劳资关系冲突传染的过程中，外在干预的效果较差；在企业个体劳资关系冲突传染的高潮，外在干预不仅不会有效果，反而会激化冲突，把冲突推向峰值。

引致企业个体劳资关系冲突的原因较多，如解聘劳动者、延长劳动时间、不按时发放薪酬、劳动环境恶劣、法定假日不休息，等等，都可能会引致企业个体劳资关系冲突。引致企业个体劳资关系冲突的原因不同，企业个体劳资关系冲突的传染力强弱也不同。例如，因企业擅自解聘劳动者而引致的企业个体劳资关系冲突，其传染力要远远强于因企业延长劳动时间而引致的企业个体劳资关系冲突的传染力。又如，企业不按时发放薪酬而引致的企业个体劳资关系冲突，其传染力要远远强于因企业法定假日不休息而引致的企业个体劳资关系冲突的传染力。传染力越强，企业个体劳资关系冲突的传染就越快、越广和越有效，对企业的破坏性和在社会上产生的不良影响也就越大，无论何种因素引致企业个体劳资关系冲突，其责任主体都是企业，因此，要化解劳资关系冲突，企业必须拿出诚意，主动、真心退让，让冲突当事人满意。

企业个体劳资关系冲突传染具有功利性。所谓企业个体劳资关系冲突的功利性传染，是指传染可以为冲突的或非冲突的企业个体劳资关系中劳动者当事人带来预期收益。正因为传染具有功利性，企业个体劳资关系冲突才会传染。当然，从企业个体劳资关系冲突中劳动者当事人的角度来说，为了维护自身利益不受损害，推动企业个体劳资关系快速传染，也是一项较优的选择。在企业个体劳资关系冲突中，劳动者冲突主体的利益受损越大，企业个体劳资关系冲突传染动力就越强。也就是说，劳动者冲突主体的利益受损程度与传染动力正相关。企业个体劳资关系冲突传染的功利性，约束了企业对劳动者利益的侵害，促使企业个体劳资关系回归为原来的协作性劳资关系，恢复企业正常的生产经营秩序，保证企业良性运行。

由于企业个体劳资关系冲突传染会使冲突的或非冲突的企业个体劳资关系中劳动者当事人获得预期收益，所以劳动者当事人不仅不会控制它，反且还会利用它，积极推动它广泛传染，或主动传染，或主动被传染，或被动被传染。从增加自身利益的角度来说，企业个体劳资关系冲突中的劳动者和非冲突的企业个体劳资关系中的劳动者，都希望企业个体劳资关系冲突能够广泛传染，而且，传染的速度越快越好，传染的范围和产生的社会影响越大越好，政府的关注度越高越好。因为他们认为，只有这样，企业个体劳资关系冲突才会被社会和政府关注和重视，冲突才能够得到解决，他们才能够被尊重，受损权益才能够得到保护。相反，如果企业个体劳资关系冲突得不到传染，那么，企业个体劳资关系冲突就得不到社会和政府的关注、重视和解决。企业个体劳资关系冲突的传染者和被传染者是利益共同体，荣辱与共，生死相依。因此，他们之间必然会有共鸣，会有共同的观点、共同的语言，并依托工会联合起来，① 采用共同的行为，一致应对企业当事人，迫使企业当事人尊重法律法规规定，尊重和维护他们的权益，还他们以公道，主动化解企业劳资关系冲突。

企业个体劳资关系冲突的传染可能会有两种形式：一是长时间的潜移默化的渗透"演变"，也可能是短时间的疾风暴雨式的"革命"。② 企业个体劳资关系冲突传染的最终结果，是非冲突的企业个体劳资关系的状态发生了"变态"，即由正常的、协作性的劳资关系，转化为非正常的、对立性的劳资关系。这种"变态"，改变了企业的生产环境，破坏了企业正常生产经营，甚至使企业陷入混乱之中。③ 因此，企业个体劳资关系冲突的传染性危害很大。

企业发生个体劳资关系冲突传染的数量越多，参与冲突的劳动者当事人数量也就越多，企业个体劳资关系冲突也会不断加剧。当企业个体劳资关系冲突传染面积较大、传染范围较广、传染程度较深时，企业采取的手段将变换为关闭工厂、黑名单和排工等，劳动

---

① Steve Williams, "The Nature of Some Recent Trade Union Modernization Policies in The UK", *British Journal of Industrial Relations*, Vol. 35, No. 4, 1997.

② 年志远、王一棠：《企业个体劳资关系研究——兼论国有垄断企业个体劳资关系》，《吉林大学社会科学学报》2016 年第 1 期。

③ 李敏、张彤：《西方劳资关系冲突管理研究综述》，《华南理工大学学报》（社会科学版）2002 年第 3 期。

者采取的手段将变换为罢工、怠工和抵制等。^① 其中，以企业关闭工厂和劳动者罢工这两种手段为主。随着企业个体劳资关系冲突传染的进行，企业个体劳资关系冲突的社会影响也会越来越大，越来越负面，甚至会导致社会秩序的不稳定。不良的社会影响，将引起政府有关部门的关注和介入。^② 政府有关部门的关注和介入，将会有利于企业个体劳资关系冲突的化解，但也会对企业产生不利的影响。因此，企业应在政府有关部门关注和介入之前，化解劳资关系冲突，终止劳资关系冲突传染，避免政府有关部门关注和介入而产生不利影响。

二　企业个体劳资关系冲突传染类型

企业个体劳资关系冲突传染主要有以下三种类型。

第一，主动传染。主动传染是指企业个体劳资关系冲突中的劳动者当事人，有意识地、积极主动地向企业内非冲突性的企业个体劳资关系的劳动者当事人传递企业个体劳资关系冲突的原因、目的、意义和可能的结果，努力使这些劳动者当事人了解、认同、同情和支持企业个体劳资关系冲突，并立即行动起来，制造以自身为当事人的企业个体劳资关系冲突。企业个体劳资关系冲突主动传染的广度和深度，取决于主动传染的劳动者当事人的人格魅力、号召能力和人际关系。劳动者当事人的人格魅力越强、号召能力越强和人际关系越好，则获得的认同、同情和支持就越高，企业个体劳资关系冲突主动传染的效果就会越好、越显著。相反，企业个体劳资关系冲突主动传染的效果就不好、也不显著。

企业个体劳资关系冲突之所以会主动传染，是因为它是劳动者

---

① 年志远、袁野：《企业劳资关系冲突的形成过程及其政策意义——基于产权视角》，《吉林大学社会科学学报》2013 年第 1 期。

② Franz Traxler, "The state in industrial relations: A Cross-National Analysis of Development and Socioeconomic Effects", *European Journal of Political Research*, Vol. 36, No. 1, 1999.

维护自身权利的重要手段。企业个体劳资关系冲突主动传染的目的，是呼吁所有的劳动者都要制造与自身相关联的企业个体劳资关系冲突，向企业或政府劳动监管部门施加压力，以维护自身的权益。制造的与自身相关联的企业个体劳资关系冲突数量越多，影响就越大，向企业施加的压力就越大，向政府劳动监管部门施加的压力就越大。尽管保护劳动者权益的法律法规可以在制度层面上保护劳动者，[1] 但是，在现实中，受多种因素的影响和制约，劳动者的实际权益还是屡遭侵犯。[2] 有些时候，劳动者的自身权益只能由自身维护，别人是不会维护你的权益的。

劳动者维护自身权益的途径有三种：一是通过与企业谈判或交易维权；二是通过政府劳动监管部门维权；三是通过制造企业个体劳资关系冲突维权。当前两种途径不能维护自身权益时，第三种就成为必然选择。

第二，主动被传染。主动被传染是指非冲突的企业个体劳资关系中的劳动者当事人有意识地、积极主动地了解、认同、同情和支持企业个体劳资关系冲突，效仿制造企业个体劳资关系冲突的劳动者当事人的做法，把以自身为当事人的非冲突的劳资关系转变为冲突的劳资关系。

当某一劳动者使用企业个体劳资关系冲突维权时，由于数量太少、强度太低，难以对企业形成压力，更难以对政府劳动监管部门形成压力，所以难以维护自身的权益。因此，必须扩大企业个体劳资关系冲突的影响，向企业施加更大的压力，向政府劳动监管部门施加更大的压力，进而实现维护自身的权益。当然，也会使被传染的劳动者当事人的权益得到维护。但是，如果非冲突的企业个体劳

---

① 杨正喜、唐鸣：《转型时期劳资冲突的政府治理》，《中南民族大学学报》（人文社会科学版）2008 年第 2 期。

② 吴江等：《非公有制企业劳资关系研究——以广东为例》，经济科学出版社 2008 年版，第 101—110 页。

资关系的劳动者当事人不主动接受传染，而排斥被传染，即不认同、不同情和不支持企业个体劳资关系冲突，也不制造企业个体劳资关系冲突予以配合，而是仍然保持非冲突的企业个体劳资关系状态，那么，企业个体劳资关系冲突就不能传染。

非冲突的企业个体劳资关系的劳动者当事人主动与不主动被传染，主动被传染到什么程度，取决于传染结果对自身利益的影响。如果劳动者当事人主动被传染可以获得较多的利益，那么，劳动者当事人就会主动被传染，甚至积极被传染。如果劳动者当事人主动被传染并不能获得较多的利益，那么，劳动者当事人就不会主动被传染，甚至排斥被传染。

企业个体劳资关系冲突之所以会主动被传染，是因为它可以与企业个体劳资关系冲突的发起者形成合力，共同向企业或政府劳动监管部门施加压力，以维护劳动者共同的权益。制造与自身相关联的企业个体劳资关系冲突数量越多，影响越大，形成的合力越大。

企业个体劳资关系冲突主动被传染，反映了非冲突的企业个体劳资关系的劳动者当事人虽然没有勇气首先站出来维护自身的权益，但是，在有人带领的情况下，却能够勇敢地站出来，维护自身的权益。

第三，被动被传染。被动被传染是指非冲突的企业个体劳资关系中的劳动者当事人，在相关群体的压力下，被动地满足该群体要求——被传染成为冲突的企业个体劳资关系。这种违背当事人意愿的被传染，即是被动被传染。被动被传染与主动被传染相比，虽然被传染的当事人意愿不同，但被传染的结果却是相同的，都是被传染成为冲突的企业个体劳资关系。

从社会学角度来看，被动被传染是一种从众行为。原本不接受传染的、非冲突的企业个体劳资关系的劳动者当事人，受到较大的已经被传染群体施加的双重压力。一部分压力来自冲突的企业个体劳资关系的劳动者当事人；另一部分压力来自主动被传染成为冲突的企业个体劳资关系的劳动者当事人。在双重压之下，剩下的一些原本不接受传染的、非冲突的企业个体劳资关系的劳动者当事人，只能被动接受传染。

被动被传染是一种表里不一的行为。在群体的压力下，非冲突的企业个体劳资关系中的劳动者当事人，如果不同冲突的企业个体劳资关系中的劳动者当事人保持一致，就会影响与他们的关系，甚至还可能会给自己带来不良的后果，因此，只好被动被传染。虽然非冲突的企业个体劳资关系中的劳动者接受了传染，但是，其内心里还是反对被传染的，还可能保留着未被传染的状态。

非冲突的企业个体劳资关系之所以能够被动被传染成为冲突的企业个体劳资关系，核心在于群体的压力会迫使其个体成员必须遵循群体的目标。[1] 如果劳动者个体在企业很孤立，那么，群体对他的压力就大。[2] 劳动者当事人虽然不准备维护自身的权益，但是，在群体的压力下，还是被迫地站出来维护自身的权益。

三　企业个体劳资关系冲突传染工具及其机理

企业个体劳资关系冲突传染，主要是向被传染人传递传染性语言。所谓传染性语言，是指为实现企业个体劳资关系冲突的传染而使用的语言，主要有：有声语言（演讲、口号等）、身体语言（愤怒、举拳头、游行等）、书面语言（传单、标语等）。传染性语言直接影响传染的效果。传染性语言运用得好，可以具有较好的传染效果，又可以顺利地实现传染。从理论层面上来说，传染性语言应该具有目的性、针对性、科学性和艺术性。传染性语言要响亮、清晰和流畅。

---

① 马宏亮：《企业非正式群体的特点和作用》，《现代企业》2006 年第 6 期。

② 李媛媛：《群体意识形态的功能分析》，《实事求是》2013 年第 3 期。

一般来说，企业个体劳资关系冲突传染，可能会遵循以下机理：

首先，企业个体劳资关系冲突向劳动者当事人所在的企业非正式群体传染。企业存在非正式群体的主要原因是劳动者的心理需要：一是感情因素，[①] 即有共同感情的劳动者为了寻求感情上的慰藉，自然而然地聚集在一起，形成非正式群体。二是情趣因素。俗话说："物以类聚，人以群分。"有共同兴趣、语言、爱好的劳动者愿意互相接触，逐渐形成了非正式群体。三是目标因素，即有共同目标的劳动者，有可能形成非正式群体。四是心理归属需要。社会人重视自己的个性发展，不愿意被冷落和被忽视。所以，当劳动者被冷落或被忽视后，他们就要寻找"知己"说说心里话或发发牢骚，进而形成了非正式群体。非正式群体对其成员有一种较强的强迫力，它迫使其成员顺从群体目标。[②] 因此，当群体中某个成员出现个体劳资关系冲突后，其目标就可能被确认为群体目标，所以，群体将强迫其他成员支持该成员，与该成员保持一致，在群体的压力下，个体劳资关系冲突将很快传染至群体内的每一个成员。

其次，以非正式群体为传染源向其他非冲突的企业个体劳资关系传染。例如，存在于企业生产部门的非正式群体中的企业个体劳资关系冲突，传染给生产部门内的劳动者，使生产部门内非冲突的企业个体劳资关系转化为冲突的企业个体劳资关系。然后，企业生产部门中冲突的企业个体劳资关系向其他正式群体中的非冲突企业个体劳资关系传染，使其传染成为冲突的企业个体劳资关系。正式群体之间如此这般传染下去，直至使企业劳资关系全部转化为冲突的企业劳资关系。当然，也可能会有以非正式群体中的、冲突的企

---

① 徐世君：《论企业非正式群体管理》，《科技创业月刊》2012 年第 6 期。
② 易晓芳、章发旺：《有效管理企业中非正式群体的策略分析》，《现代交际》2010 年第 5 期。

业个体劳资关系，直接向自己所在正式群体之外的其他正式群体传染的可能。比如，存在于企业生产部门的非正式群体中的企业个体劳资关系冲突，直接传染给销售部门中的劳动者。

四 国有企业个体劳资关系冲突传染案例分析

我们分析一个典型的国有企业个体劳资关系冲突传染案例。

2009年7月24日上午8点多，上千名××集团职工和家属在办公大楼前上访，反对××××集团对××集团增资扩股并控股经营。上访人员通过厂区1号门涌向生产区。近中午，部分生产停止，××××集团派驻××集团总经理×××开始被围殴。深夜，××省国资委宣布××××集团不再介入××集团重组事宜。职工抗议结束，××集团恢复生产。

事件发生的诱因，是××集团职工反对××××集团对××集团增资扩股并控股经营。2005年9月，为了引入××××集团参与重组，按照××省国资委要求，××集团进行了股权改制，1万多人被下岗或提前退休。大量职工上访。2005年11月，××××集团参与××集团资产重组。重组后，××省国资委持股46.64%；××××集团持股36.19%，为××集团的第二大股东。2006年6月，××××集团派×××任副总经理。虽是副总经理，但"大权在握"。改制后，××集团员工的工资"没有涨过，反而一降再降"。2008年到2009年7月21日，××集团职工历经裁员、减薪、福利降低，××集团职工对××××集团的怨恨不断加深。7月22日，××省国资委宣布，××××集团持有××集团的股权变更为65%，控股经营。2009年7月24日8时，××集团宣布由×××担任××集团总经理。

这是一个企业个体劳资关系冲突传染事件。下面我们从企业个体劳资关系冲突传染理论的视角解析这个事件。

首先，××集团在 2009 年 7 月 24 日之前已经产生了部分个体劳资关系冲突。其主要原因是劳资关系中"政府缺位"。① 2005 年×××集团进入××集团的条件是××集团要改制，为此，××集团进行了改制。改制使 1 万多名××集团职工被下岗或提前退休；改制后，××集团职工的工资不仅"没有涨过，反而一降再降"；而且福利也不断降低。这使一部分××集团职工对×××集团产生了敌视心理，进而演变为与其派驻的副总经理×××（后来的总经理）的个体劳资关系冲突。

其次，个体劳资关系冲突传染引致企业群体劳资关系冲突。当×××集团对××集团增资扩股并控股经营时，××集团职工马上强烈反对。存在个体劳资关系冲突的××集团职工，就以标语、口号、聚集上访等形式，向××省国资委施加压力，并主动向其他职工传染冲突，提示他们要反对×××集团控股经营，以防止自己未来的权利受损；其他职工也认为，×××集团控股经营后，一定会使自己未来的权利受损（因为事实已经证明），因此，他们主动被传染，主动与总经理×××发生冲突，这样，企业个体劳资关系冲突引致了企业群体劳资关系冲突。

最后，企业群体劳资关系冲突酿成严重后果。企业群体劳资关系冲突，使部分职工失去了理智，产生了过激行为，即停止生产、封堵厂区大门等行为，企业群体劳资关系冲突激化到极致，酿成严重后果。

××集团职工反对×××集团对××集团控股经营引发的个体劳资关系冲突传染的案例，给我们的启示是：一是国有企业在重组时，应该尊重职工的知情权，维护职工的利益，公开重组信息，倾听职工的声音，满足职工正当的、合理的诉求，化解矛盾，防止

---

① Solinger and Dorothy. J. , *Contesting Citizenship in Urban China*: *Peasant Migrants*, *the State*, *and the Logic of the Market*, Berkeley: University of California Press, 1999.

产生个体劳资关系冲突；二是一旦产生了个体劳资关系冲突，必须通过做细致的思想工作化解冲突，防止个体劳资关系冲突传染形成群体劳资关系冲突；三是当细致的思想工作解决不了个体劳资关系冲突时，必须果断地暂停重组，同时向职工征求意见，修改重组方案。待个体劳资关系冲突化解后，再启动重组，防止个体劳资关系冲突转化为群体劳资关系冲突；四是企业工会应积极参与、跟踪国有企业重组，工会人员要深入到职工中去，及时发现问题，防止产生个体劳资关系冲突，防止个体劳资关系冲突转化为群体劳资关系冲突。

第三节　企业委托代理劳资关系[*]

企业出资者聘用企业职业经营者经营管理企业后，企业劳资关系就变易为企业委托代理劳资关系。企业委托代理劳资关系是指企业出资者与企业职业经营者之间的关系，以及企业职业经营者与企业劳动者之间的关系。前者称为企业委托劳资关系，后者称为企业代理劳资关系。因此，企业委托代理劳资关系是由企业委托劳资关系和企业代理劳资关系构成的。企业劳资关系变易为企业委托代理劳资关系，具有重要的政策意义。

一　企业委托代理劳资关系含义

关于企业劳资关系的含义，主流观点认为，是指劳动过程中企业出资者与企业劳动者之间的关系，或企业出资者的代理人——企业职业经营者与企业劳动者之间的关系。[①] 笔者认为，这种界定是

---

　* 本节内容原载《吉林大学社会科学学报》2011 第 5 期。

　① 吴江：《非公有制企业劳资关系研究——以广东为例》，经济科学出版社 2008 年版；刘金祥：《基于二元所有权架构的企业劳资关系研究》，中国劳动社会保障出版社 2008 年版。

不准确的。因为企业出资者与企业劳动者之间的关系，与企业出资者的代理人——企业职业经营者与企业劳动者之间的关系，是完全不同的。前者是企业劳资关系；后者则是企业代理劳资关系。把它们看做是相同的劳资关系，既影响了劳资关系理论的发展，又影响了劳资关系的协调。事实上，当企业出资者聘用代理人——企业职业经营者经营管理企业时，企业劳资关系已经发生变易[①]，即变易为企业委托代理劳资关系。

与企业劳资关系相比，企业委托代理劳资关系具有以下四个不同点。

第一，内在结构不同。企业劳资关系是企业出资者与企业劳动者之间的关系，是单一结构关系；而企业委托代理劳资关系则是企业出资者与企业职业经营者之间的关系，以及企业职业经营者与企业劳动者之间的关系，是双重结构关系。从深层次理论上来说，企业劳资关系也是双重结构关系，即企业出资者与企业经营者之间的关系以及企业经营者与企业劳动者之间的关系，只是由于企业出资者自身兼任了企业经营者，企业出资者与企业经营者发生了重合，所以，双重结构关系变成了单一结构关系。

第二，参与主体不同。企业劳资关系有企业出资者和企业劳动者两个主体；而企业委托代理劳资关系则有企业出资者、企业职业经营者和企业劳动者三个主体。正是企业职业经营者的引入，才使企业劳资关系变易为企业委托代理劳资关系，才使关系构成复杂化。

第三，形成条件不同。企业劳资关系的形成条件，是企业出资者与企业劳动者达成交易；而企业委托代理劳资关系的形成条件，则是企业出资者与企业职业经营者首先达成交易，在此基础上，企

---

① 年志远：《企业劳资关系的变易性及其政策意义——基于马克思劳动力理论视角》，《江汉论坛》2010 年第 2 期。

业职业经营者再与企业劳动者达成交易。企业委托代理劳资关系形成条件比企业劳资关系形成条件更为复杂。

第四，协调对象不同。企业劳资关系的协调对象是企业出资者和企业劳动者；企业委托代理劳资关系的协调对象则是企业出资者、企业职业经营者和企业劳动者。协调对象的增加，表明企业委托代理劳资关系的复杂化。与企业劳资关系相比，企业委托代理劳资关系更难以协调。企业出资者与企业职业经营者之间以及企业职业经营者与劳动者之间，任何一种关系变化，都会影响企业委托代理劳资关系；不仅如此，这两种关系之间也是相互影响和相互作用的。相互影响或相互作用的结果，也影响企业委托代理劳资关系的状态。

二　企业委托代理劳资关系形成

研究企业委托代理劳资关系的形成，可以从不同的视角切入，本书是从产权的视角切入的。从产权视角来看，企业委托代理劳资关系是通过双重产权交易形成的。

首先，企业出资者的物质资本产权与企业职业经营者的企业家人力资本产权交易。在企业家市场，企业出资者与企业职业经营者依据各自预先确定的条件，寻找交易对象，进行产权交易。达成了产权交易，就形成了企业委托劳资关系。其次，企业职业经营者的企业家人力资本产权与企业劳动者的一般人力资本产权交易。企业委托劳资关系形成以后，进入企业职业经营者的企业家人力资本产权与企业劳动者的一般人力资本产权交易阶段。在人力资源市场，企业职业经营者与企业劳动者双方，也依据各自预先确定的条件，寻找交易对象，进行产权交易。达成了产权交易，就形成了企业代理劳资关系。

一般而言，无论是企业出资者的物质资本产权与企业职业经营者的企业家人力资本产权交易，还是企业职业经营者的企业家人力资本产权与劳动者的一般人力资本产权交易，结果只能是以下三种形式之一。

第一，产权公平交易。产权公平交易是指无论是企业出资者的物质资本产权与企业职业经营者的企业家人力资本产权交易，还是企业职业经营者的企业家人力资本产权与企业劳动者的一般人力资本产权交易，都能够有效地安排产权所有者应有的权益，尤其是安排人力资本产权所有者的收益权。产权公平交易可以调动产权所有者的积极性，尤其是调动人力资本产权所有者的积极性。同时，还可以提高资本配置效率，提高企业的效率；有利于企业委托代理劳资关系和谐。

第二，产权不公平交易。产权不公平交易是指无论是企业出资者的物质资本产权与企业职业经营者的企业家人力资本产权交易，还是企业职业经营者的企业家人力资本产权与企业劳动者的一般人力资本产权交易，都不能够有效地安排产权所有者应有的权益，尤其是安排人力资本所有者的收益权。产权不公平交易，抑制了人力资本产权所有者的积极性，降低了资本配置效率，甚至引致企业委托代理劳资关系冲突。

第三，产权公平与不公平交易并存。产权公平与不公平交易并存是指无论是企业出资者的物质资本产权与企业职业经营者的企业家人力资本产权交易，还是企业职业经营者的企业家人力资本产权与企业劳动者的一般人力资本产权交易，都只安排一部分产权所有者的权益，不全部安排产权所有者的权益，尤其是不安排全部人力资本收益权。这种产权交易结果，使企业委托代理劳资关系处于和谐与冲突并存状态。[①]

---

① 年志远、胡继立：《基于产权视角的企业劳资关系特征研究》，《社会科学战线》2010 年第 11 期。

企业委托代理劳资关系是通过双重交易形成的，即通过企业出资者的物质资本产权与企业职业经营者的企业家人力资本产权的一次交易，以及企业职业经营者的企业家人力资本产权与企业劳动者的一般人力资本产权的二次交易形成的。在一次产权交易过程中，产权交易双方的权利是不平等的，其中某一产权主体处于主导地位，主导产权交易；另一产权主体处于服从地位，服从产权交易。主导产权交易的主体也主导所形成的企业委托劳资关系。哪一类产权主体能够成为产权交易的主导者，取决于资本的稀缺程度。资本稀缺方将成为产权交易的主导者，资本非稀缺方将成为产权交易的服从者。进一步来说，资本稀缺方将成为企业委托劳资关系的主导者，主导企业委托劳资关系。在二次产权交易过程中，产权交易双方的权利也是不平等的，即企业职业经营者的企业家人力资本产权处于产权交易的主导地位，并主导形成的企业代理劳资关系。企业委托代理劳资关系的主导者既配置自身的资本产权，也配置一部分另一种资本的产权。构成企业委托代理劳资关系的产权要素之间的权利不平等，引致企业委托代理劳资关系冲突。

在市场经济条件下，企业委托代理劳资关系是通过市场交易形成的，是市场机制作用的结果，所以，企业委托代理劳资关系是交易契约。在市场中，企业委托代理劳资关系受市场机制或价格机制、供求机制和竞争机制的作用和检验。价格机制是市场机制中最基础的机制，产权交易的价格除了受资本的价值决定外，还受产权供求的影响；供求机制是与价格机制紧密联系，共同发挥作用的机制。产权交易价格不仅应反映资本的价值，而且还应反映资本产权的供求关系。价格机制和供求机制作用的结果，是优胜劣汰。资本产权的供求关系，影响企业委托代理劳资关系的形成。

三　企业委托代理劳资关系动态性

企业委托代理劳资关系由企业委托劳资关系和企业代理劳资关

系构成。企业委托劳资关系是劳动过程中企业出资者与企业职业经营者之间的关系，企业代理劳资关系是劳动过程中企业职业经营者与企业劳动者之间的关系。企业出资者根据企业生产经营管理的实际需要，把企业经营权委托给企业职业经营者行使，其中还隐含着把与企业劳动者的关系也同时委托给了企业职业经营者处理，引致企业委托劳资关系形成；企业职业经营者根据企业生产经营管理的实际需要，又把企业具体生产经营管理权委托给企业劳动者行使，其中还隐含着代理企业出资者处理与企业劳动者的劳资关系，引致企业代理劳资关系形成。企业委托劳资关系和企业代理劳资关系形成后，企业劳资关系就变易为企业委托代理劳资关系。

企业委托代理劳资关系与企业劳资关系可以互相转化。企业出资者自己兼任企业经营者时，形成企业劳资关系；当企业出资者聘用企业职业经营者以及企业职业经营者聘用企业劳动者后，企业劳资关系就转化为企业委托代理劳资关系；如果企业出资者解聘了企业职业经营者，又改由自己兼任企业经营者，则企业委托代理劳资关系又转化为企业劳资关系。

可见，企业委托代理劳资关系是依附于企业委托代理关系存在的。建立企业委托代理关系，企业劳资关系就转化为企业委托代理劳资关系；取消企业委托代理关系，企业委托代理劳资关系就转化为企业劳资关系。企业委托代理关系的变化直接决定企业委托代理劳资关系的存在与否。

企业委托代理劳资关系与企业劳资关系可以互相转化，反映了企业出资者的价值追求。企业劳资关系变易为企业委托代理劳资关系，是企业劳资关系的自然演变，也是企业生存和发展的需要。客观上，企业自身生存和发展需要有专门经营管理才能的企业职业经营者来经营管理；而社会分工的发展，又恰恰提供了具有这样才能的企业职业经营者，所以，企业逐步由出资者经营管理转变为由企业职业经营者经营管理，进而，企业劳资关系也随之变易为企业委托代理劳资关系。

企业委托代理劳资关系与企业职业经营者的使用相伴生。与企业劳资关系一样，企业委托代理劳资关系隐含在企业生产经营管理之中，并不需要签订任何契约或进行任何承诺。只要企业出资者委托企业职业经营者经营管理企业，企业劳资关系就变易为企业委托代理劳资关系。

企业委托代理劳资关系随着企业职业经营者的经营绩效而改变。如果企业职业经营者的经营绩效没有达到企业出资者的委托目标，企业出资者就会采取行动，或者更换企业职业经营者，或者自身取代企业职业经营者，改变企业委托劳资关系，进而改变企业委托代理劳资关系。

具体改变内容：一是由原有的企业委托代理劳资关系改变为新的企业委托代理劳资关系，其标志是企业委托代理劳资关系的构成要素发生了变化，即改变为企业出资者与新的企业职业经营者之间的关系，以及新的企业职业经营者与企业劳动者之间的关系。二是由原有的企业委托代理劳资关系改变为企业劳资关系，即改变为企业出资者与企业劳动者之间的关系。

当然，如果企业职业经营者的经营绩效达到或超过了企业出资者的委托目标，则企业出资者就不会改变企业职业经营者，企业委托代理劳资关系也不会发生改变。企业委托代理劳资关系构成要素的改变，可能会改变企业委托代理劳资关系的存在状态，既可能由冲突状态改变为和谐状态，也可能由和谐状态改变为冲突状态。因此，当企业委托代理劳资关系处于严重冲突状态时，更换企业职业经营者也是协调企业委托代理劳资关系的有效途径之一。

四　企业委托代理劳资关系类型

企业委托代理劳资关系的类型与划分依据相关，划分依据不同，划分的企业委托代理劳资关系类型也不同。

（1）依据形成的方式，企业委托代理劳资关系可以划分为行政型企业委托代理劳资关系与市场型企业委托代理劳资关系。行政型企业委托代理劳资关系是指依据行政指令而形成的企业委托代理劳资关系，市场型企业委托代理劳资关系是指依据市场交易而形成的企业委托代理劳资关系。

在计划经济体制下，国有企业的职业经营者由国家政府有关部门或地方政府有关部门以行政指令的方式配置，所以，国有企业的委托代理劳资关系是行政型企业委托代理劳资关系；在市场经济体制下，国有企业的职业经营者既可以由国家政府有关部门或地方政府有关部门以行政指令的方式配置，又可以由企业家市场以交易的方式配置。

配置方式不同，形成的企业委托代理劳资关系类型也不同。前者形成的是行政型企业委托代理劳资关系，后者形成的则是市场型企业委托代理劳资关系。在市场经济体制下，非国有企业的职业经营者是通过企业家市场以交易的方式配置的，所以，非国有企业的委托代理劳资关系是市场型企业委托代理劳资关系。

（2）依据存在的状态，企业委托代理劳资关系可以划分为和谐型企业委托代理劳资关系、冲突型企业委托代理劳资关系以及和谐与冲突并存型企业委托代理劳资关系。[1] 由于企业委托代理劳资关系是由企业委托劳资关系与企业代理劳资关系构成的，所以，不同状态的企业委托劳资关系与不同状态的企业代理劳资关系组合，可以形成不同类型的企业委托代理劳资关系。不同状态的企业委托劳资关系，是指和谐的企业委托劳资关系或冲突的企业委托劳资关系；不同状态的企业代理劳资关系，是指和谐的企业代理劳资关系

---

① 年志远、胡继立：《物质资本产权与人力资本产权合作研究》，《吉林大学社会科学学报》2010 年第 6 期。

或冲突的企业代理劳资关系。不同状态的企业委托劳资关系与不同状态的企业代理劳资关系进行组合，会形成以下三种类型的企业委托代理劳资关系。

第一种，和谐型企业委托代理劳资关系。和谐的企业委托劳资关系与和谐的企业代理劳资关系组合，形成和谐型企业委托代理劳资关系。和谐的企业委托劳资关系是指劳动过程中企业出资者与企业职业经营者双方由于互相完全认同对方的思想、观念、要求和行为等而形成的和谐关系。这里的思想、观念、要求和行为等，既可能是合情、合理、合法的，也可能是不合情、不合理、不合法的。但是，无论是合情、合理、合法的，还是不合情、不合理、不合法的，只要企业出资者与企业职业经营者双方相互完全认同，则企业委托劳资关系就会和谐。和谐的企业代理劳资关系是指劳动过程中企业职业经营者与企业劳动者双方由于互相完全认同对方的思想、观念、要求和行为等而形成的和谐关系。与和谐的企业委托劳资关系一样，只要企业职业经营者与企业劳动者完全互相认同对方的思想、观念、要求和行为等，则企业代理劳资关系就会和谐。和谐的企业委托劳资关系与和谐的企业代理劳资关系，自然形成和谐的企业委托代理劳资关系。一般而言，受各种因素的影响和制约，企业出资者、企业职业经营者和企业劳动者的思想、观念、要求和行为等是存在差异的，所以相互之间不可能完全认同。因此，从理论上来说，标准的和谐型企业委托代理劳资关系是不存在的。

第二种，冲突型企业委托代理劳资关系。冲突的企业委托劳资关系与冲突的企业代理劳资关系组合，形成冲突型企业委托代理劳资关系。冲突的企业委托劳资关系是指劳动过程中企业出资者与企业职业经营者双方由于互相不认同或不完全认同对方的思想、观念、要求和行为等而引致的冲突关系，或有一方认同对方的思想、观念、要求和行为等，而另一方不认同或不完全认同对方的思想、观念、要求和行为等而引致的冲突关系；冲突的企业代理劳资关系是指劳动过程中企业职业经营者与企业劳动者双方由于互相不认同或不完全认同对方的思想、观念、要求和行为等而引致的冲突关系，或有一方认同对方的思想、观念、要求和行为等，而另一方不认同或不完全认同对方的思想、观念、要求和行为等而引致的冲突关系。在现实企业中，激烈的冲突型企业委托代理劳资关系有可能引致企业解体。

第三种，和谐与冲突并存型企业委托代理劳资关系。和谐的企业委托劳资关系与冲突的企业代理劳资关系组合，或冲突的企业委托劳资关系与和谐的企业代理劳资关系组合，形成和谐与冲突并存型企业委托代理劳资关系。例如，在某企业中，由于企业职业经营者为企业劳动者加薪和增加福利等，所以企业职业经营者与企业劳动者之间的关系很融洽、和谐。但是，这可能会遭到企业出资者的反对、干预，引致企业出资者与企业职业经营者的关系恶化，产生冲突。这种企业委托代理劳资关系就是和谐与冲突并存型的企业委托代理劳资关系。

五　企业委托代理劳资关系的内部关系

一般而言，企业委托代理劳资关系具有三个主体，即企业出资者、企业职业经营者和企业劳动者。由于各主体的身份不同，所以各主体所处的地位也不同。企业出资者聘用企业职业经营者，所以企业出资者处于主导企业职业经营者的地位，因此，也主导形成的企业委托劳资关系；企业职业经营者聘用企业劳动者，所以企业职业经营者处于主导企业劳动者的地位，因此，也主导形成的企业代理劳资关系。由于企业出资者主导企业职业经营者，而企业职业经营者主导企业劳动者，所以企业出资者也主导企业劳动者。从企业劳资关系角度来说，就是企业委托劳资关系主导企业代理劳资关系。当然，从事物的发展规律来说，企业代理劳资关系也反作用于企业委托劳资关系的主导。

（1）企业委托劳资关系主导企业代理劳资关系。企业委托劳资关系主导企业代理劳资关系，也即是企业委托劳资关系主导企业委托代理劳资关系。从理论上来说，企业委托劳资关系主导企业代理劳资关系可以分为理论主导和实际主导。顾名思义，理论主导是指理论上企业委托劳资关系应主导企业委托代理劳资关系，但是在现实企业中并没有真正实现主导；实际主导是指实践上企业委托劳资关系对企业委托代理劳资关系的真正主导。在通常情况下，理论主导是企业委托劳资关系主导企业委托代理劳资关系的经常状态；而实际主导则是企业委托劳资关系主导企业委托代理劳资关系的个别状态。

具体来说，企业委托劳资关系对企业委托代理劳资关系的实际主导，是在企业代理劳资关系出现严重冲突之时。例如，企业职业经营者与企业劳动者关系极度紧张，已经面临着严重的"突变危险"或者已经产生严重的后果，这时，企业委托劳资关系就需要实际主导企业代理劳资关系，即或干预企业代理劳资关系，或及时调整企业代理劳资关系，以协调企业代理劳资关系冲突。

（2）企业代理劳资关系反作用于企业委托劳资关系。虽然企业委托劳资关系主导企业代理劳资关系，但是，企业代理劳资关系并不是消极被主导的，而是积极地反作用于企业委托劳资关系主导的。反作用的主要原因，是企业代理劳资关系的主导者——企业职业经营者也是一个利益主体。企业委托劳资关系主导企业代理劳资关系的结果，是减小或"损害"了企业职业经营者的利益。为了维护或争取自身的最大利益，企业职业经营者会一方面满足企业出资者的要求，主动协调与企业劳动者的关系；另一方面也会与企业出资者讨价还价，要求企业出资者取消或减少对企业代理劳资关系的干预或调整。

由于企业委托代理劳资关系是通过企业出资者与企业职业经营者签订企业经营管理契约，以及企业职业经营者与企业劳动者签订劳动契约的方式形成的，所以企业经营管理契约与劳动契约的条款将直接决定或影响企业委托代理劳资关系的状况。如果企业经营管理契约与劳动契约的条款合情、合理、合法，则企业委托劳资关系与企业代理劳资关系就有可能和谐；如果企业经营管理契约与劳动契约的条款不合情、不合理、不合法，则企业委托劳资关系与企业代理劳资关系就有可能冲突，甚至完全对立。

在企业委托代理劳资关系中，企业代理劳资关系是核心关系。建立与协调企业委托劳资关系，目的就是为了建立和优化企业代理劳资关系，实现企业目标。如果企业代理劳资关系冲突或企业职业经营者与企业劳动者的关系冲突，轻则影响企业发展，重则影响企业生存。正因为企业代理劳资关系是企业委托代理劳资关系的核心关系，所以企业代理劳资关系可以视为企业委托代理劳资关系。这可能也是人们把企业委托代理劳资关系误认为是企业劳资关系的主要原因。

企业委托代理劳资关系是客观存在的，所以，研究企业委托代理劳资关系具有重要的现实意义。它不仅有利于揭示企业委托代理劳资关系的发展规律，把握企业委托代理劳资关系的协调对象，而且也有利于提高"企业劳资关系"协调效果，促进企业委托代理劳资关系和谐。

第四章

企业治理与监管研究

本章主要研究企业治理结构理论、国有独资公司治理结构重构、德国企业治理模式及其启示、英国与德国企业治理结构比较、监管国有资产监管机构、国资委权益监管与政府行政监管。

第一节　企业治理结构理论评析[*]

一　企业治理结构理论简述

企业治理结构理论主要有股东治理结构理论、利益相关者治理结构理论和出资者主导下的利益相关者治理结构理论。不同的企业治理结构理论，对应着不同的企业所有权安排。

股东治理结构理论来源于新古典产权学派。新古典产权学派认为，企业的唯一目标是利润最大化，因而企业应由股东控制；股东是企业剩余的唯一索取者；企业的剩余索取权与控制权对应是最有效率的企业所有权结构。这种理论是主流经济学理论，是目前各国法律（包括公司法）普遍认同和遵循的理论。该理论认为，企业是股东投资设立的，股东承担企业风险，股东是企业的唯一所有者，所以股东应独享企业所有权。经营者要为股东的利益最大化服务。

---

　　* 本节内容原载《长白学刊》2003 年第 6 期。

利益相关者治理结构理论是在批评股东治理结构理论的过程中发展起来的。该理论反对企业所有权由股东独享，主张企业所有权由利益相关者共同分享，企业应为利益相关者服务和由利益相关者共同治理。利益相关者是指所有影响企业活动或被企业活动影响的人或团体。

出资者主导下的利益相关者治理结构理论是中国学者刘大可和朱光华提出的，目的是解决利益相关者治理结构理论难以操作的问题。出资者主导下的利益相关者治理结构理论是指处于均衡状态的企业所有权应由出资者与其他利益相关者共同分享，但究竟谁是其他利益相关者，其他利益相关者应该分享多大比例的企业所有权等，应由出资者利益最大化的要求来决定。

二　企业治理结构理论评析

（一）股东治理结构理论评析

股东治理结构理论的核心是股东利益最大化，股东独享企业所有权。从积极意义上说，股东治理结构理论促进了资金所有者投资于企业，但是这一理论还存在很多缺陷，难以适应现代社会和企业自身的发展需要。

第一，原始理念错误。股东治理结构理论认为，经营者和生产者获得事先预定的固定工资，当企业经营失败时，他们可以转移到其他企业劳动，所以并不承担企业剩余风险。但是股东投入到企业的资产已经转化为固定资产和原材料等，所以这些资产具有较强的专用性；又由于股东投入企业的是实实在在的物质资本，抵押性较强。因此，如果企业遭受损失或倒闭破产，股东的资产就会贬值和减少，甚至血本无归。股东成为实际且唯一的风险承担者。根据风险同利益对等的原则，股东应该独享企业所有权。

笔者认为，股东治理结构理论强调的由股东独享企业所有权的理念是错误的，因为经营者和生产者投入到企业的资产也具有一定的专用性和可抵押性。当劳动者进入企业并长期把精力投入企业，就会积累起企业专用性资产，如专业技能、团队精神和集体荣誉等。脱离特定的企业环境，这些企业专用性资产就很难充分发挥应有的作用，甚至可能完全失去价值。一个具有专用性资产的人退出企业，不仅会给企业造成损失，而且也会给他自己造成较大损失。因为这种企业特有的人力资本在企业外部或其他企业将得不到充分的评价，价值会降低，甚至难以进入市场。从某种意义上来说，人所具有的这种专用性资产也具有抵押性，即经营者和生产者也承担了企业剩余风险，所以也应分享一定的企业剩余，因此，股东治理结构理论的理念是错误的。

第二，难以解释日益发展的分享制度。股东治理结构理论强调股东是企业的唯一所有者，但是，20 世纪 60 年代以后，分享制度却在西方国家兴起并得到快速的发展。分享制度的核心是实行出资者、经营者和生产者共同分享企业所有权。这个事实，股东治理结构理论是无法解释的。

分享制度作为一种产权激励的制度安排，不仅明显地提高了企业组织效率，而且也促进了经济的发展和社会的进步。一是激发了劳动者的劳动积极性。分享制度对劳动者的激励来自于两个方面：一方面是外在激励。由于分享制度把劳动者的收入和企业的经济效益直接捆在了一起，所以劳动者要提高自己的收入水平，就必须先提高企业的收入水平，而要提高企业的收入水平就应该努力工作。另一方面是内在激励。劳动者分享了一定的企业所有权以后，会觉得自己是在为自己工作，所以会努力工作。二是调和了劳资矛盾。分享制度改变了劳动者被雇佣的身份，使劳动者成为与物质资本出资者平等的产权主体，这样就拉近了劳资双方的距离，从而使劳资双方从对立走向合作。三是有助于社会的进步。在实行分享制度的企业中，实现了权力平等、收入平等和经济民主，从而使劳动者由被雇佣者、被监督者和被剥削者转变为自主劳动、自主参与和自我约束的主人翁。社会呈现出从产权平等到人权平等的公平、和谐、民主、文明与进步。

第三，忽视人力资本所有者。股东治理结构理论认为，企业是物质资本所有者投资设立的，应该归属于物质资本所有者，所以物质资本所有者自然应该独享企业所有权。笔者认为，这种认识是错误的，因为它忽视了人力资本所有者的权利。

首先，从企业的构成来看：企业是人力资本所有者和物质资本所有者缔结的一个合约，如果没有人力资本所有者签约，就不会有企业的存在，如果没有企业的存在，也就不会有企业所有权，更不会有企业剩余索取权。那么，物质资本所有者将只有原来的物质资本，其他什么也得不到。因此，人力资本所有者和物质资本所有者共同成立的企业应该归属于双方共同所有，即双方应该共同拥有企业所有权，这样才是公平合理的。当然，双方分享的份额应依据双方贡献的大小来确定。

其次，从企业的生产、经营和管理来看：①从企业的生产来看，企业的生产过程是物质资本和人力资本相结合的过程，在物质资本投入一定的情况下，生产的时间长短、产品的质量高低、消耗的成本大小，完全取决于人力资本的投入状况。另外，当企业设立以后，如果没有人力资本的继续投入，产品的生产也不可能实现。所以，从企业的生产角度来说，人力资本所有者理所当然地应该分享企业所有权；②从企业的经营管理来看，不仅企业的生产需要人力资本的投入，而且企业的经营管理更需要人力资本的投入。经营管理是一个复杂的系统工程，它不仅需要经营者具有多方面的才能和知识，而且还需要经营者全身心的投入。人力资本的投入是企业生存和发展的决定因素，只有经营者分享企业所有权，特别是分享企业剩余索取权，经营者才会有动力和有积极性经营管理好企业，实现企业的生存和快速发展。

最后，从企业的交易来看：企业是人力资本产权与物质资本产权交易的结果，二者之所以能够达成交易，是因为双方都是独立的产权主体，否则，他们不可能签约。既然双方都拿出了自己的一部分产权进行交易，双方就都理所当然地应该获取自己的产权权益，即享有企业剩余索取权。尽管目前股东治理结构理论是一种主流经济学理论，是世界上多数国家公司法制定的依据，但是，不能否认，这一理论是有很大缺陷的。随着经济的发展、社会的进步和人力资本作用的不断提高，这种主流经济学理论已经不能满足经济和社会的发展需要，已经开始受到人们的质疑。

（二）利益相关者治理结构理论评析

利益相关者治理结构理论虽然可以解释分享制度，但是从操作性来看，它又是难以具体操作的。也就是说，利益相关者治理结构理论只能停留在理论上，根本不可能真正应用于实践。原因有以下四个方面。

第一，利益相关者的身份和数量难以准确确定。利益相关者是指所有影响企业活动或被企业活动影响的人或团体，具体是指股东、经营者、生产者、债权人、供应商、消费者、政府部门、相关的社会组织和社会团体、周边的社会成员等。可见，利益相关者种类繁多，构成复杂，涉及各个方面，分布在各个行业、各个地域。由于利益相关者的身份很难准确确定，所以利益相关者的数量也就很难准确确定。利益相关者的数量是一个动态的概念，在不同的时点上，利益相关者的数量也不同。即使今天能够确定，明天又可能发生变化。另外，利益相关者还与一个国家或地区的政治、经济、体制、政策、人口和法规等因素有关。

第二，利益相关者的资产数量难以准确确定。利益相关者治理结构理论认为，企业所有权在利益相关者之间的安排，应该依据利益相关者所拥有的专用性资产来确定。这个问题看起来简单，但实际上根本做不到，因为有一些专用性资产是不可能准确确定数量的。例如，政府对企业的影响主要是通过政策、体制、法规等手段进行的，而政府的政策、法规等也是一种"专用性资产"，它对企业的影响虽然可以通过某些指标来评估，但要准确确定则是不可能的。由于有一些利益相关者的专用性资产的数量难以准确确定，所以企业所有权的安排也就难以进行。

第三，企业治理结构难以构建。利益相关者治理结构理论强调所有的利益相关者共同治理企业，利益相关者大会是企业的最高权力机构，它应该由全体的利益相关者组成。但是，由于利益相关者的身份和数量难以准确确定，所以利益相关者大会也就很难召开，因而也就无法行使职能。如果是根据与利益相关度的强弱来确定利益相关者是否参加大会，那么应该怎样来确定利益相关度的值？即使是能够准确确定利益相关度的值，可能又否定了所有利益相关者共同治理的观点。同理，由利益相关者代表组成的董事会和监事会也难设立。

第四，没有主导利益相关者。利益相关者治理结构理论的核心是所有利益相关者共同分享企业所有权，但是它没有明确由哪一个利益相关者来主持企业所有权的分享，即没有确定主导利益相关者。从理论上来说，任何一个利益相关者都可以成为主导利益相关者，因为每一个利益相关者都承担了企业的剩余风险。但从现实来说，每一个利益相关者或每一类利益相关者所承担的风险又是完全不同的。有的利益相关者承担的风险大，有的利益相关者承担的风险小。没有主导利益相关者，企业所有权是难以分享的。

（三）出资者主导下的利益相关者治理结构理论评析

出资者主导下的利益相关者治理结构理论，主张由出资者确定其他利益相关者和进行企业所有权的安排，这在一定程度上发展了利益相关者治理结构理论。但是，笔者认为这一理论仍然不具有可操作性，并且理论本身也存在问题。

第一，出资者主导下的利益相关者治理结构理论仍然不具有可操作性。笔者认为，出资者主导下的利益相关者治理结构理论只解决了由谁主导企业所有权的分享问题，其他诸如利益相关者的身份和人数问题、利益相关者自身的资本问题、利益相关者大会、董事会和监事会问题等，仍然没有得到解决，所以出资者主导下的利益相关者治理结构理论仍然不具有可操作性。

第二，出资者主导下的利益相关者治理结构理论本身存在问题。出资者主导下的利益相关者治理结构理论认为，出资者可以根据自身利益最大化的需要，确定谁是其他利益相关者，每个其他利益相关者应该分享多少企业所有权份额。在出资者主导下的利益相关者治理结构理论中，其他利益相关者成为被出资者确定的对象，已经不是利益相关者治理结构理论中所指的利益相关者。

出资者主导下的利益相关者治理结构理论的这种规定是不符合逻辑的，它不仅违背了事物发展的规律，而且也导致人们思想上的混乱。事实上，其他利益相关者并不是由某一个人或某一个团体根据自身的需要来确定的，而是具有一定的客观性。因为受企业影响和被企业影响的人或团体是确定的，是不会变化的。无论出资者是否把他们确定为其他利益相关者，他们都仍然是其他利益相关者，这一点是不容改变的。

第三，出资者主导下的利益相关者治理结构理论存在一定的消极作用。出资者主导下的利益相关者治理结构理论认为，应由出资者根据自身利益最大化的需要来确定其他利益相关者，这就强化了出资者的个人权利。但是，有时这种强权却会产生消极的作用。例如，出资者为了控制企业和减小企业的经营成本，可能会确定一些对企业影响较大的人或团体为其他利益相关者，使这些人分享到企业所有权；其他一些对企业有影响的人或团体却没有被确定为其他利益相关者，那么，这部分人或团体就有可能产生不满情绪，这种不满情绪会使企业经营管理工作受到一定的影响。

三 企业治理结构理论创新——企业所有者治理结构理论

利益相关者治理结构理论和出资者主导下的利益相关者治理结构理论主张企业所有权应由所有利益相关者共同分享，这种主张是积极的，是符合经济和社会发展需要的。但是，由于这两种理论都不具有可操作性，所以，只能纸上谈兵，难以应用于实践。这也是为什么股东治理结构理论至今仍是主流经济学理论的主要原因之一。

为了适应经济和社会的发展需要，更为了满足经济实践对理论的呼唤，笔者认为，应从可操作性出发，提出一种可以体现企业所有权分享思想的企业所有者治理结构理论。

（一）企业所有者治理结构理论的含义

企业所有者治理结构理论的核心是，企业归属于物质资本所有者（股东）、人力资本所有者（经营者和生产者）和借入资本所有者（债权人）共同所有和共同治理；企业所有权由这三类资本所有者共同分享；物质资本所有者在企业治理中处于主导地位。企业所有者治理结构理论是以企业资本所有权作为企业治理的依据，即凡是向企业投入了"资本"的人或团体都是企业的所有者，都享有企业所有权和参与企业治理。物质资本所有者向企业投入了货币资本或实物资本；人力资本所有者向企业投入了人力资本；借入资本所有者向企业投入了"准资本"。三者都向企业投入了资本。由于物质资本所有者承担的企业剩余风险最大和最直接，所以应由物质资本所有者主导企业治理。

（二）企业所有者治理结构理论模式

企业所有者治理结构理论模式可简化为图4.1。

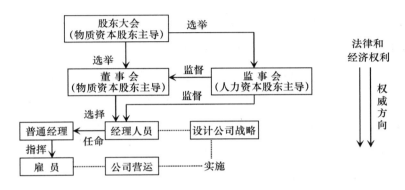

图4.1　企业所有者治理结构理论模式

注：①股东大会，股东由物质资本股东和人力资本股东组成，由物质资本股东主导；②董事会，董事会由物质资本董事、人力资本董事和债权人董事组成，董事会对股东大会负责，董事会由物质资本董事主导；③监事会，监事会由物质资本监事、人力资本监事和债权人监事组成，监事会由人力资本监事主导；④经理人员，经理人员由董事会聘任或解聘。经理对董事会负责。

资料来源：笔者自制。

从图4.1可以看出，股东（物质资本股东和人力资本股东）投票选举董事，并与董事之间构成委托—代理关系；股东投票选举监事，监事会监督董事会和经理人员；董事会聘任经理人员，再由总经理聘任普通经理，相互之间又是委托—代理关系。该治理模式的显著特点是物质资本股东主导股东大会和董事会；人力资本股东主导监事会。物质资本股东主导下的股东大会拥有公司最终控制权。

第二节 国有独资公司治理结构重构 *

一 国有独资公司治理结构特殊性

理论界对国有独资公司的争论由来已久。1993 年制定的《中华人民共和国公司法》（以下简称《公司法》）中对国有独资公司的相关内容做了较为详细的表述，系首次以法律形式规范了国有独资公司的定义、范畴及构成等细节，这也为国有企业改革提供了有力的制度支持。然而，随着科学的公司治理结构理念的不断渗透深入，国有独资公司的"独"使之与现代公司治理结构相背而行。在2005 年《公司法》修订前夕，有学者提出取消《公司法》中"国有独资公司"一节，认为国有独资公司在公司治理结构上的设计不甚完备、国家干预过多且法律赋予国有独资公司的一些特权排挤民营资本。

事实上，重新修订的《公司法》并未取消国有独资公司的内容，而是在符合现代企业制度建设的前提下，重新定义了国有独资公司。① 这也充分符合我国现阶段国情和基本经济制度。

重新修订的《公司法》规定，国有独资公司是指国家单独出资、由国务院或者地方人民政府授权本级人民政府国有资产监督管理机构履行出资人职责的有限责任公司（见《公司法》第六十四条第二款）。从法律表述上看，国有独资公司作为有限责任公司的一种表现形式，必然在公司治理结构上具有一般有限责任公司的通性，即存在权力机关、决策机关、监督机关、执行机关及其间的多层委托——代理关系；同时，国有独资公司作为国有资产的经营

---

* 本节内容原载《经济体制改革》2015 年第 5 期（合著者：夏元琦、史册）。

① 史正保：《解读新〈公司法〉对国有独资公司制度的完善》，《经济研究参考》2007 年第 59 期。

者，也必然存在其特性。这些特性具体表现在权力机关、决策机关和监督机关上。①

第一，从权力机关层面上看，国有独资公司不设股东会，国家是其唯一的出资主体，由国有资产监督管理机构行使股东会职权，即形成了国家委托、国有资产监督管理机构受托行使股东权力的模式。一般有限责任公司中的股东会职权，在国有独资公司中由国有资产监督管理机构代为行使，除此之外，国有资产监督管理机构还可以授权公司董事会行使股东会的部分职权（见《公司法》第六十六条第一款）。

第二，从决策机关层面上看，国有独资公司董事会构成及董事来源有所不同。根据《企业国有资产监督管理暂行条例》（以下简称《条例》）有关规定，国有独资公司的董事长、副董事长由国有资产监督管理机构任免（见《条例》第十七条第二款），其余董事会成员一部分由国有资产监督管理机构委派，一部分由职工董事构成。在一般有限责任公司中，董事长、副董事长的产生办法由公司章程决定，且在《公司法》中对于职工董事并无强制规定（见《公司法》第四十四条）。

第三，从监督机关层面上看，国有独资公司监事会人数与构成存在特殊规定。国有独资企业监事会成员不得少于五人，监事长由国有资产监督管理机构直接任免，其余监事一部分由国有资产监督管理机构委派，一部分由职工代表大会选举产生（见《公司法》第七十一条）。而一般有限责任公司设监事会的人数不得少于三人，公司规模较小不设监事会的，只需设一至二名监事即可，且监事会中也应当包含一部分职工监事（见《公司法》第五十一条）。

综上可见，国有独资企业的公司治理结构除不设股东会外，其

---

① 李佳薇：《国有独资公司治理结构问题探究》，《沈阳工业大学学报》（社会科学版）2008 年第 1 期。

他方面在大体构成上与一般有限责任公司并无差异。从委托——代理结构上看，形成了三层委托——代理关系。正是这三层委托——代理关系及涉及的不同机关，构成了我国国有独资公司治理结构的框架，这也是发掘问题、研究重构的基础。

二 国有独资公司治理结构问题

委托——代理关系作为现代公司治理结构的重要理论基础，为现代公司治理提供了可行高效的方法。该理论的核心观点认为，科学的公司治理结构，简而言之是形成有效的委托——代理关系。具体来说，是通过建立激励机制和监督机制，以实现所有权与控制权相分离，形成股东会——董/监事会——经理层的多层委托——代理关系。在这些关系链条中，由于代理人与委托人的目标不一致，出于理性人假设的考虑，代理人与委托人会以自身利益最大化为出发点，从而形成一般性的委托——代理问题。[①]然而，由于国有独资公司在治理结构上存在其特殊性，形成了与一般公司不同的委托——代理关系，也存在着一些特殊的公司治理问题。

（一）决策机关缺乏独立性

一般有限责任公司的董事会成员来源只有一个，即由股东会选举产生。而在国有独资公司中，除职工董事外，其余董事会成员均由国有资产监督管理机构委派，且由其直接任免董事长、副董事长。尽管在国有独资公司中，国有资产监督管理机构行使一般有限责任公司中的股东会职权，但是两者性质却大相径庭。国有资产监督管理机构系属国家政府部门，由它直接参与公司决策机关的构成，必然使国有独资公司决策层带有强烈的政府机关色

---

① 张海生：《公司治理结构的理论基础》，《理论月刊》2008 年第 9 期。

彩，公司负责人相比企业家而言，更贴近政府官员的形象。最终的结果显而易见，国家股东权力扩张到公司决策机关，使得所有权与控制权界限模糊，影响了公司的人格独立与人格完整，导致公司决策外延化。①

（二）公司内部监督乏力

在公司内部负有监督权力的无外乎监事会。一般有限责任公司的监事会成员也应由股东会选举产生，且为保障内部监督的制衡性，《公司法》规定董事、高级管理人员不得兼任监事（见《公司法》第五十一条第四款）。但是，在国有独资公司中，内部监督往往起不到应有的作用，原因有两方面：一方面，国有资产监督管理机构外派的监事怠于履行职责，更有甚者与董事、高管相互勾结损害国家利益，这也是委托——代理问题的表现之一；另一方面，在某些监督范畴，为了更好地履行监督义务，需要监事具备一些专业技能。例如，在进行财务监督时，要求监事具备相关审计、会计专业知识。然而在实践中，绝大多数监事属"门外汉"，根本无法有效履行监督职责。②

（三）公司激励机制较弱

有效的激励机制是现代公司治理结构的有机组成，也是解决委托——代理问题的途径之一。③而国有独资公司的特殊结构决定其无论在决策机关还是在监督机关，都会在很大程度上被国家意识所左右。从资源配置的角度来说，国有资产监督管理机构委派董事和监事，是以行政方式向国有独资公司配置资源。行政配置企业资源的主要缺点有三个：一是机会不公平。行政配置董事和监事，不仅

---

① 张元洁：《论国有独资公司治理结构的完善——基于新〈公司法〉的考量》，《中共山西省委党校学报》2007 年第 4 期。

② 邓义、张燕：《试论我国国有独资公司的监事会制度》，《哈尔滨学院学报》2007 年第 8 期。

③ 王文钦：《公司治理结构之研究》，人民出版社 1994 年版。

对非政府官员不公平，而且对没有进入组织部门或领导视野的政府官员也不公平。二是公司经营管理能力难以把握。公司负责人[①]对国家具有较强的依附性，使其在行为上带有政府官员的影子，在治理公司上就可能存在着"不求有功，但求无过"的思想，无法站在专业"企业家"的立场上经营管理公司。三是易产生腐败。行政配置董事和监事是由少数人来操作，所以握有选择权的官员，为了谋取私利，可能会选拔不称职的官员。以上三个缺点导致国有独资公司领导人在对公司的治理上缺乏激励，不能有效地履行职责，甚至产生道德风险。

（四）职工董事、监事制度不完善

《公司法》规定，公司董事会成员中"应有公司职工代表"，但遗憾的是，绝大多数国有独资公司的职工董事仅占董事总数的1/10，[②] 职工董事难以发挥应有的作用。相比职工董事，职工监事的情况相对乐观，《公司法》中明确规定了国有独资公司中职工监事的比例不低于监事总数的1/3。但是法律对于职工董事和职工监事的任职资格均无明确表述，公司职工是一个多含义的概念，既可以指经营者或管理人员，又可以指技术人员或一线职工。只有明确职工董事、职工监事的任职资格，才能够达到预期的目的，避免出现"暗箱"操作。

此外，还存在的一个问题是，现有的监事会设计，排除了债权人——银行进入监事会的权利。事实上，国有独资公司的资产中，很大一部分是由银行贷款形成的，银行承担着巨大的风险。所以，理应允许银行派出工作人员担任国有独资公司监事，以债权人的角度有效地监督公司的经营管理。

---

① 这里所指的公司负责人，主要指国有独资公司中由国有资产监督管理机构外派的董事会成员及监事会成员。

② 李建伟：《国有独资公司前沿问题研究》，法律出版社2002年版，第225页。

上述国有独资公司治理结构中存在的问题，从公司整体各个机关层面上看，是治理结构缺乏制衡性。国有独资公司的治理实质，是由国有资产监督管理机构一家来治理。独家治理很容易导致治理失衡；从公司各个机关内部构成上看，是董事会、监事会内部构成不合理。国有独资公司的非职工董事和监事直接由国有资产监督管理机构委派和更换，职工董事、职工监事制度的执行性不强。

三　国有独资公司治理结构重构的原则

尽管现行的国有独资公司治理结构存在一定的问题，但是由于国有独资企业的设立范围存在着特殊性，所以国有独资公司治理结构重构不能简单地与一般有限责任公司画等号。《公司法》规定，国务院确定的生产特殊产品的公司或者属于特定行业的公司，应当采取国有独资公司形式。从现行政策看，"生产特殊产品的公司"主要指生产货币、法定纪念币、邮票、预防用生物制品、具有军事用途的核心产品和关键部件等产品的公司；"特定行业的公司"主要指自来水、煤气、供电、供热等城市公用事业，跨省电网、基本邮政和电信、铁路、国防工业、航天航空、核工业、石油开采、出口信用保险、广播电台、电视台、新闻出版等行业的公司（见《公司法》第六十四条）。

可见，国有独资公司往往掌握着国有经济的命脉，为了平衡国有独资公司建立现代公司治理结构和保障国家对公司的控制力的双重目标，其公司治理结构的重构需要遵循一定的原则。遵循的原则科学合理，治理结构重构就可能达到预期的目的。否则，治理结构重构就失去了意义。国有独资公司治理结构的重构应遵循以下四项原则。

第一，要以不削弱国家对国有独资公司控制力为基本准则。国有独资公司所处的行业，一是提供公共物品、准公共物品的领域；二是保障国家安全、保证经济社会稳定发展的国家战略领域。国家控制力的削弱很可能造成国家经济命脉受损，因此对国有独资公司治理结构的重构考虑方向，应该是改变国家控制公司的方法，而不是淡化国家的控制力。

第二，应以科学的理论为指导。公司治理结构理论主要有股东治理理论、利益相关者治理理论、出资者主导下的利益相关者治理理论和企业所有者治理理论。不同的企业治理结构理论，对应着不同的企业治理权利安排。因此，应找到适合国有独资公司治理结构重构的理论支持。

以公司治理结构理论指导国有独资公司治理结构重构，其理论必须具有合理性和可操作性，即理论上比较合理，实践中便于操作。依据这个标准，可分别对公司治理结构理论进行分析。

股东治理结构理论认为，公司是股东投资设立的，股东承担公司风险，所以公司应由股东来治理。[①] 虽然这个理论可以促进资金所有者投资公司，但是，却忽视了人力资本所有者的权利。而且，国有独资公司的唯一股东即国家，按照股东治理结构理论的观点，我国现行的国有独资公司治理结构没有重构的必要。所以，该理论难以指导国有独资公司治理结构重构。

利益相关者治理理论认为，利益相关者决定公司的生产经营，离开了利益相关者，公司将难以生存和发展，因此，公司应由利益相关者共同治理。[②] 利益相关者是指所有影响企业活动或被企业活动影响的人或团体。从操作层面来说，由于利益相关者身份、数

---

① 年志远：《人力资本产权与国有企业所有权安排》，经济科学出版社 2004 年版，第112 页。

② 杨瑞龙、周业安：《企业的利益相关者理论及其应用》，经济科学出版社 2000 年版，第131 页。

量、资产数量难以准确确定，公司治理结构难以构建，[①] 利益相关者治理结构理论只能停留在理论上，根本不可能真正应用于实践。对于国有独资公司更是如此，从公有制这一基本经济制度出发，国有独资公司管理的国有资产应属全体人民所有，全体人民均为利益相关者。根据利益相关者治理理论，全体人民应共同治理国有独资公司，这显然不具备可操作性。因此，该理论也不能单独指导国有独资公司治理结构重构，但其强调了注重利益相关者。

出资者主导下的利益相关者治理理论认为，公司应在出资者主导下与其他利益相关者共同治理，其他利益相关者由出资者利益最大化的要求决定。[②] 但是该理论仅解决了公司所有权由谁主导的问题，对于公司内部结构如利益相关者大会、董事会、监事会的权力与利责并未明确阐述。[③] 这不符合重构国有独资公司董事会、监事会的要求，亦不能作为重构的指导理论。

企业所有者治理理论认为，凡是向企业投入了资本的人或团体，都应是企业的"所有者"，都应该参与企业治理。对于国有独资公司，国家向其投入了物质资本（货币资本或实物资本），应该参与治理；职工或劳动者向其投入了人力资本，也应该参与治理；贷款银行向其投入了"借贷资本"，亦应参与治理。该理论不仅从公司整体层面明确了公司治理的参与者，也可以为公司内部各机关人员的来源提供理论依据。综上，企业所有者治理理论可以指导国有独资公司治理结构重构。

第三，要注重公司治理结构的相对公平。国有独资公司的生存和发展受多种因素的影响，同时也对多种因素产生影响，特别是对

---

① 潘石、年志远等：《加入 WTO 后国企改革：新思路·新理论·新对策》，经济科学出版社 2011 年版，第 110—111 页。

② 刘大可、朱光华：《试论所有制结构理论中的出资者与利益相关者》，《经济科学》2001年第 4 期。

③ 年志远：《企业治理结构理论评析及创新》，《长白学刊》2003 年第 6 期。

利益相关者具有较大的影响。从理论上说，每个利益相关者都应参与公司治理才是公平的。但是，高成本、低效率使其在实践中不具有可操作性。因此，只能是若干个主要的利益相关者参与公司治理，而其余大多数对公司影响不大、不太重要的利益相关者不参与公司治理，即在众多利益相关者中选出"代表"参与公司治理。对利益相关者来说，国有独资公司治理结构重构只能是相对公平的，不是绝对公平的，即只对参与治理者是公平的，而对没有参与治理者则是不公平的。既要考虑利益相关者的利益，把他们作为公司的治理主体，同时又必须从可操作性出发，只考虑有限的、几个主要的利益相关者，抓住主要矛盾，实现较大程度的公平，才能实现国有独资公司治理结构重构。因此，国有独资公司治理结构重构，主要应有三个治理主体，即国家或其代表、公司职工和贷款银行。另外，考虑到人民代表大会组织的特殊地位，所以，人大代表也应进入治理结构，参与治理。因此，国有独资公司治理结构重构，主要应有四个治理主体，即公司职工、国家或其代表——国有资产监督管理机构、贷款银行和人大代表。

第四，应以相互制衡为最终归宿。现代公司治理结构，是股东会、董事会、监事会之间相互制衡的关系。股东会是公司的最高权力机构，决定董事会和监事会人选，有推举或不推举直至起诉某位董事和监事的权利。股东会授权董事会负责公司经营决策后，就不随意干预董事会的决策。当然，董事会作为公司的经营决策机构，其职权也受到约束；监事会负责对董事会及其成员以及经理人员进行监督与检查，防止董事会和经理人员滥用职权、损害公司利益，并且对董事会和经理人员的工作绩效进行评审与监督。对于董事会及其成员以及经理人员滥用职权，监事会可以提请召开临时股东会，改组董事会或更换董事或提请董事会更换经理人员。董事会、监事会由股东会产生、对股东会负责，又相对独立于股东会。国有独资公司不设股东会，相互制衡的关系就会被破坏。其结果，是影响治理结构功能的发挥。因此，国有独资公司应考虑设立股东会，形成相互制衡关系。

四　国有独资公司治理结构重构的设计

根据上述分析的国有独资公司治理结构存在的问题和重构的原则，对国有独资公司治理结构重构的设计可以分为三大部分：一是公司整体层面的重构，二是公司各机关内部层面的重构，三是外部法律支持层面的重构。整体层面的重构主要是实现股权多元化和设立股东会，各机关内部层面的重构是针对董事会和监事会的重构，法律层面的重构则是规范国有独资公司的权责。要达到的目的是尊重主要利益相关者的权利，调动他们的积极性，提高国有独资公司治理效率。

（一）推进股份制改造，实现股权多元化

国有独资公司现存的治理结构问题，在很大程度上来源于股东单一化。权力过于集中致使公司所有权与控制权不能有效分离，国家角色与公司角色没有明晰的界限，解决这一问题最根本的方法即实现股权多元化。[①] 在不削弱国家控制力的原则下，实现股权多元化的途径之一便是整体改制上市。"整体改制上市是指国有独资公司通过股份制改革，在集团层面或母公司层面形成多元投资主体或产权多元化，集团公司或母公司的资产或主营业务资产全部进入股份公司并上市"。[②] 通过这种途径，不仅可以使民营资本按一定持股比例进入到国有股份公司中，还可以让国家成为绝对的控股股东，使整个集团的所有权控制在国家手中，不会牺牲国家对公司的所

---

① 张浩：《试论国有独资公司治理结构的完善》，《广西大学学报》（哲学社会科学版）2011 年第 S1 期。

② 季晓南：《关于国有企业改制和整体上市》，《国有资产管理》2008 年第 1 期。

有权。

（二）设立股东会，完善公司治理结构

国有独资公司设立股东会，股东会仍然是公司的权力机构，拥有公司的最高权力，决定公司的重大事项。股东会应由"职工股东"、国家股东和"人大股东"构成。① "职工股东"和"人大股东"，不是真正意义的股东，只是公司治理结构重构需要的股东，所以，只拥有股东名义和投票权，而不享有剩余索取权。

"职工股东"由全体职工民主推荐。为了使"职工股东"具有代表性，"职工股东"应由一线人员、管理人员和技术人员构成。各类"职工股东"具有不同的投票权。推荐应由公司工会主持。在股东会召开之前，"职工股东"应广泛征求意见。在投票时，也应本着为公司和全体职工负责的原则，真正成为他们的代言人。"职工股东"应有一定的任职期限，可以连选连任，但最好不要超过两届，以尽可能地让更多的职工担任"职工股东"，培养他们的民主参与意识；国家股东由国有资产监督管理机构委派，由各类专家构成，专家类型不同，投票权也不同；"人大股东"由人民代表大会委派，也由各类专家构成，专家类型不同，投票权也不同。

为了体现人民当家作主的原则，法律法规应规定"职工股东"与"人大股东"的投票权数量之和占绝对多数。

（三）重构董事会，实现决策的独立性

重构的国有独资公司董事会，仍然是公司的决策机构。重构的董事会的董事，由具有同等权利的职工董事、国家董事和银行董事构成。职工董事候选人由全体职工民主推荐；国家董事候选人由国有资产监督管理机构推荐；银行董事候选人由全体贷款银行推荐。

---

① 为了简化问题，这里不讨论既是职工又是人大代表的情况，只讨论仅是人大代表的情况。

对于董事名额分配，由于国家股东是公司的重要投资者，其利益应首先得到保证和维护，所以国家董事候选人应占绝对多数；职工董事候选人应多于银行董事候选人。由于国家董事在数量上占绝对多数，所以重构的董事会，是国家董事主导下的董事会。由于公司职工（包括一般管理人员、技术人员和一线生产人员）掌握信息充分，所以让他们的代表成为董事，既有利于保护广大职工的利益，也有利于董事之间的信息交流，还可以对经理的生产经营管理进行监督制约。

（四）重构监事会，加大监督力度

重构的国有独资公司监事会，仍然是公司的监督机构。重构的监事会，由具有同等权利的职工监事、国家监事和银行监事构成。职工监事候选人由全体职工民主推荐；国家监事候选人由国有资产监督管理机构推荐；银行监事候选人由贷款银行推荐。考虑到国家董事已经在董事会中占据主导地位，所以在监事会中，应由职工监事与银行监事占据主导地位，即职工监事与银行监事数量占绝对多数。这样设计有两个主要原因：一是可以形成严格的制衡机制。国家董事占据董事会的主导地位，很容易形成"外部人控制"，[①] 损害职工和银行的权益。如果由职工监事与银行监事控制监事会，则可以充分发挥监事会监督董事会和经理的作用，形成真正的制衡机制。二是可以提高监督效率。职工监事处于公司内部，所掌握的信息更全面、更充分，有利于有效监督。

（五）完善相关法律，规范国有独资公司权责

一是完善国有独资公司董事、监事选派的原则与标准。国有资产监督管理机构在任免董事会、监事会成员时，应有一定标准。例如，在委派董事时，更注重董事的"企业家素质"；在委派监事时，

---

① 禹来：《国有企业的外部人控制问题》，《管理世界》2002 年第 2 期。

尤其是监督特定业务的监事，应该具备监督对象所要求的基本专业技能。此外，国有资产监督管理机构在任免董事和监事时，应该"任人唯贤"而不是论资排辈。二是完善国有独资公司的市场交易制度。国有独资公司现行的制度使其在市场上具有先天优势，但既然国有独资公司参与市场交易，就应该遵守公平交易的规则，首要的就是建立法定交易保障金制度和责任追偿制度。① 只有上升到法律层面，才能从根本上规范国有独资公司的市场交易，在发生损失需要赔偿时，做到有据可循。

第三节　德国企业治理模式及其启示[*]

在世界各国企业治理模式中，德国企业治理模式最具特色。这种特色使德国企业的效率高、活力大和竞争力强，因此，对德国企业治理模式进行深入的研究是十分有意义的，它将启示我国国有企业治理结构的构建。

一　德国企业治理模式

第二次世界大战以后，德国经济迅速恢复后就快速发展，创造了世界经济发展史上的一个奇迹。笔者认为，这主要得益于德国企业治理模式的优势。

（一）德国企业治理模式分析

德国企业治理模式经历了以下两个发展阶段：第一个阶段，企业初级治理——雇员委员会参与企业治理模式。200 多年前，德国空想社会主义者曾提出过雇员民主管理企业的设想。1848 年，在法

---

① 张浩：《试论国有独资公司治理结构的完善》，《广西大学学报》（哲学社会科学版）2011 年第 S1 期。

＊ 本节内容原载《当代经济研究》2003 年第 7 期。

兰克福国民议事会讨论《营业法》时，有人提出在企业建立雇员委员会作为参与企业治理的机构，但没有被采纳。到 1891 年，德国重新修改《营业法》后，允许企业设立雇员委员会作为参与企业治理的机构。第一次世界大战期间，德国政府规定，凡是与军务生产有关的企业，一旦雇员超过 50 人，就必须设立企业雇员委员会；雇员委员会参与企业治理模式开始实行。1933 年，德国纳粹分子取消了企业雇员委员会，雇员委员会参与企业治理模式停止。

1952 年，德国议会通过了《企业制度法》。该法规定，在非煤炭和非钢铁行业中设立雇员委员会参与企业治理。雇员委员会由雇员代表组成。每个雇员都有选举权和被选举权。雇员委员会参与企业治理的权利主要涉及企业规章制度、雇员工作时间、雇员休假、雇员评价、防止工伤事故、预防职业病、健康保护、分配资方提供的住房或解除租约、雇员工资和奖金等。另外，在雇员的工作岗位、职业教育、解雇等方面，资方也要听取雇员委员会的意见。

第二个阶段：企业高级治理——雇员参与企业治理模式。第二次世界大战结束后，盟军对战败的德国实行了联合控制。当时德国的主要矿山企业都分布在由英国军队管辖的鲁尔河地区。雇员参与企业治理模式开始在这一地区的企业中实施。

雇员参与企业治理模式最初是在千人以上的煤炭和钢铁企业实施的。1950 年 1 月 16 日，盟军军事委员会把这些企业移交给德国。按当时德国的公司法，这些企业实施雇员参与企业治理是不合法的。但是，迫于工会以组织雇员罢工相要挟，德国议会于 1951 年通过了《煤炭和钢铁行业参与决定法》，使这些企业实行的雇员参与企业治理制度合法化。但是，非煤炭和非钢铁类型的企业却不实行雇员参与企业治理制度。

在煤炭和钢铁行业中，雇员参与企业治理模式是雇员代表（工会代表和雇员代表）进入监事会（德国企业监事会的职能相当于我国董事会和监事会的职能）。在监事会中，雇员代表人数同股东代表人数相等。监事的总人数视企业的规模确定。对于较小的企业，监事会由 11 名监事组成；对于较大的企业，监事会由 15 名或 21 名监事组成。由于雇员监事人数与股东监事人数相等，所以监事会应在雇员监事和股东监事到位以后，再向股东大会推荐 1 名中立的监事，即所谓的第 11 名、或第 15 名、或第 21 名监事。

20 世纪 70 年代后期，德国将雇员参与企业治理扩大到非煤炭和非钢铁企业。至此，德国几乎全部企业都实行了雇员参与企业治理制度。1976 年，德国议会批准了《联合决定法》，该法规定在 2000 人以上的非煤炭和非钢铁行业股份有限公司、股份两合公司和有限责任公司中，实行雇员参与企业治理制度，即雇员代表要进入公司的监事会。在监事会中，资方和劳方的代表人数要相等。监事会的人数或规模，根据企业雇员的人数确定。在雇员人数为 2000 人以上、10000 人以内时，监事会由 12 人组成；在雇员人数为 10000 人以上、20000 人以内时，监事会由 16 人组成；在雇员人数在 20000 人以上时，监事会由 20 人组成。同时，《联合决定法》规定，在有 6 名劳方代表的监事会中，应有 4 名雇员代表、2 名工会代表；在有 8 名劳方代表的监事会中，应有 6 名雇员代表、2 名工会代表；在有 10 名劳方代表的监事会中，应有 7 名雇员代表、3 名工会代表。另外，《联合决定法》还规定，企业的章程可以规定把应由 12 名监事组成的监事会扩大到由 16 名监事组成的监事会，或把应由 16 名监事组成的监事会扩大到由 20 名监事组成的监事会。

监事会组成以后，应在第一次（成立）会议上选举监事会主席和副主席。监事会主席和副主席当选必须获得 2/3 以上的票数。如果未获得所需的票数，在第二次选举时，由资方代表选举监事会主席，由劳方代表选举监事会副主席。监事会在对公司事务进行表决时，如果赞成票数和反对票数相等，则监事会主席还可以投第二票。

管理董事会（德国管理董事会的职能相当于我国经理班子的职能）中的董事由监事会任免。选举管理董事也需要 2/3 以上的票数。如果达不到这个票数，就成立调节委员进行调节。如果调节后，仍然达不到2/3 以上的票数，则监事会主席在重新表决时可以投第二票。在管理董事会中，必须有 1 名雇员代表，这名雇员代表董事出任劳工经理，其主要任务是负责公司人事和社会福利等方面的工作。

德国在有关法律中还规定，在雇员 2000 人以下的股份公司和股份两合公司中，监事会中必须有 1/3 监事是雇员代表。雇员通过选举代表进入监事会参与公司治理，有利于公司决策的民主化和科学化，也有利于对经营者的监督和约束。同时，由于雇员在监事会中占有一定的比例，所以可以在一定程度上保证公司的稳定性。

（二）德国企业治理模式的特点

与其他国家的企业治理模式相比，德国企业治理模式的显著特点是强调股东和雇员共同治理；在共同治理中，股东和雇员拥有同等权力；企业治理人员结构受法律约束。传统文化对企业治理模式的形成有一定的影响。德国企业治理模式的形成自然也受德国雇员参与治理企业的传统文化影响。

（1）股东和雇员共同治理企业。在其他国家的企业治理模式中，企业治理是由股东实施的，完全排斥了雇员参与企业治理。如中国的《公司法》就只允许股东进入董事会，而不允许雇员进入董事会。这不仅影响了雇员的利益和工作积极性，而且也侵害了雇员的权利。德国的企业是实行股东和雇员共同治理。这种治理的优势在于：缓和了劳资矛盾，降低了企业内耗，调动了雇员的积极性，提高了企业的效率。

（2）股东与雇员权力相同。在美、英等国的企业治理模式中，股东拥有全部的权力或绝对的权力，而雇员则无权参与企业治理。但在德国企业治理模式中，不仅允许雇员参与企业治理，而且还规定股东与雇员拥有相同的权力。股东与雇员权力相同，体现为监事会中股东监事人数与雇员监事人数相等。

（3）企业治理人员结构受法律制约。为了保证企业治理制度能够顺利实行，德国先后制定了《营业法》《煤炭和钢铁行业参与决定法》《企业制度法》和《联合决定法》等一系列法律。法律中特别规定了企业治理要有雇员参与，要有雇员任劳工经理（经营者之一），同时还明确规定了股东监事人数与雇员监事人数。相比之下，其他国家的法律则没有明确确定企业治理人员的结构。

二　国有企业治理结构设计

国有企业治理结构设计有两部分内容：一是国有企业治理主体设计；二是国有企业治理结构设计。

（一）国有企业治理主体设计

德国企业治理主体是股东和雇员。目前中国国有企业治理主体是股东，完全忽视了雇员。这种安排是不合理的，因为雇员作为人力资本产权所有者，有权参与企业治理。雇员成为企业治理主体具有以下四个方面的重要意义。

第一，有利于实现资本最大增值。国有企业也是人力资本所有者（雇员）和物质资本所有者的一个契约，国有企业的效率也取决于人力资本所有者的工作效率。当雇员成为企业治理主体后，雇员的人力资本就会被充分激活，使其潜能得到充分发挥，实现资本最大增值。

第二，有利于进一步增强雇员的主人翁地位。雇员成为企业治理主体，就使国有企业真正成为出资者和雇员的命运共同体。因此，雇员和出资者在目标上是一致的，从而可以有效地消除雇员被雇佣的思想，形成以厂为家、参与管理、关注企业发展的主人翁意识。雇员在企业中经济地位的提高，不仅可以增强企业的凝聚力，而且也有利于他们的积极性、主动性和创造性发挥。

第三，有利于降低成本，增加利润。雇员成为国有企业的治理主体，由于其自身利益与企业的利润紧密相连，所以会自觉地遵守劳动纪律，改善劳动态度，提高劳动生产率，增加产品生产。同时，也会严格地控制成本，把物耗和人工成本降低到最小限度，从而消除人浮于事、生产浪费的现象，进一步增强和提高企业的竞争能力，利润也会不断增加。

第四，有利于国有资产的保值增值。在经济体制转轨时期，由于法制不健全等多种原因，使国有资产流失较严重。而当雇员成为国有企业治理主体后，国有资产流失问题将逐步得到解决，因为国有资产流失必然会影响企业的经营成果，使利润水平下降，进而影响雇员的切身利益。因此，雇员会对企业的任何经营进行严密的监督，进而减少国有资产流失，实现国有资产保值增值。

另外，在安排国有企业治理主体时，还应考虑到企业的债权人，因为债权人是企业的"外部人"。由于存在信息不对称，债权人难以了解企业真实的经营管理信息，常处于被动状态，成为主要的企业风险承担者。为了加强对企业的经营监督，降低债权人的借贷风险，债权人必须参与国有企业的决策，成为国有企业的治理主体之一，这样才能真正监督借贷资金的使用情况，提高资金的使用效率，防患于未然，促进国有企业健康发展。

（二）国有企业治理结构设计

国有企业由股东、雇员和债权人共同治理，能否达到预期的目的和取得预期的效果，最终还取决于国有企业治理结构的设计状况。因此，必须设计出适合国有企业发展需要的治理结构。

（1）股东大会设计。国有企业共同治理后，股东大会仍然是企业的权力机构，拥有企业的最高权力，决定企业的重大事项。与《公司法》规定的股东大会所不同的是，股东大会代表由股东和雇员代表两部分构成（为了讨论问题方便，这里略去了既是雇员，又是股东的情况）。雇员参加股东大会的代表应由全体雇员民主选举产生。为了使选出的代表公平、合理和更具有代表性，代表应由经营者、技术人员和操作人员组成。选举应由企业工会主持。企业工会授权每个雇员代表享有规定的投票权或表决权，全部代表拥有全部的投票权。投票原则是"一股一票"。在股东大会召开之前，雇员代表应广泛征求意见。在投票时，也应本着为全体雇员负责的原则，真正成为他们的代言人。雇员代表应有一定的任职期限，可以连选连任，但最好不要超过两届，以尽可能地让更多的雇员担任代表，培养他们的民主参与意识。由于股东承担的企业剩余风险较大，所以股东拥有的投票权应大于雇员拥有的投票权。因此，股东大会是股东主导下的股东大会。

（2）董事会设计。国有企业共同治理后，董事会仍然是企业或公司的执行机构和经营决策机构，但与《公司法》规定的董事会不同的是，董事是由股东董事、雇员董事和债权人董事构成。对于董事名额分配，由于股东是企业重要投资者，其利益应首先得到保证和维护，所以股东推荐的董事应占绝对多数；雇员董事名额应大大多于债权人董事名额，具体名额分配可以视债权人董事数量确定；债权人董事人数应根据企业债务状况确定。三类董事享有同等权利。股东董事候选人由股东推荐；雇员董事候选人由全体雇员民主选举产生；债权人董事候选人由债权人推荐。由于企业具体操作人员和低层次经营者对企业信息掌握充分，所以让他们的代表成为董事，既有利于保护广大雇员的利益，也有利于董事之间的信息交流，还可以对高层经营者起到一定的监督制约作用。高层经营者一般不宜出任雇员董事。由于股东董事在数量上占绝对多数，所以董事会是股东董事主导下的董事会。

（3）监事会设计。在国有企业共同治理中，既考虑了股东的权益，又考虑了雇员和债权人的权益，所以监事会也应由这三方面人员的代表组成。考虑到股东已在股东大会和董事会中占据主导地位，所以，在监事会中，应由雇员代表占据主导地位，即在"一股一票"的制度下，雇员代表人数应占绝对多数。这样设计主要有两个原因，一是可以形成严格的制约机制，股东在股东会和董事会占据主导地位，就控制了企业的"大政方针"、经营决策和经营者选择，很容易形成"外部人控制"，损害雇员和债权人的权益。若由雇员控制监事会，则可以充分发挥监事会监督董事会和高层经营者的作用，形成真正的制约机制，而且也可以充分调动他们的监督积极性。

二是雇员监事处于企业内部，特别是当雇员监事由一般管理人员、技术人员和一线生产人员构成时，他们所掌握的信息会更全面、更充分、更具有优势，即对企业的各种决策和经营管理的正确与否最清楚，因此有利于有效监督。企业经营的成败，直接影响到债权人等利益相关者的权益，为了充分保护债权人的权益，监事会中应有主要债权人的代表，以监督防止企业形成"内部人控制"。因此，这种把雇员监督、股东监督和债权人监督三方面结合起来的设计，可以使监事会的监督职能得到更充分的发挥，保证企业各方面当事人的权益，使企业健康、良性发展。

第四节　监管国有资产监管机构研究[*]

一　研究背景分析

2003 年 3 月 10 日，十届全国人大一次会议决定设立国务院

---

　* 本节内容原载《经济体制改革》2016 年第 4 期。

国有资产监督管理委员会。同年 4 月 6 日，国务院国有资产监督管理委员会正式挂牌，这标志着中国新型国有资产管理体制正式建立。

2003 年 5 月 27 日，国务院发布并实施《企业国有资产监督管理暂行条例》（以下简称《条例》），明确新型国有资产管理体制的基本框架。之后，各省、自治区、直辖市人民政府的国有资产监督管理机构，设区的市、自治州级人民政府的国有资产监督管理机构也相继建立。《条例》的颁布，标志着我国国有资产监管法律法规的完善，也推动了地方国有资产监督管理机构的建立。

2008 年 10 月 28 日，十一届全国人大常委会第五次会议通过了《中华人民共和国企业国有资产法》（以下简称《企业国有资产法》），并于 2009 年 5 月 1 日起施行。《企业国有资产法》的颁布施行，标志着我国国有资产监管法律法规的进一步完善，也进一步规范了国有资产监督管理机构（指各层次的国有资产监督管理机构，以下同）的运行。

国有资产监督管理机构将原分属于政府各职能机构的国有资产监督管理职能整合在一起统一行使，履行国有资产出资人职责，拥有经营者选择权、资产收益索取权、重大决策权和资产处置权。

国有资产监督管理机构建立后，依据《条例》等国有资产监管法律法规，代表同级政府履行出资人职责，维护所有者权益，推动国有经济布局和结构的战略性调整，发展和壮大国有经济，实现国有资产保值增值，取得了令人瞩目的成绩。但同时也应看到，由于《条例》规定不完善或由于各级政府只重视对国有资产的监管，而忽视对国有资产监督管理机构的监管，导致现实中对国有资产监督管理机构的监管是存在一定缺失的，需要对其展开深入的研究，进而完善对国有资产监督管理机构的监管。

二　对国有资产监督管理机构的监管分析

（一）监管国有资产监督管理机构的法律法规不完善

监管国有资产监督管理机构的法律法规，包括《条例》《企业国有资产法》和其他相关法律法规。本书仅分析《条例》和《企业国有资产法》对国有资产监督管理机构的监管。

第一，《条例》使国有资产监督管理机构不受相关法律法规的监管。《条例》第六条规定："国务院，省、自治区、直辖市人民政府，设区的市、自治州级人民政府，分别设立国有资产监督管理机构。国有资产监督管理机构根据授权，依法履行出资人职责，依法对企业国有资产进行监督管理。"第十二条规定："国务院国有资产监督管理机构是代表国务院履行出资人职责、负责监督管理企业国有资产的直属特设机构。省、自治区、直辖市人民政府国有资产监督管理机构，设区的市、自治州级人民政府国有资产监督管理机构是代表本级政府履行出资人职责、负责监督管理企业国有资产的直属特设机构。"

《条例》规定国有资产监督管理机构是特设机构，在法律上是难以确定其合理地位的。从理论和实践上来说，国有资产监督管理机构的法律地位无非有以下几种可能：行政机关、事业单位、企业法人、社会团体。但是，从目前的情况来看，没有哪一种主体的法律地位与现在的国有资产监督管理机构的法律地位相符合。因此，国有资产监督管理机构不受这四个方面法律法规的监管。

首先，国有资产监督管理机构不是行政机构。《条例》第七条规定："各级人民政府应当严格执行国有资产管理法律、法规，坚持政府的社会公共管理职能与国有资产出资人职能分开，坚持政企分开，实行所有权与经营权分离。国有资产监督管理机构不行使政府的社会公共管理职能，政府其他机构、部门不履行企业国有资产出资人职责。"国有资产监督管理机构既不同于对全社会各类企业进行公共管理的政府行政机构，也不同于一般的企事业单位，具有特殊性质，是政府直属特设机构。从政府的机构设置来看，并没有将国有资产监督管理机构纳入行政机关的序列中来，而只是将其作为直属特设机构。因此，国有资产监督管理机构不是行政机关。张卫星诉国务院国有资产监督管理机构一案，法院从法律的角度确认，国有资产监督管理机构不是行政机构，不具有行政机关的法律地位。

其次，国有资产监督管理机构不是事业单位。《事业单位登记管理暂行条例》第二条规定："本条例所称事业单位，是指国家为了社会公益目的，由国家机关举办或者其他组织利用国有资产举办的，从事教育、科技、文化、卫生等活动的社会服务组织。"但国有资产监督管理机构设立的主要目的，是履行国有资产出资人的职责，不符合上述条例所规定的事业单位设立的目的。而且，并没有任何文件确认其为事业单位。因此，国有资产监督管理机构不是事业单位。

再次，国有资产监督管理机构不是企业法人。企业法人登记管理条例和公司登记管理条例规定，企业法人要经过工商部门登记，而国有资产监督管理机构作为特设机构没有在任何一级工商部门进行登记。且其组成人员需要通过国家公务员考试进行选拔，拿的是公务员工资，不符合企业法人自负盈亏的特征。因此，国有资产监督管理机构不是企业法人。

最后，国有资产监督管理机构也不是社会团体。《社会团体登记管理条例》第二条规定："在中华人民共和国境内组织的协会、学会、联合会、研究会、基金会、联谊会、促进会、商会等社会团体，均应依照本条例的规定申请登记。社会团体经核准登记后，方可进行活动。但是，法律、行政法规另有规定的除外。"第六条规定："社会团体的登记管理机关是中华人民共和国民政部和县级以上地方各级民政部门。"而国有资产监督管理机构是政府设立的直属特设机构，明显不符合设立社会团体的要求。因此，国有资产监督管理机构也不是社会团体。①

第二，《条例》使国有资产监督管理机构的法律地位模糊不清。虽然《条例》规定国有资产监督管理机构是代表国家履行出资人职责的机构，但是实践中却无法与现有的相关法律法规相衔接，不受其他法律法规的监管。

可以说，国有资产监督管理机构具有"特设的法律地位"。这种"特设的法律地位"，可以使其免于监管。比如，由于国有资产监督管理机构不具有行政机关的法律地位，所以国有资产监督管理机构不属于人民法院行政审判权限范围。因而，国有资产监督管理机构可以免于行政监管。

由于国有资产监督管理机构在法律上没有明确的主体地位，使许多涉及国有资产监督管理机构的法律纠纷无法处理，实践中很尴尬。

（二）监管国有资产监督管理机构的"微观"执行主体缺失

第一，法律法规规定的监管国有资产监督管理机构的"宏观"监管主体明确。《条例》第十五条规定："国有资产监督管理机构应当向本级政府报告企业国有资产监督管理工作、国有资产保值增值状况和其他重大事项。"第八条规定："国有资产监督管理机构应当依照本条例和其他有关法律、行政法规的规定，建立健全内部监督制度，严格执行法律、行政法规。"

《企业国有资产法》第十五条规定："履行出资人职责的机构对本级人民政府负责，向本级人民政府报告履行出资人职责的情

---

① 张伟：《国资委法律地位的困惑及其对策探析》，《福建行政学院学报》2009 年第 4 期。

况，接受本级人民政府的监督和考核，对国有资产的保值增值负责。履行出资人职责的机构应当按照国家有关规定，定期向本级人民政府报告有关国有资产总量、结构、变动、收益等汇总分析的情况。"第六十四条规定："国务院和地方人民政府应当对其授权履行出资人职责的机构履行职责的情况进行监督。"第六十六条规定："国务院和地方人民政府应当依法向社会公布国有资产状况和国有资产监督管理工作情况，接受社会公众的监督。任何单位和个人有权对造成国有资产损失的行为进行检举和控告。"第三条规定："国有资产属于国家所有即全民所有。"第十二条第一款、第二款规定："履行出资人职责的机构代表本级人民政府对国家出资企业依法享有资产收益、参与重大决策和选择管理者等出资人权利。履行出资人职责的机构依照法律、行政法规的规定，制定或者参与制定国家出资企业的章程。"

综合分析《条例》和《企业国有资产法》规定的监管国有资产监督管理机构的"宏观"监管主体，主要包括以下两类。

其一，政府监管主体。主要是指国务院，省、自治区、直辖市人民政府，设区的市、自治州级人民政府。国有资产监督管理机构是根据本级人民政府的授权，依法履行出资人职责，依法对企业国有资产进行监督管理。所以，各级授权政府理所当然地应该成为其监管主体。

其二，社会公众监管主体。社会公众是国有资产的所有者，理所当然地应该成为监管国有资产监督管理机构的监督主体。社会公众监督具有广泛性、全面性和及时性。社会公众监督具有重要的价值和意义。社会公众广泛分布在社会各个层面，尤其是广泛分布在所有与国有资产监督管理机构相关联的部门中，所以，必然会有人了解、熟知国有资产监督管理机构运行情况和国有资产监督管理机构代表本级人民政府履行出资人职责的情况，从而有利于对其进行全面、及时、客观、公正、实事求是的监督。

第二，实践中监管国有资产监督管理机构的"微观"监管执行主体缺失。《条例》和《企业国有资产法》所规定的监管国有资产监督管理机构的政府监管主体和社会公众监管主体，都是法律法规层面上的"宏观"监管主体，不是具体和执行层面上的"微观"监管执行主体。从监管实践的角度来说，对国有资产监督管理机构的监管主体还是虚置的，还仅仅停留在形式上。因此，各级人民政府作为委托人，有责任和义务把监督国有资产监督管理机构的监管主体进一步落到实处，指定某一机构承担监管国有资产监督管理机构的"微观"监管执行主体，具体全面负责对国有资产监督管理机构的监管。但到目前为止，各级人民政府还没有落实"微观"监管执行主体。

第三，监管国有资产监督管理机构的"微观"执行主体缺失，导致政府批准性监管和法律法规监管没有落到实处。

一是政府批准性监管没有落到实处。《条例》和《企业国有资产法》规定，有一些政府监管，可以通过批准的方式进行，即进行批准性监管。批准性监管是指政府通过批准的方式，对国有资产监督管理机构代表本级政府履行出资人职责中的重大事项进行监管。

《条例》第二十一条第一款、第二十三条和第二十四条规定，即是政府批准性监管：本级政府通过批准的方式，监管本级"重要的国有独资企业、国有独资公司分立、合并、破产、解散""转让全部国有股权或者转让部分国有股权致使国家不再拥有控股地位""所出资企业投资设立的重要子企业的重大事项""管理办法"，等等。

《企业国有资产法》第十二条第三款、第三十四条第一款、第三十五条、第四十条第二款、第五十三条规定的也是政府批准性监管：本级政府通过批准的方式，监管本级"法律、行政法规和本级人民政府规定须经本级人民政府批准的履行出资人职责的重大事项""重要的国有独资企业、国有独资公司、国有资本控股公司的合并、分立、解散、申请破产以及法律、行政法规和本级人民政府规定应当由履行出资人职责的机构报经本级人民政府批准的重大事项""国家出资企业发行债券、投资等事项，有关法律、行政法规规定应当报经人民政府或者人民政府有关部门、机构批准、核准或者备案的""重要的国有独资企业、国有独资公司、国有资本控股公司的改制"、"转让全部国有资产的，或者转让部分国有资产致使国家对该企业不再具有控股地位的"，等等。

但是，《条例》和《企业国有资产法》规定的政府批准性监管，由于监管国有资产监督管理机构的"微观"执行主体缺失，也流于形式，没有落到实处。

二是法律法规监管没有落到实处。《条例》和《企业国有资产法》规定，国有资产监督管理机构违反法律法规，将追究其法律责任。《条例》第三十八条规定："国有资产监督管理机构不按规定任免或者建议任免所出资企业的企业负责人，或者违法干预所出资企业的生产经营活动，侵犯其合法权益，造成企业国有资产损失或者其他严重后果的，对直接负责的主管人员和其他直接责任人员依法给予行政处分；构成犯罪的，依法追究刑事责任。"

《企业国有资产法》第六十八条规定：履行出资人职责的机构有下列行为之一的，对其直接负责的主管人员和其他直接责任人员依法给予处分：不按照法定的任职条件，任命或者建议任命国家出资企业管理者的；侵占、截留、挪用国家出资企业的资金或者应当上缴的国有资本收入的；违反法定的权限、程序，决定国家出资企业重大事项，造成国有资产损失的；有其他不依法履行出资人职责的行为，造成国有资产损失的。第六十九条规定："履行出资人职责的机构的工作人员玩忽职守、滥用职权、徇私舞弊，尚不构成犯罪的，依法给予处分。"

但是，《条例》和《企业国有资产法》规定的法律法规监管，由于监管国有资产监督管理机构的"微观"执行主体缺失，没有落到实处。

三　完善对国有资产监督管理机构监管的思路

（一）完善对国有资产监督管理机构监管的原则

完善对国有资产监督管理机构的监管，需要遵循一定的原则。所谓原则，是一定工作或活动规律和目的的反映或体现，它本身应该具有目的性、简明性、概括性和指导性。只有遵循一定的原则，才有利于完善对国有资产监督管理机构的监管，才能够达到预期的监管目标。[①] 概括起来，完善对监管国有资产监督管理机构的监管主要应遵循以下三个原则。

第一，依法原则。依法监管原则即合法性原则，是指对国有资产监督管理机构的监管完善必须依据法律法规进行。监管的主体、监管的职责权限、监管措施等均应由法律法规规定，监管活动也应依法进行。进而，维护国家基本经济制度，巩固和发展国有经济，加强对国有资产的保护，发挥国有经济在国民经济中的主导作用，促进社会主义市场经济发展。

第二，效率原则。效率原则是指对国有资产监督管理机构的监管是以提高国有资产监督管理机构的整体效率为目的。对国有资产监督管理机构的监管需要耗费一定的人力、物力、财力和时间，监管内容越多、越复杂，就越难操作，耗费的人力、物力、财力和时间就越多，效率也越低。因此，要提高对国有资产监督管理机构的监管效率，就必须在监管国有资产监督管理机构时，具有效率意

---

① 年志远等：《国有资产流失及其治理机制研究》，经济科学出版社 2012 年版，第 105—108 页。

识、效率思想和效率观念，并用效率意识、效率思想和效率观念来指导对国有资产监督管理机构的监管实践，使对国有资产监督管理机构的监管简单扼要、通俗易懂、易于操作、重点突出、客观合理。效率是监管国有资产监督管理机构时应把握的核心内容，它不仅有利于提高监管效率，也有利于提高人力、物力、财力和时间效率，更有利于提高国有资产监督管理机构的效率。

第三，可操作性原则。只有从实际可操作出发，完善对国有资产监督管理机构的监管才能够满足监管国有资产监督管理机构的实际需要，才有生命力，也才有意义。因此，完善对国有资产监督管理机构的监管应力求简化，切忌烦琐。否则，不仅会造成人力、财力、物力的浪费，而且还会使对国有资产监督管理机构的监管难以实施，失去了完善的实际意义。

（二）确定监管国有资产监督管理机构的"微观"监管执行主体

由于现行的监管国有资产监督管理机构的两个主体都是虚置的、形式上的，并不是实践意义上类似于监察机构那样的执行主体，所以，导致对国有资产监督管理机构的监管没有落到实处，使国有资产监督管理机构处于无人监管的状态。问题不在于法律法规本身，而在于政府没有完全落实法律法规的规定，没有把对国有资产监督管理机构的监管落实到"微观"监管执行主体身上。

从实践的角度来说，各级政府应把对国有资产监督管理机构的监管作为其一项工作职能，纳入其行政体系之中，把这项工作安排给某一个下属机构执行，如安排给政府下属的监察机构执行。这样，政府是监管国有资产监督管理机构的"宏观"法律监管主体，其下属监察机构是监管国有资产监督管理机构的"微观"监管执行主体，具体负责对国有资产监督管理机构的监管。

第一，负责批准性监管。依据国家相关法律法规，具体负责批准《条例》和《企业国有资产法》规定的由国有资产监督管理机构报批的事项。符合相关法律法规的事项，予以批准；不符合相关法律法规的事项，不予批准。应根据政府的授权，按授权范围批准，不能越权批准。应建立批准程序，按程序批准。应建立批准制度，按制度规定批准。同时，也应建立惩处制度，对于违法违规和不按程序批准者，给予相应的惩处，以示法律法规的严肃性。

第二，负责接受社会公众反映问题、投诉和告状，解答他们的疑问；负责违法违规监管。负责追究国有资产监督管理机构的法律责任，纠正其违法违规行为，惩处其违法违规人员。

第三，负责监管检查。通过非现场监管和现场检查等监督检查手段，对国有资产监督管理机构代表本级人民政府履行出资人职责情况进行识别和评估，发现存在的问题，分析其原因，采取针对性的措施解决存在的问题。非现场监管和现场检查两种方式相互补充、互为依据，在监管活动中发挥着不同的作用。非现场监管可以收集到全面、可靠和及时的信息，大大减少现场检查的工作量。非现场监管对现场检查具有指导作用；现场检查结果将提高非现场监管的质量。现场检查可以修正非现场监管结果，非现场监管还可以对现场检查发现的问题进行持续跟踪，督促被监管机构的整改，从而提高现场检查的有效性。

（三）确定国有资产监督管理机构的单一"身份"

从民商事法律理论分析，国有资产监督管理机构作为代表本级人民政府履行出资人职责的机构，应该是一个民商事法律的主体。因此，应将国有资产监督管理机构定位为私法上的"法定出资人机构"，是"特殊商业目的法人"，是国有资产监督管理中心。因此，需要修订《条例》，使其可以支持国有资产监督管理机构成为民商事法律的主体。

第五节　国资委权益监管与政府行政监管*

一　问题提出

《条例》和《企业国有资产法》等企业国有资产监管法律法规规定，国有资产属于国家所有即全民所有，国务院代表国家行使国有资产所有权。国务院和地方人民政府依据法律、行政法规的规定，分别代表国家对国家出资企业履行出资人职责，享有出资人权益；国务院，省、自治区、直辖市人民政府，设区的市、自治州级人民政府，分别设立国有资产监管机构（以下简称国资委）。国资委根据授权，依法履行出资人职责，依法对国有企业或企业国有资产进行监管。国资委对国有企业或企业国有资产的监管职能仅限于出资人或股东权利之内，不包含政府行政监管，不能行使政府的社会公共管理职能。

可见，企业国有资产监管法律法规对国资委的国有企业或企业国有资产的监管职能定位是清晰的、明确的和正确的。但是，受多种因素的影响和作用，一些学者还是主观地坚持认为，国资委对国有企业或企业国有资产的监管包括了政府行政监管，并根据自己的主观臆断，认为国资委的国有企业或企业国有资产监管职能定位是不正确的；还撰写发表了大量论文，从各个方面论述所谓的国资委国有企业或企业国有资产监管职能定位的不正确性，试图否定国资委监管职能定位。

虽然试图否定国资委监管职能定位的论文很多，但从其观点上来看，却不外乎是两类。一类观点是国资委监管职能定位具有二重性，即除了作为国家出资人的代表具有出资人监管职能之外，还具

---

* 本节内容原载《社会科学战线》2013 年第 11 期。

有政府行政监管职能。例如，企业国有资产监管法律法规规定，国资委有权对违反国有资产监管法律法规的个人和组织进行检查、揭露和处理，有权制定一些贯彻国有资产监管法律法规的规章制度，有权指导和监督下一级国有资产监管机构的工作，等等。这些都属于政府行政监管职能。[①]

另一类观点是国资委作为国家出资人的代表，应在法律框架内行使自己的权利，并承担相应的责任。但是，国资委又被赋予了企业国有资产监管职能。国资委行使监管权包括对国有企业出资人代表的监管，甚至主要是对出资人代表的监管。国资委既是国有企业的出资人代表，同时又是出资人代表的监管者。这种一身二任的"自己监管自己"安排，完全违反了现代管理原理。[②]

笔者认为，这些学者对国资委监管职能的认识是错误的。因为，这种认识与企业国有资产监管法律法规规定的国资委只具有出资人监管职能而不具有政府行政监管职能相悖。究其深层次原因，是这些学者混淆了国资委的权益监管与政府的行政监管，而把国资委的部分权益监管视作了政府的行政监管。下面进行深入分析。

二　国资委权益监管分析

权益监管是指企业出资人或股东，为了维护自身所出资产的权益而对企业或企业资产的监管，监管的对象是企业或企业资产。权益监管是企业出资人的监管。国资委权益监管是指企业国有资产的代表人国资委，为了维护国家出资人所出资产的权益而对国有企业或企业国有资产的监管，监管的对象是国有企业或企业国有资产。国资委权益监管的权力由企业国有资产监管法律法规规定。国资委

---

① 王新红、谈琳：《论"国资委"的性质、权利范围与监督机制》，《湖南社会科学》2005年第4期。

② 张素华：《论国资委法律地位的再定位》，《求索》2009年第11期。

权益监管是企业国有资产监管法律法规的核心内容，如果缺少国资委权益监管，国家出资人的权益将难以得到维护。

第一，国资委权益监管的目的。国资委权益监管主要有以下三个目的。一是维护国家出资人的权益。国家出资人的权益表现为国家对所出资企业或企业国有资产依法享有的权力和利益。国资委根据本级人民政府的授权和企业国有资产监管法律法规，履行出资人代表职责。通过对国有企业的负责人管理、重大事项管理、国有资产管理、国有资产监督、制定监管制度等监管方式，对国家出资企业进行权益监管；或通过对国家出资企业的企业国有资产的监管，维护国家出资人的权益。二是防止国有资产流失。国有资产主要是在投资中流失、在保管中流失、在分配中流失、在担保中流失、在合资中流失、在改制中流失、在出售中流失和在破产中流失。国资委通过对国家出资企业的监管，可以阻断这些流失渠道，防止国有资产流失。三是促进国有资产保值增值。国资委对国家出资企业的监管，可以提高企业负责人的经营管理素质和经营管理能力，提高企业重大事项的决策质量和效率，优化企业国有资产监管，堵塞企业经营管理漏洞，减少企业成本，提高企业经营管理效率、资产效率和盈利能力，实现国有资产保值增值。

第二，国资委权益监管的方式。国资委权益监管主要有以下三种方式。一是检查。主要是检查国有独资公司、国有独资企业和国有控股公司落实法律法规和规章制度情况。检查国家发布的企业国有资产监管法律法规的落实情况；检查所制定的企业国有资产监督管理规章制度的实施情况、取得的效果、反映的问题以及需要完善的内容，等等；检查国家出资企业内部经营制度、监督控制制度和风险防范制度，等等；自检制定的企业国有资产监督管理规章制度是否合理、是否完善、是否全面以及需要修改完善之处，等等。二是考察与考核。国资委对拟任命或者建议任命的董事、监事和高级管理人员的人选，是否按照规定的条件和程序进行了考察，是否按照规定的权限和程序任命或者建议任命。国资委是否建立了企业负责人经营业绩考核制度，是否与其任命的企业负责人签订了业绩合同，并根据业绩合同对企业负责人进行年度考核和任期考核。具体来说，是考核任命的国有独资企业的总经理、副总经理、总会计师以及其他企业负责人；考核聘任的国有独资公司的董事长、副董事长、董事。国资委聘任的国有独资公司的董事长、副董事长、董事，任命的国有独资企业的总经理、副总经理、总会计师以及其他企业负责人，还应当依法接受任期经济责任审计。三是奖惩。国资委应依据考核结果，对所任命的企业负责人进行奖惩。企业国有资产监管法律法规规定：对于委派的股东代表，对于国家出资企业的董事、监事、高级管理人员，违法造成国有资产损失的，要承担赔偿责任；对于国家工作人员，要给予处分。国资委任命或者建议任命的董事、监事、高级管理人员违法造成国有资产重大损失的，予以免职或者提出免职建议。国有及国有控股公司的董事、监事、高级管理人员违法造成国有资产重大损失被免职的，自被免职之日起，五年内不得担任国有及国有控股公司的董事、监事、高级管理人员；造成国有资产特别重大损失的，或者贪污、贿赂、侵占财产、挪用财产的，或者破坏社会主义市场经济秩序被判处刑罚的，终身不得担任国有及国有控股公司的董事、监事、高级管理人员。

第三，国资委权益监管的内容。根据企业国有资产监管法律法规的规定，国资委对国有企业或企业国有资产的权益监管主要有以下四个方面的内容。一是企业负责人监管。建立企业负责人选择和激励约束机制；任免、建议任免、提出、推荐企业负责人；建立企业负责人业绩考核制度；确定国有独资企业和国有独资公司负责人的薪酬，并对其奖惩。二是企业重大事项监管。指导国有及国有控股企业建立现代企业制度，审核批准国有独资企业、国有独资公司的重组、股份制改造方案和国有独资公司的章程；决定国有独资企业、国有独资公司的分立、合并、破产、解散、增减资本、发行公司债券等重大事项；委派股东代表、董事，参加国有控股公司、国有参股公司的股东会和董事会；决定国有股权转让；组织协调国有独资企业、国有独资公司的兼并破产，调控工资分配总水平。三是企业国有资产管理。负责企业国有资产的产权界定、产权登记、资产评估、清产核资、资产统计、综合评价等；协调出资企业之间的企业国有资产产权纠纷；建立企业国有资产产权交易监管制度；审定出资企业的重大投融资规划、发展战略和规划；批准国有独资企业、国有独资公司的重大资产处置；建立国有资产保值增值指标体系；建立国有及国有控股企业风险控制制度。四是企业国有资产监督。向国有独资企业、国有独资公司派监事会；监督国有独资企业、国有独资公司财务状况、生产经营状况和国有资产保值增值状况；参与制定企业内部国有资产监督制度，指导和监督下级国资委的国有资产监督工作。

第四，国资委权益监管的监督。一是人大常委会监督。各级人大常委会通过听取和审议本级政府履行出资人职责的情况和国有资产监管情况的专项工作报告，对国资委监督。二是政府监督。即国务院和地方人民政府对其授权履行出资人职责的国资委履行监管职能情况的监督。三是审计机关监督。即国务院和地方人民政府审计机关对国有资本经营预算的执行情况和属于审计监督对象的国家出资企业进行审计监督。四是社会公众监督。国务院和地方人民政府要定期向社会公布国有资产状况和国有资产监管情况，接受社会公众监督。任何单位和个人都有权对造成国有资产损失的行为进行检举和控告。五是会计师事务所监督。履行出资人职责的机构可以委托会计师事务所对国有独资企业、国有独资公司的年度财务会计报告进行审计，或者通过国有资本控股公司的股东会、股东会决议，由国有资本控股公司聘请会计师事务所对公司的年度财务会计报告进行审计监督。

三　政府行政监管分析

政府行政监管是指国家行政机构，为了维护公众权益、企业权益和劳动者权益，而对企业或企业资产的监管。监管的对象是全部企业或企业资产，不仅监管国有企业或企业国有资产，而且也监管非国有企业或企业非国有资产。政府行政监管是企业外部监管。

从政府行政监管机构来看，政府行政监管可以分为两部分，一部分是政府非专门行政监管机构的行政监管，另一部分是政府专门行政监管机构的行政监管。政府非专门行政监管机构的行政监管，主要是行业监管。这一类行政监管的监管机构主要有：国土资源部、人力资源与社会保障部、环境保护部、住房城乡建设部、交通运输部、铁道部、商务部、卫生部，等等。政府非专门行政监管机构不同，其行政监管对象和监管内容也不同；政府专门行政监管机构的行政监管，主要是非行业监管以外的行政监管。这一类行政监管的监管机构主要有：国家工商行政管理总局、国家质量监督检验检疫总局、国家安全生产监督管理总局、国家税务总局和海关总署，等等。政府专门行政监管机构不同，其行政监管对象和监管内容也不同。

第一，政府行政监管的目的。政府行政监管主要有以下三个目的。一是维护社会公众和消费者权益。企业存在是为了获取利益，而且是为了获取尽可能大的利益。因此，企业在生产产品或提供服务时，就可能会采取机会主义行为。例如，生产产品时，向空气中排放有害气体，向河流中排放有毒污水，损害社会公众的权益，等等；提供产品时，提供不合格的产品或服务，损害消费者的权益，等等。企业这些有损于社会公众和消费者权益的行为，只能依靠政府行政监管来防止、纠正和惩处。其他组织、企业、和社会公众则无能为力。政府行政监管缺失，社会公众和消费者的权益必然受损；政府行政监管不到位或不力，社会公众和消费者的权益同样难以保障。二是维护企业权益。政府行政监管也是为了维护企业的权益。企业为了满足社会需要，生产产品和向社会提供产品或服务。企业在生产产品和向社会提供产品或服务的过程中，其权益有时会受到侵害。例如，生产产品时，购买的原材料不合格，购买的机器设备不达标，雇用的劳动者技能有水分，等等。提供产品或服务时，受人为约束较多，进入市场成本较高；市场条件不公平，产品销售受歧视；产品质量无端受到指责，产品难以顺利销售，等等。这些有损于企业权益的行为，需要政府行政监管来解决。如果没有政府的行政监管或政府的行政监管不力，则企业的权益难以得到保障。三是维护劳动者权益。社会公众的权益和企业的权益需要政府行政监管维护，劳动者的权益也同样需要政府行政监管维护。企业生产产品和向社会提供产品或服务，劳动者是不可或缺的要素。如果没有劳动者的参与，企业生产产品和向社会提供产品或服务就是一句空话。作为生产要素，劳动者在参与企业生产产品和向社会提供产品或服务过程中，有时权益难免会受到侵害。例如，劳动者每天的劳动时间超过 8 小时，平均每周工作时间超过 44 小时；节假日不能休假；劳动时间延长了，也得不到法律法规规定的报酬；不能享受带薪休假；工资收入低于当地最低工资标准，工资不以货币的形式按月支付，等等。企业的行为使劳动者的权益受损，所以需要政府的行政监管来维护。

第二，政府行政监管的方式。由于政府行政监管是由政府非专门行政监管机构的行政监管与政府专门行政监管机构的行政监管构成的，所以，政府行政监管的方式也相应划分为两类。一类是政府非专门行政监管机构的行政监管方式，主要是专项检查。专项检查有两种方式，即巡视检查和书面检查。专项检查是对本行业企业的某一项工作所进行的检查。专项检查是督促被检查企业遵纪守法，发现企业违法违纪等问题，降低企业违法违纪成本。专项检查可以是日常检查，也可以是针对某一问题检查。另一类是政府专门行政监管机构的行政监管方式。主要方式是查处企业违法违纪行为。如果企业生产和销售假冒伪劣产品，囤积居奇、抬高物价，生产存在安全隐患，走私，偷税漏税等，国家有关行政监管机构就必须对企业的这些违法违纪行为进行查处，或给予行政处罚，或给予经济处罚，或移交司法机关处理，以维护消费者的合法权益和市场正常交易秩序。

第三，政府行政监管的内容。政府行政监管的内容可以划分为两部分。一部分是政府非专门行政监管机构的行政监管内容。由于政府非专门行政监管机构是按行业设立的，只承担本行业内企业的行政监管职能，所以，不同的非专门行政监管机构的行政监管内容也不同。例如，国土资源部是政府国土资源管理部门，所以，其行政监管的内容主要为：耕地保护监管、国土资源权属监管、国土资源管理监管，国土资源利用监管、国土资源市场监管、地质勘查行业监管、矿产资源开发监管、矿产资源储量管理、地质环境保护监管，等等。另一部分是政府专门行政监管机构的行政监管内容。由于政府专门行政监管机构是按职责范围设立的，这些专门行政监管机构只承担本职责范围内的行政监管职能，所以，不同的专门行政监管机构的行政监管内容也不同。例如，国家工商行政管理总局是政府工商行政管理部门，其行政监管的内容主要为：食品安全监管、商品质量监管、消费维权监管、注册商标权监管、广告活动监管、传销直销监管、反垄断与反不正当竞争监管、企业登记注册监管；经纪人、经纪机构及经纪活动监管；合同监管；市场交易行为监管、经济违法监管，等等。国家质量监督检验检疫总局的行政监管内容主要为：质量监管、计量监管、通关监管、卫生检疫监管、动植物检疫监管、商品检验监管、食品生产安全监管、特种设备安全监管、产品质量监管、食品生产监管、执法督查监管、国际合作监管、认证认可监管、标准化监管，等等。

四 国资委权益监管与政府行政监管比较分析

从上面的分析可以看出，国资委权益监管与政府行政监管既有相同点，又有不同点。

第一，国资委权益监管与政府行政监管的相同点。由于国资委权益监管与政府行政监管都是监管，所以，两者必然存在相同点。其一，同是履行监管职能。无论是国资委权益监管，还是政府行政监管，都是在履行法律法规所赋予的监管职能。国资委和政府同是监管者。其二，同是权益监管。国资委权益监管的目的是维护国家出资人权益，实现国有资产的保值增值；政府行政监管的目的是维护公众权益、企业权益和劳动者权益。可见，国资委权益监管与政府行政监管，都是为了维护自己"当事人"的权益。

第二，国资委权益监管与政府行政监管的不同点。国资委权益监管与政府行政监管的目的不同，所以，两者必然存在不同点。一是监管主体不同。国资委权益监管的监管主体是出资人代表，即国资委；政府行政监管的监管主体是政府有关职能机构，如工商管理机构、技术监督管理机构、卫生防疫管理机构、安全生产管理机构、消防管理机构、劳动与社会保障管理机构等；二者的监管主体完全不同。二是监管目的不同。国资委权益监管的目的是维护国家出资人权益，实现国有资产的保值升值；政府行政监管的目的是维护社会公众权益、企业权益和劳动者权益。三是监管权力不同。虽然国资委权益监管与政府行政监管都是监管，但是，政府行政监管的监管权力高于国资委权益监管的监管权力，即国资委权益监管要接受政府行政监管的监管。四是监管方式不同。国资委权益监管采用"私权"的方式，即由国资委代表国家出资人执行，监管权力由企业国有资产监管法律法规赋予；政府行政监管采用"公权"的方式，即由政府职能机构执行，监管权力由政府授予。五是监管对象不同。国资委权益监管的对象是国有企业或企业国有资产；政府行政监管的对象是全国所有企业及企业资产，既包括国有企业或企业国有资产，也包括非国有企业或非企业国有资产。

五　对否定国资委监管职能定位观点的剖析

利用上面国资委权益监管与政府行政监管的理论分析，剖析否定国资委监管职能定位的两种观点是否正确。

先分析第一种观点：该观点认为，国资委除了作为国家出资人的代表具有出资人监管职能之外，还具有政府行政监管职能。后者的判断来自于企业国有资产监管法律法规对国资委的授权规定。笔者认为，国资委获得的监管权力，并没有超出其权益监管的范围，仍属于权益监管内容。因此，认为国资委还具有政府行政监管职能的观点是错误的。

国有资产监管法律法规规定，国有资产所有权归属于国家。在实践中，国有资产配置在不同层级，由相应层级的国资委监管。因此，要维护国家出资人的权益，就需要进行顶层设计，由高层级国资委控制低层级国资委。也就是说，国资委作为国家出资人的代表，必须有权对违反国有资产监管法律法规的行为进行监管、必须有权制定贯彻国有资产监管法律法规的规章制度、必须有权指导和监督下一级国资委的工作，等等。否则，国家出资人的权益就难以维护。本质上，国资委这些权力，是国家出资人赋予的，是国家作为唯一出资人维护自身权益的客观安排，是一种重要的权益监管方式。但是，这并不表明国资委就具有了政府行政监管职能。事实上，国资委只有具有这些权力，才能实现权益监管。

再分析第二种观点：该观点认为，国资委既是国有企业的出资人代表，同时又是出资人代表的监管者。企业国有资产监管法律法规已经明确规定，国资委只是国有企业的出资人代表，不是出资人代表的监管者。根据《中华人民共和国企业国有资产法》，出资人代表的监管者是人大常委会、政府、审计机关、社会公众和会计师事务所。

第五章

国有企业改革研究

本章主要研究国有企业经营者需求、国有企业所有权分享安排、资产专用性与国有企业用工制度、国有企业招聘与解聘制度的匹配性。

第一节　国有企业经营者需求实证[*]

一　国有企业经营者需求研究梳理

国内学者关于国有企业经营者需求的研究文献，内容较为丰富，视角也呈多元化。既有理论研究，又有实践调研。

张仁一（2000）认为，[①] 国有企业经营者的需求既有物质方面的，又有精神方面的，只有当二者都获得满足时，他们才会积极努力地投入工作；同时，他还介绍了威廉姆森的经营者效用函数模型，但只是简略分析，并没有运用该模型给出国有企业经营者效用函数的具体形式。

陈新忠（2002）通过调查发现，[②] 国有企业经营者在事业达到高峰以后，需求会变得更加多元化，但仍然会追求管理的成功以及

---

 * 本节内容原载《经济体制改革》2017 年第 1 期（合著者：许家瞻）。

 ① 张仁一：《国企经营者的激励与约束机制分析》，《科技进步与对策》2000 年第 10 期。

 ② 陈新忠：《企业经营者行为及其需求分析》，《企业家研究》2002 年第 6 期。

自我价值的实现。调查还发现，超过八成的国有企业经营者愿意继续留在国有企业工作，成就欲是他们永恒的动机。

赵纳（2007）从权力需求和声誉地位需求两个方面对国有企业经营者需求进行了分析。① 他认为，充分赋予国有企业经营者决策权力是其发挥才能和作用的关键因素，但是在现实中，国有企业经营者的权力往往会受到限制。虽然较高的薪酬可以为国有企业经营者带来成就感，但还是无法代替良好声誉给其带来的自我需求满足感。良好的职业声誉可以提高其在职业经理人市场的地位和身价，使其安全感倍增，解除后顾之忧，进而增加工作动力。

杨睿（2011）从内在需求和外在需求两个方面对国有企业经营者的需求进行了分析。② 他认为，内在需求大致包括自我成就满足需求、提高经济和社会地位需求以及自我发展需求；外在需求包括广泛的人脉需求、权力需求和职位安全需求。前者应主要依靠精神方面激励，后者应主要依靠物质方面激励。

张英宣、杨康、王娜（2012）认为，③ 国有企业经营者的需求层次要高于普通人的需求层次，其中经济收入需求占据重要地位，同时对未来职业发展以及名誉地位的需求也很强烈。在此基础之上，他们提出了三种精神激励模式：即事业激励、控制权激励和声誉激励。

国有企业经营者需求研究丰富的内容、多元化的视角和创新的观点，为本书研究提供了起点、参考和启示。

---

① 赵纳：《企业经营者非物质激励机制研究》，硕士学位论文，河北工业大学，2007 年。

② 杨睿：《基于需求分析的国企经营者全方位激励机制的构建》，《经济论丛》2011 年第 4 期。

③ 张英宣、杨康、王娜：《基于需求理论视我国国有企业经营者的精神激励机制》，《价值工程》2012 年第 23 期。

二　国有企业经营者需求研究

（一）国有企业经营者需求研究的原则

国有企业经营者需求研究，需要遵循一定的原则。遵循的原则正确，研究才有正确的依据和方向，才能达到预期的目标；遵循的原则不正确，研究就失去了意义。所谓原则，就是一定工作或活动规律和目的的反映或体现，它本身应该具有目的性、简明性、概括性和指导性。国有企业经营者需求研究有利于提高国有企业经营者的工作效率，也有利于提高国有企业的效益。因此，研究国有企业经营者需求应遵循的原则至关重要。概括起来，国有企业经营者需求研究主要应遵循以下原则。

第一，客观性原则。客观存在于意识之外，不依赖意识而存在，不以人的意志为转移。不管人们是否认识它、是否知道它、是否承认它，它都照样存在。它按照事物本来的面目去考察事物，不加入任何个人的感情、偏见或意见。客观是包含在对象中的、构成对象的，具有对象性的客观现实。客观既包括有形的事物，也包括无形的事物。客观是以得出客观规律而认知，或用客观规律来做出再认知。客观规律是指人类对事物认知中的普适性部分——即不随认知主体变化而改变的那部分认知总结。例如，国有企业经营者的权力追求，就是客观现实。就算你主观上不承认，它还是存在的。遵循客观性原则，就是在研究中，实事求是地研究国有企业经营者的需求，不加入任何个人主观见解。只有遵循客观性原则，遵循客观规律，国有企业经营者需求研究才能得出真实、正确的结论，进而才能够针对性地激励国有企业经营者，调动国有企业经营者的积极性。

第二，主要性原则。毛泽东在《矛盾论》中指出："任何过程如果有多数矛盾存在的话，其中必定有一种是主要的，起着领导的、决定的作用，其他则处于次要和服从的地位。因此，研究任何过程，如果是存在两个以上矛盾的复杂过程的话，就要用全力去找出它的主要矛盾。抓住了这个主要矛盾，一切问题就迎刃而解了。"研究国有企业经营者需求也是如此，不可能对所有需求的内容都进行研究，只能选择主要的需求内容进行研究。从研究成本和研究效率的角度出发，也应该选择主要需求内容研究。因此，应该忽略那些次要的需求，选择那些能够突出反映国有企业经营者需求本质的重要需求。

第三，独立性原则。独立性原则是指国有企业经营者需求中的每项需求都是独立的，其内涵明晰、不相互重叠或不互为因果。只有每项需求都是独立的，国有企业经营者需求才是合理的和正确的，才能正确反映国有企业经营者的需求。通过对国有企业经营者需求中的每一项需求的逐级分解，并进行横向间的比较分析和规范研究，剔除相通、相叠、相近、相似、含义不清、互为因果的需求，使每一项需求都具有独立性，使每一项需求之间不存在互相包含、互相重叠和互为因果关系，更不能从其中的一项需求分解出另一项需求。如果某一项需求不具备独立性，将会大大降低需求的可信度。

第四，动态性原则。受多种因素的影响，国有企业经营者需求内容是呈动态性的。之所以呈动态性，是因为国有企业经营者的需求，是随着外界或内在的变化而变化的。例如，非国有企业经营者薪酬增加，国有企业经营者也会产生加薪需求；又如，随着国有企业经营者对国有企业贡献的增大，国有企业经营者的价值补偿需求也会逐渐增强。国有企业经营者需求的动态性，可以调整国有企业经营者的需求结构，激发国有企业经营者的潜能和创造性。依据动态性原则，国有企业应及时调整对国有企业经营者的供给或激励约束，以实现国有企业经营管理目标。动态性原则也是国有企业经营者和国有企业的一种自我调整和完善机制，这种机制的存在和运行，可以使国有企业经营者和国有企业更具活力和竞争力。

（二）国有企业经营者需求研究的内容

遵循国有企业经营者需求研究的原则，我们可以概括提炼出六种国有企业经营者的主要需求进行研究，这六种需求及内容如下。

第一，业绩需求。国有企业是资产归全民所有的企业或者国有资产占多数的企业，尽管身份和地位相对特殊，但是作为企业，它还是有业绩或者利润方面的需求的。尽管公益类的国有企业不以追逐利润为主要目标，但是对掌管国有企业的经营者来讲，无论是为了证明自身在生产经营管理方面的才能，还是为了将来的职位晋升，都会尽可能地使国有企业经营业绩最大化。由于企业业绩好坏是衡量经营者能力和工作效果的最直接也是最明显的标志，因此业绩需求是国有企业经营者的重要需求之一。

第二，自我价值补偿需求。它既包括物质方面的补偿需求，也包括精神方面的补偿需求。国有企业经营者具有"官"和"商"双重身份，虽然仕途考虑是其主要内容，但是收入高低也是其考虑的重要内容，这就是物质补偿需求；另外，据有关资料显示，当国有企业经营者的收入达到某一高度后，将会更在意荣誉和社会地位等需求，这些构成了国有企业经营者的精神补偿需求。

第三，职业发展需求。由于国有企业经营者具有既是政府官员又是商人的特殊身份，所以无论是将其调动到其他国有企业继续任职，还是调动到政府部门任职升迁，都会重视将来的职业发展，以满足自己的成就需求。这是国有企业经营者为了取得高社会地位和高收入所产生的"战略"需求。

第四，权力需求。国有企业的经营管理，客观上需要国有企业经营者拥有绝对的、充分的决策权力，这样才能充分发挥其领导和管理才能。但目前大多数国有企业经营者都是由国有资产监督管理机构或国务院任命的，是政府官员，因此赋予他们的权力是有限的，这就使国有企业经营者发挥才能的空间受到限制。因此，国有企业经营者迫切需要拥有绝对的、充分的经营决策权力。

第五，职位和安全需求。因为国有企业经营者是由国有资产监督管理机构或国务院任命的，所以与市场经济所要求的由市场选择经理人的原则相违背，这种传统的行政任命机制使"逆向选择"的几率大大增加。很多具有企业经营管理才能的国有企业经营者很可能因为某种"莫须有"的原因而被替换或者调离岗位，进而可能影响国有企业的生产经营，也可能会挫伤国有企业经营者的自尊和工作积极性。这种行政任命机制使国有企业经营者缺乏职场安全感，甚至感到退休后缺乏生活保障。

第六，声誉需求。高薪酬会给国有企业经营者带来优越的生活条件以及心理满足感，使其成为成功人士，但是它并不能完全替代良好的个人声誉所带来的自我需求满足。如果没有良好的职业声誉，很可能造成其职位不稳、仕途受到牵连；甚至可能会使其提前结束职业生涯，名声扫地；相反，如果拥有良好的职业声誉，就会提高其职场的威望和信誉，也会增加在职业经理人市场上讨价还价的能力。具有这种良好声誉的国有企业经营者在职业经理人市场是供不应求的。因此，国有企业经营者都有职业声誉需求。

三　国有企业经营者需求的探索性因子与验证性因子检验

(一) 需求调查问卷设计

本书采用样本调查的方法，通过对部分国有企业经营者发放调查问卷的形式获得有关数据。调查问卷设计采用李克特五级量表的样式，对六类国有企业经营者的需求进行需求因子设计，每个需求因子均有五个得分项：非常赞同计 5 分，赞同计 4 分，较赞同计 3 分，不赞同计 2 分和很不赞同计 1 分。被调查者采用匿名方式，只需对每个需求因子对应的分值打钩即可。调查得到的数据采用 SPSS 软件进行探索性因子检验和验证性因子检验，以验证国有企业经营者的需求是否符合实际情况。

依据国有企业经营者需求研究的原则和内容，我们设计了国有企业经营者需求调查问卷，其内容和样式见表 5.2。

表 5.2　　　　　　　国有企业经营者需求调查问卷

需求类别	需求因子	分值				
		5	4	3	2	1
A 业绩需求	A1 国有企业也要追求最优业绩					
	A2 国有企业业绩可以证明经营者的才能					
	A3 国有企业业绩决定经营者的收入					
	A4 追求国有企业业绩的目的是为了改善员工的福利					
	A5 希望在职期间扩大国有企业经营规模					
	A6 提升国有企业品牌附加价值很重要					
	A7 重视环境和资源的可持续发展					
	A8 国有企业业绩提高可以增加国家综合财力					
	A9 国有企业业绩不佳会被解除职位					
	A10 国有企业业绩可以衡量经营者的综合能力					
B 自我价值补偿需求	B1 国有企业经营者的职位应该获得较高的收入					
	B2 收入是衡量经营者成功与否的重要标志					
	B3 高收入可以有效激励经营者努力工作					
	B4 国有企业经营者既追求物质需求，又追求精神需求					
	B5 现有的收入评价标准难以完全衡量自我价值的实现					
	B6 多做工作就应该获得多的价值补偿					

续表

需求类别	需求因子	分值				
		5	4	3	2	1
C 职业发展需求	C1 国有企业经营者的经历是官员提拔的重要依据					
	C2 国有企业经营者岗位可以提升其社会地位					
	C3 长期担任国有企业经营者是理想的选择					
	C4 国有企业经营者岗位可以丰富其人脉					
	C5 国有企业在行业中的领先地位可以提高其影响力					
	C6 竞争力强的国有企业经营者获得的聘任机会多					
D 权力需求	D1 国有企业经营者必须拥有充分的经营权力					
	D2 国有企业经营者权力越大越会努力工作					
	D3 权力的大小表明个人综合地位的高低					
	D4 国有企业经营者未被赋予充分的权力					
	D5 国有企业经营者应该具有绝对的人财物管理权					
	D6 国有企业经营者的决策必须得到落实					
E 职位生活安全需求	E1 国有企业经营者的职位越高风险也越大					
	E2 生活中或多或少被匿名恐吓过					
	E3 希望工作环境舒适优越					
	E4 担心工作失误前功尽弃					
	E5 希望退休以后物质和心理仍然能够平衡					
	E6 希望有退休以后的生活保障制度					
F 声誉需求	F1 合格的国有企业经营者必须有良好的声誉					
	F2 国有企业经营者必须得到员工的充分信任					
	F3 国有企业经营者很重视社会对其能力和成就的评价					
	F4 良好的声誉可以提高自身的幸福感					
	F5 声誉是经济收入之外最重要的					
	F6 国有企业经营者期望得到企业员工的高度评价					

在正式调查之前，先进行模拟调查，以了解被调查者是否能够清晰地理解调查问卷。模拟调查的结果显示，被调查者都能清晰并准确无误地理解调查问卷内容，没有任何歧义发生。在此基础上，我们开始正式进行调查，将印制好的调查问卷发给要调查的国有企

业经营者们。本调查问卷共发放 200 份，回收 173 份，其中回收的调查问卷中有 3 份填写不够完整，加上 2 份发生破损或污渍，因此实际收回有效调查问卷 168 份，有效回收率为 84%。

（二）探索性因子检验和信度分析

将上述回收的有效调查问卷得到的数据进行科学的统计分析，以保证研究的科学性和严谨性。分析采用 SPSS19 中文版软件。探索性因子检验的原理是将大量的变量浓缩为几个精简的变量，用尽可能少的变量研究目标变量。

本书采用主成分分析法和 Kaiser 最大方差正交旋转矩阵法。在因子分析后，再进行信度分析，以最大限度地保证调查问卷的内部一致性。在分析过程中，会删除一些不理想的因子，删除后因子结构会随之发生改变，还需重新进行因子分析，反复进行该过程，直至因子结构稳定为止。分析过程中因子提取的标准为特征值大于 1，因子负荷量大于 0.5，进行相关矩阵检验时采取 KMO 和巴特莱特球体检验法。

（1）因子分析。在 SPSS 软件中录入调查数据后进行统计分析，结果显示 KMO 值为 0.812，巴特莱特球体检验数值为 0.000 < 1%，表明该样本数据很适合做因子分析①，具体结果见表 5.3。

表 5.3　　国有企业经营者需求因子数据的 KMO 和 Bartlett 检验

取样足够度的 Kaiser-Meyer-Olkin 度量	0.812
Bartlett 的球形度检验　近似卡方	1728.218
df	384
Sig.	0.000

① 一般认为，KMO 值大于 0.9，则非常适合做因子分析；若 KMO 值在 0.8—0.9 之间，则很适合做因子分析；若 KMO 值在 0.7—0.8 之间，则适合做因子分析；若 KMO 值在 0.6—0.7 之间，则不太适合做因子分析；若 KMO 值在 0.5—0.6 之间，则很勉强做因子分析；若 KMO 值小于 0.5，则不适合做因子分析。

通过 SPSS 软件的分析，旋转前后全部 40 个需求因子中共有 27 个需求因子的特征值大于 1，根据 Kaiser 准则提取出这 27 个需求因子。其中，业绩需求有 6 个需求因子符合要求，这 6 个需求因子的累积方差解释率为 68.262%；自我价值补偿需求有 4 个需求因子符合要求，这 4 个需求因子的累积方差解释率为 67.311%；职业发展需求有 4 个需求因子符合要求，这 4 个需求因子的累积方差解释率为 78.765%；权力需求有 4 个需求因子符合要求，这 4 个需求因子的累积方差解释率为 73.438%；职位生活安全需求有 5 个需求因子符合要求，这 5 个因子的累积方差解释率为 79.562%；声誉需求有 4 个需求因子符合要求，这 4 个需求因子的累积方差解释率为 71.093%。具体数据见表 5.4，结果说明样本方差解释率很好；同时观察表 5.5 中正交旋转后因子负荷矩阵的数值情况，没有发现任何不满足要求的需求因子，保留下来的 27 个需求因子均符合因子负荷量大于 0.5 的准则（因子负荷量低于 0.5 的 13 个需求因子被过滤掉，没有显示在表 5.3 及表 5.4 中）。因此，在双重标准定位下，剩余的 27 个需求因子均可以用来分析国有企业经营者需求。

表 5.4　　国有企业经营者需求因子解析的变异数——转轴后的数据

因子编号	初始特征值			提取平方和载入			旋转平方和载入		
	合计	方差的百分比	累积百分比	合计	方差的百分比	累积百分比	合计	方差的百分比	累积百分比
A4	6.424	27.677	27.677	6.424	27.677	27.677	5.259	22.658	22.658
A10	3.515	15.144	42.821	3.515	15.144	42.821	3.215	13.851	36.509
A7	2.389	10.293	53.114	2.389	10.293	53.114	2.004	8.634	45.143
A2	1.211	5.217	58.331	1.211	5.217	58.331	1.799	7.751	52.894
A6	1.177	5.071	63.402	1.177	5.071	63.402	1.791	7.716	60.61
A1	1.128	4.859	68.262	1.128	4.859	68.262	1.776	7.652	68.262
B3	5.724	28.785	28.785	5.724	28.785	28.785	4.659	24.71	24.71
B4	3.677	17.106	45.891	3.677	17.106	45.891	3.012	17.081	41.791

续表

因子编号	初始特征值			提取平方和载入			旋转平方和载入		
	合计	方差的百分比	累积百分比	合计	方差的百分比	累积百分比	合计	方差的百分比	累积百分比
B2	2.291	14.338	60.229	2.291	14.338	60.229	3.455	16.473	58.264
B1	1.387	7.082	67.311	1.387	7.082	67.311	1.946	9.047	67.311
C1	6.389	32.127	32.127	6.389	32.127	32.127	5.928	29.633	29.633
C3	3.825	19.348	51.475	3.825	19.348	51.475	3.587	18.392	48.025
C6	3.361	17.925	69.4	3.361	17.925	69.4	3.455	17.535	65.56
C5	1.774	9.365	78.765	1.774	9.365	78.765	2.358	13.205	78.765
D1	5.525	29.518	29.518	5.525	29.518	29.518	4.763	24.399	24.399
D5	3.833	21.991	51.509	3.833	21.991	51.509	3.449	18.71	43.109
D4	3.002	15.516	67.025	3.002	15.516	67.025	3.104	17.828	60.937
D6	1.138	6.413	73.438	1.138	6.413	73.438	2.449	12.501	73.438
E5	5.737	25.439	25.439	5.737	25.439	25.439	3.753	21.277	21.277
E6	3.914	18.134	43.573	3.914	18.134	43.573	2.918	17.304	38.581
E2	2.721	15.369	58.942	2.721	15.369	58.942	2.527	16.28	54.861
E3	2.142	13.028	71.97	2.142	13.028	71.97	2.288	15.501	70.362
E1	1.056	7.592	79.562	1.056	7.592	79.562	1.526	9.2	79.562
F4	4.026	23.585	23.585	4.026	23.585	23.585	3.565	20.802	20.802
F2	3.175	18.722	42.307	3.175	18.722	42.307	3.071	18.534	39.336
F5	1.997	15.901	58.208	1.997	15.901	58.208	2.566	18.239	57.575
F6	1.264	12.885	71.093	1.264	12.885	71.093	1.737	13.518	71.093

注：①提取方法：主成分分析法。

②表5.4中六类需求各因子转轴后的数据是每一类需求单独分析的，并非放在一起按照权重加总分析，只是为了读者阅读的方便才将六类需求独立运行的结果放在同一张表中。

表5.5　　国有企业经营者需求因子检验正交旋转后因子负荷矩阵

因子编号	业绩需求	自我价值补偿需求	职业发展需求	权力需求	职位和安全需求	声誉需求
A4	**0.861**	0.121	0.116	0.033	0.255	0.002
A10	**0.827**	0.119	0.228	0.218	0.276	0.017

续表

因子编号	业绩需求	自我价值补偿需求	职业发展需求	权力需求	职位和安全需求	声誉需求
A7	**0.775**	0.217	0.042	0.112	0.313	0.345
A2	**0.726**	0.023	0.155	0.183	0.277	0.327
A6	**0.659**	0.298	0.088	0.003	0.196	0.288
A1	**0.594**	0.334	0.082	0.364	0.096	0.174
B3	0.012	**0.799**	0.323	0.256	0.002	0.387
B4	0.179	**0.784**	0.102	0.284	0.007	0.245
B2	0.397	**0.733**	0.128	0.392	0.188	0.254
B1	0.262	**0.667**	0.227	0.241	0.175	0.193
C1	0.091	0.059	**0.883**	0.298	0.127	0.212
C3	0.255	0.236	**0.787**	0.111	0.424	0.003
C6	0.377	0.149	**0.656**	0.108	0.399	0.364
C5	0.159	0.184	**0.518**	0.217	0.021	0.008
D1	0.087	0.019	0.412	**0.856**	0.198	0.015
D5	0.008	0.274	0.297	**0.828**	0.355	0.128
D4	0.104	0.136	0.244	**0.779**	0.109	0.371
D6	0.072	0.234	0.173	**0.672**	0.222	0.005
E5	0.018	0.181	0.212	0.003	**0.819**	0.343
E6	0.123	0.027	0.152	0.217	**0.791**	0.217
E2	0.002	0.001	0.180	0.002	**0.766**	0.356
E3	0.215	0.082	0.194	0.084	**0.586**	0.032
E1	0.187	0.042	0.009	0.193	**0.522**	0.189
F4	0.148	0.301	0.104	0.109	0.340	**0.818**
F2	0.178	0.197	0.022	0.002	0.023	**0.802**
F5	0.253	0.288	0.007	0.286	0.188	**0.727**
F6	0.082	0.105	0.195	0.344	0.072	**0.544**

注：由于表5.5中每一类需求因子负荷量数值（表中加粗的数值）均是按照从上至下递减的顺序排列的，故每一类需求因子对应的因子编号不能按照正常编号顺序排列。

（2）信度分析。信度分析的目的是检验调查问卷结果的可靠性。本书所得到的调查数据采用了 Cronbach' alpha 一致性系数检验法。据相关资料的结论，我们可以认为若 α 数值大于 0.8，属于信度较好的问卷；若 α 数值在 0.7—0.8 之间属于可以接受的问卷。经过信度分析后发现，国有企业经营者六类需求的 α 系数有些处于信度较好的范围（α 数值大于 0.8），有些则处于可以接受的范围（α 数值在 0.7—0.8 之间），具体结果见表 5.6。综合表 5.6 中的数据可知，调查问卷的可靠性是非常好的，对国有企业经营者六类需求起到了很好的解释作用。

表 5.6　　　　　　　　国有企业经营者需求因子的 α 系数

需求类型	需求因子编号	α 系数
业绩需求	A4	0.8481
	A10	
	A7	
	A2	
	A6	
	A1	
自我价值补偿需求	B3	0.7764
	B4	
	B2	
	B1	
职业发展需求	C1	0.8329
	C3	
	C6	
	C5	
权力需求	D1	0.7526
	D5	
	D4	
	D6	

续表

需求类型	需求因子编号	α 系数
职位和安全需求	E5	0.7824
	E6	
	E2	
	E3	
	E1	
声誉需求	F4	0.8017
	F2	
	F5	
	F6	

（三）验证性因子检验

对上述调查问卷进行验证性因子检验的目的是验证模型中国有企业经营者需求的信度、聚敛效度、区别效度以及模型与数据的拟合度。采用 AMOS 分析软件分析。国有企业经营者需求的信度、效度及拟合优度的分析结果见表 5.7、表 5.8 和表 5.9。

（1）内部一致性信度检验。由表 5.7 国有企业经营者需求的 α 信度数值可以看出，每个数值均大于 0.7，达到了可以接受的水平；平均萃取变量均大于 0.5，说明该模型的内部一致性良好，完全符合研究所要求的水平。

表 5.7   **国有企业经营者需求模型的结构分析**

因素	业绩需求	自我价值补偿需求	职业发展需求	权力需求	职位和安全需求	声誉需求
测量误差	0.28	0.19	0.25	0.29	0.32	0.11
平均萃取变量	0.69	0.68	0.62	0.57	0.61	0.54
α 信度	0.8481	0.7764	0.8329	0.7526	0.7824	0.8017

（2）模型拟合度检验。由表 5.8 中的数值可知：RMSEA 小于

0.08，GFI、AGFI 和 CFI 的数值均在 0.9 左右，从综合项指标的拟合度来分析，国有企业经营者需求模型与调查问卷得出的数据几乎不存在差异，因此该模型的拟合度良好。

表 5.8　　　　　国有企业经营者需求模型的验证性因子分析拟合指数

拟合指标	x^2/df	RMSEA	GFI	AGFI	CFI	IFI	TLI
数值	3.255	0.047	0.898	0.894	0.921	0.912	0.907

（3）聚敛效度与区别效度检验。由表 5.5 需求因子负荷矩阵表中的数据可知，各项需求因子负荷量数值已达显著标准，说明各项需求因子间具有明显的聚敛效度；由表 5.9 中 AVE 的开根值与各因素间的相关系数的比较看，可以看出模型同时具备很好的区别效度。

表 5.9　　　　　国有企业经营者需求的相关系数估计

因素	相关系数					
	业绩需求	自我价值补偿需求	职业发展需求	权力需求	职位和安全需求	声誉需求
业绩需求	1.000					
自我价值补偿需求	0.378	1.000				
职业发展需求	0.367	0.418	1.000			
权力需求	0.442	0.521	0.447	1.000		
职位和安全需求	0.759	0.367	0.378	0.521	1.000	
声誉需求	0.378	0.782	0.442	0.418	0.378	1.000

本部分运用结构方程建模的原理，对国有企业经营者需求进行

了验证性因子检验。通过对国有企业经营者需求模型拟合度的测量，进一步验证了该模型的稳定性和可靠性。

四　结论与建议

本书梳理了国有企业经营者需求研究的现状，研究了国有企业经营者需求研究的原则，并依据该原则确定研究了国有企业经营者的六种主要需求：即业绩需求、自我价值补偿需求、职业发展需求、权力需求、职位和安全需求以及声誉需求。在此基础上，对国有企业经营者的六种主要需求进行了问卷调查，调查问卷设计采用李克特五级量表的样式。运用调查问卷数据，对国有企业经营者六种主要需求进行了探索性因子检验和验证性因子检验。检验结果表明，国有企业经营者的六种主要需求符合实际情况，具有较强的可信度，可以作为对其激励的内容。

研究国有企业经营者的需求，有利于改革市场经济条件下国有企业经营者的选拔机制，消除行政选拔机制的弊端，调动国有企业经营者的积极性。为此，提出以下三点建议。

第一，建立国有企业经营者市场。我国已经建立了社会主义市场经济体制，为了适应其需要，还应建立国有企业经营者市场。利用国有企业经营者市场配置国有企业经营者这种特殊的稀缺资源，可以提高配置效率和使用效率，为国有企业经营者提供竞争和施展才能的舞台，淘汰不称职的国有企业经营者，提高国有企业经营者的水平。

第二，建立市场化的国有企业经营者激励约束机制。我国还应建立市场化的国有企业经营者激励约束机制。运用激励约束机制，奖励经营管理绩效优秀的国有企业经营者，惩罚经营管理绩效较差的国有企业经营者，进一步调动国有企业经营者的工作积极性，激发其潜在的能力，进一步促进国有企业发展。

第三，改革国有企业经营者退休制度。在行政任命制度下，国有企业经营者往往被规定好了退休年龄，不论国有企业经营好坏，不论国有企业经营者身体状况如何，到了规定年龄就必须退休。这种规定，既影响了快退休的国有企业经营者的工作积极性，浪费了人才，又影响了国有企业发展。目前，优秀的国有企业经营者仍旧是稀缺的资源，应该充分加以利用。因此，对于经营业绩好、身体健康的国有企业经营者，应继续聘用，继续发挥其作用，这对国有企业的稳定发展有益。

第二节　国有企业所有权分享安排*

新中国成立以来，国有企业所有权分享安排经历了一个由国家独享到国家、经营者和生产者分享的过程。

一　国有企业所有权分享安排的状况

国有企业所有权分享安排指国有企业剩余索取权和归属性控制权在国家、经营者和生产者之间的分配。国有企业所有权分享安排是为适应国家经济和政治目标而进行的。国有企业所有权分享安排分别是以剩余索取权安排形式和归属性控制权安排形式进行的。

（一）国有企业剩余索取权分享安排

1. 国家独享企业剩余索取权

1950—1952 年、1969—1977 年，国家先后两次实行企业利润全额上缴制度（统收统支），即国家独享企业剩余索取权。由于这两个时期的客观经济环境不同，所以取得的效果亦有很大差别。20 世纪 50 年代初，国家独享企业剩余索取权，筹集了急需

---

　* 本节内容原载《经济纵横》2007 年第 2 期。

的建设资金，为国民经济稳定和恢复做出了积极的贡献。虽然国家独享企业剩余索取权影响了国有企业、经营者和生产者的积极性，但由于当时处于国民经济恢复时期，所以影响并不明显。20世纪60年代后期，国民经济已处于良性的发展状态，这时国有企业利润全部上缴国家，必然会影响企业、经营者和生产者的生产积极性，进而影响整个国民经济的发展。因此，国家独享企业剩余索取权弊大于利。

2. 国家、经营者和生产者分享企业剩余索取权

国家、经营者和生产者分享企业剩余索取权，是通过各种制度供给实施的。主要有企业奖励基金制度、利润留成制度、利改税制度、承包制度、税利分流制度和公司制度等。国家分享企业剩余索取权的形式是利润、承包费、租金和股利，经营者分享企业剩余索取权的形式是奖金和股票期权，生产者分享企业剩余索取权的形式主要是奖金。

第一，国家获得利润、承包费、租金和股利。根据国家的有关规定，非公司化、传统类型的国有企业应按规定，将利润按一定比例上缴国家。实行承包制的大中型国有企业，也必须将利润的一部分上缴国家。1987年以后，承包上缴利润收入，在一段时期内曾成为国家的一种重要收入形式。

承包制在生产经营、资产保值增值、国家与企业分配关系上存在着诸多弊端。国家将国有企业的资产经营权有偿让渡给承租人，承租人按租赁合同规定，在保证国有资产不受损失的前提下，享有完全的生产经营自主权。租赁企业依法向国家交纳各种税费后，其税后利润按规定分为上缴利润、承租人收入、生产发展基金、职工集体福利基金和职工奖励基金五部分。国家作为国家股的所有者可以分享所占有股份的股利。国家股是指中央及地方国有资产管理部门投资形成的股份，主要包括：国家投资形成

的固定资产、国拨流动资金和专项拨款；各级政府的财政部门、经济主管部门向企业的投资入股；原有行政公司统筹资金形成的企业固定资产，等等。按制度规定，股份制企业当年实现的利润，在依法纳税、归还贷款和偿还到期债务后，分配顺序依次是：弥补以前年度的亏损，提取发展基金、福利基金、储备基金和职工奖励基金，分配股利。

第二，经营者获得奖金和股票期权。新中国成立后，奖金一直是国有企业经营者分享企业剩余索取权的一种重要形式，并发挥了积极作用。从1997年开始，国有企业开始试行经营者股票期权。其中，上海市最有代表性。1997年年底，上海市有关部门发布了国有企业经营者实施股票期权的若干规定，对上海市的国有企业经营者实行股票期权激励。

第三，生产者获得奖金。奖金始终是生产者参与国有企业剩余索取权分享的形式。改革开放前，国有企业生产者分享奖金的数量较少，但一直很稳定，而且生产者相互之间的差距也不大。改革开放后，特别是随着改革的不断深入，奖金的数量不断增加，相互之间的差距也不断拉大。奖金的分享安排，在一定程度上调动了生产者的积极性。

（二）国有企业归属性控制权分享安排

1. 非公司制国有企业归属性控制权分享安排

非公司制国有企业是指传统的国有企业，即计划经济体制下的国有企业和目前仍没有改为公司制的国有企业。在改革开放前的计划经济体制下，国家几乎独享国有企业归属性控制权。国有企业只是按国家决策组织生产的一个部门，不是自主经营、自负盈亏、自我决策、自我发展的主体。企业的生产计划、产品销售、财务分配、人事调配等事务，均由政府通过指令性计划下达给企业。企业唯一的任务就是按指令性计划具体组织生产，即经营者仅有生产组织管理权。企业组织生产的制度形式，主要有厂长（经理）负责制、党委领导下的厂长（经理）负责制、革命委员会领导和党委一元化领导，等等。这一时期，虽然国家也发布有关法规，规定工会有代表雇员参与生产管理等权利，但受诸多因素的影响，工会代表雇员参与生产管理等权利始终没有得到落实。因此，从本质上说，国家几乎独享国有企业归属性控制权。改革开放后，国有企业归属性控制权开始向分享方向发展。《企业法》规定，厂长是企业的法人代表，企业建立以厂长为首的生产经营管理系统。厂长在企业中处于中心地位，对企业的物质文明和精神文明建设负全面责任。厂长领导企业的生产经营管理工作，行使企业经营权。1992 年，《全民所有制工业企业转换经营机制条例》颁布实施后，国有企业的归属性控制权开始大幅度向经营者倾斜。国家作为国有资产所有者，只保留资产受益、重大事项决策和经营者选择等权利。国有企业的生产者，在法律法规意义上已享有通过职工代表大会参与企业决策和管理的权力，但事实上却没有很好落实。

2. 公司制国有企业归属性控制权分享安排

国有股份有限公司或国有有限责任公司归属性控制权分享安排，由《公司法》规定。股东大会是公司的最高权力机构，拥有公司重大事项控制权；董事会是公司的经营决策机构（可以有职工代表），拥有选择公司经理层和经营决策控制权；经理层是公司的日常生产经营管理机构，拥有公司日常生产经营管理控制权；监事会是公司的监督机构（应当有职工代表），拥有监督董事会经营决策和经理层经营行为的控制权。

国有独资公司归属性控制权分享安排，也由《公司法》规定。国有独资公司不设股东会，由国有资产监督管理机构行使股东会控制权。国有资产监督管理机构也可授权董事会行使股东会部分控制权；董事会是公司的经营决策机构（应当有职工代表），拥有选择公司经理层和经营决策控制权；经理层和监事会拥有的控制权同国有股份有限公司（或国有有限责任公司）相类似。

二　国有企业所有权分享安排面临的主要问题

我国国有企业所有权分享安排，经历了一个由国家独享到国家、经营者和生产者分享的过程。虽然中间有一些反复，但始终是向分享的方向发展。

改革开放后，随着国家对企业的"放权"和"让利"，国有企业经营者和生产者开始分享到更多的企业所有权，国有企业所有权分享安排已取得了长足的进步，较好地调动了经营者和生产者的积极性，提高了企业效率。但国有企业所有权分享安排尚存在较大的差距，仍需继续完善。

（一）国有企业所有权分享安排受制于经济体制

不同的经济体制对应着不同的国有企业所有权分享安排。在计划经济体制下，企业只是一个生产单位。至于生产什么、生产多少、原材料供应、产品销售、经营者配置、职工选择，等等，都由政府来安排。企业不具有经济上的任何独立性，完全是按政府指令性计划办事的附属物。与此相应，企业的厂长（经理）实质上是政府在企业的官员。计划经济体制使国有企业丧失了盈利功能。因此，国有企业所有权分享安排必然向国家倾斜。国家享有几乎全部的国有企业所有权，企业、经营者和生产者只能分享到极少一部分。

党的"十四大"确立我国建立社会主义市场经济体制后，国有企业开始逐步成为市场主体，国有企业所有权分享安排也随之做出调整，经营者和生产者分享的企业所有权份额得以增加。从本质上说，这种转变完全是市场经济体制的内在要求。

因为市场经济是一种交换经济，而交换过程的实质是各经济主体之间相互让渡所占有的财产（有形或无形的）的占有权、使用权、收益权和处置权的过程。没有对财产的占有权、使用权、收益权和处置权，企业就没有财产可以交换，自然也就不能成为市场主体。所以，国有企业要成为市场主体，经营者就必须分享归属性控制权，即拥有企业经营管理控制权。同时，经营者还应分享企业剩余索取权，以使风险制造与风险收益对称。另外，生产者也应分享企业所有权，特别是分享企业剩余索取权，以充分调动他们的生产积极性。

（二）国有企业所有权分享安排进展缓慢

新中国成立之初，为稳定国民经济，国家独享了企业剩余索取权。当经济稳定后，国家就开始分享企业剩余索取权。此后，国家又不断改变企业剩余索取权分享安排。但由于分享形式和分享份额反复变化不定，所以，剩余索取权分享安排始终没有向纵深发展。1978—1983 年，国家进行了一系列改革，推动国有企业剩余索取权分享安排。但与之前相比，并没有实质性的进展。20 世纪 90 年代中后期开始，上海等城市开始对国有企业经营者试行股票期权，但这种剩余索取权安排形式始终没有得到应有的发展。虽然国有企业剩余索取权分享安排经历了半个世纪，已由国家独享发展到国家、经营者和生产者分享，但主要分享形式还是局限于奖金，而且分享份额也很小。

改革开放前，国家独享绝大部分国有企业归属性控制权，国有企业经营者仅分享生产指挥权，职工也仅享有名义上的参与企业管理权。这种归属性控制权分享安排，难以调动经营者和生产者的积极性。改革开放后，根据《企业法》和《全民所有制工业企业转换经营机制条例》等法律法规规定，传统国有企业归属性控制权改由国家、厂长和生产者共享。国家分享最终控制权和厂长选择权，厂长分享完整的经营权，职工分享参与企业管理权。可以说，传统国有企业这种归属性控制权分享安排是比较科学的。但在实践中，由于缺乏监督约束机制，厂长的经营权成了独断专行权。公司制国有企业的归属性控制权分享安排由《公司法》规定，由国家、经营者和生产者共同分享。但事实上，职工的参与控制权始终流于形式。

（三）国有企业所有权分享安排忽视人力资本产权

在国有企业所有权分享安排中，普遍存在的问题是忽视人力资本产权、不承认人力资本收益权，即不承认人力资本作为资本使用时所有者应分享企业剩余权的权利。人力资本收益权的本质是分割企业剩余，因为人力资本已成为现代生产过程中的生产要素、生产资本，它与土地资本和金融资本等物质资本一样，有分割一部分利润的权利，即有获得人力资本投资回报的权利。人力资本收益权的收益与工资不同，按照马克思的观点，工资是劳动力价值的表现形式，是维持劳动力再生产所必需的生活资料的价值，是对劳动力消耗的补偿；人力资本收益权的收益则指人力资本所有者（或承载者）依据人力资本的价值分享的企业剩余。不同存量的人力资本，收益权的收益也应不同。高存量的人力资本贡献大，应获取高收益；低存量的人力资本贡献小，应获取低收益。

人力资本所有者（或承载者）应分享国有企业剩余索取权。人力资本承载者拥有天然的、独一无二的人力资本占有权，是人力资本的唯一实际使用者，并在事实上控制着人力资本的实际使用。所以，人力资本作用的发挥和效率的提高，完全取决于人力资本承载者的意愿。如果人力资本承载者感到或认为人力资本的使用和自己的意志不一致或矛盾时，将限制人力资本的实际支出。其结果必然是降低国有企业效率。因此，为提高国有企业效率，必须调动人力资本承载者的积极性，允许他们分享企业剩余索取权。

三 国有企业所有权分享安排的创新思路

（一）完善市场配置国有企业经营者机制

以市场方式配置国企经营者，应着重做好以下三个方面工作。一是建立国有企业经营者市场。坚持和完善以市场方式配置国有企业经营者的机制，就应建立国有企业经营者市场。同时，实行市场准入和优胜劣汰机制。二是以竞争方式选择经营者。政府应根据国有企业的实际状况，分门别类地制定一系列可操作性的经营者选任制度。如任职资格证书、评价体系等。三是取消国有企业及其经营者的行政级别。要把国有企业经营者作为职业经营者来看待和管理。同时，充分使用董事会的权力，让其发挥聘任和管理经营者的作用。

（二）合理搭配剩余索取权分享形式

奖金的安排虽然可以调动经营者和生产者的积极性，但容易造成经营者和生产者的短期行为，不利于企业的长远发展。因此，奖金的安排应倾向于有一定贡献的经营者或生产者。从企业长远发展看，应逐步发挥股票期权对经营者的激励作用。因为股票期权对经营者具有较强的激励作用和长远的效应，应扩大推广的范围。

（三）建立完善的经营者控制权机制

一是建立董事会授权机制。目前，政府所聘任的国有企业经营者，大多在所管辖的干部中选择，而在选择过程中，还要受多种因素影响，不利于选择真正的职业经营者。所以，经营者必须由董事会聘任。二是聘任要有时间期限。现阶段我国国有企业经营者由政府聘任，而且没有任职期限。在这种选任机制下，经营者没有压力与动力，激励机制的作用几乎丧失。如果经营者有任期，就会具有一定的压力与动力，激励机制也会发挥较大作用。三是应授予经营者充分的经营自主权。向经营者授予控制权的一个重要内容是应科学授予其充分的经营自主权，这样才能使经营者抓住机会，果断决策，组织好生产经营。

第三节　资产专用性与国有企业用工制度[*]

用工制度既包括国家的相关法律法规及部门规章，也包括企业制定的内部规定。改革开放后，改革了国有企业用工制度，提高了工人使用效率。但是，不同用工制度之间存在严重的制度冲突，突出表现为同工不同酬、人才流失与人浮于事并存，既影响了国有企业的形象和声誉，也影响了国有企业的长远发展，所以，应不断完善国有企业用工制度。

一　理解国有企业用工制度的新思路——资产专用性

对于国有企业用工制度存在的问题，社会各界进行了大量的讨论，有人将原因归咎于劳动法制不健全，有人归咎于劳动力市场不完善及社会保障机制不健全，也有人认为是国有企业自身的问题。本书认为，这些问题的实质在于契约不完全，如果劳动力市场是完全竞争的，劳资双方的契约是完全的，那么无论是何种用工制度都是符合效率的。但是，契约不完全是客观存在的，它既产生了大量的交易成本，又导致了用工制度效率的低下。因此，需要从契约不完全的视角分析国有企业用工制度问题，其中资产专用性为分析提供了良好的思路。

资产专用性（asset specificity）最早是由 Benjamin Klein 等提出的，指由特定的经济主体拥有或控制的一项资产，只能在特定的领域才能充分发挥价值，如果转移到其他用途，那么价值将大打折

＊　本节内容原载《清华大学学报》（哲学社会科学版）2014 年第 2 期（合著者：刘斌）。

扣，甚至毫无用处。① 例如，一名专业的技术工人在工业制造业中能够出色地发挥其才能，实现劳动力价值，但是如果让他做完全不熟悉的财会工作，那么他的人力资本价值将大大降低。Williamson是研究资产专用性的代表性人物，他将资产专用性划分为地理区位的专用性、人力资产的专用性、物理资产专用性、完全为特定协约服务的资产以名牌商标资产的专用性五种类型，并将其作为影响交易成本的维度之一，资产专用性越高，交易成本就越高。②

在完全竞争的劳动力市场中，买卖双方之间信息是完全对称的，交易成本为零，契约是完全的，双方之间可以放心地进行专用性资产投资。而如果劳动力市场是不完全的，存在信息不对称，那么契约就不完全，会诱发机会主义行为，使一方容易攫取进行专用性资产投资一方的准租金，而且投入的越多，这种风险就越大。因而，用工双方对各自的专用性资产投资都会显得十分谨慎。对于双方来讲，都害怕自己如果进行了大量专用性资产投资的话，会受到对方的"敲竹杠"（hold up）。

契约不完全的深层次原因：一是有限理性的限制。完全契约的首要条件是假设个人完全理性。但是，由于人在神经生理和语言方面能力的局限性和外在事物的不确定性、复杂性，从事经济活动的人在愿望上是追求理性，而实际上只能有限地做到，所以，导致契约不完全。二是信息不对称的限制。信息不对称是指契约当事人一方面拥有而另一方面不拥有的信息。不对称信息可以分为两大类：一类是外生性不对称信息。指交易对象本身所具有的特征、性质与分布状况等。这类信息一般出现在契约签约前，不是由当事人行为造成的，而是交易对象原有的禀赋；另一

---

① Benjamin Klein, Robert G. Crawford and Armen A. Alchian, "Vertical Integration, Appropriable Rents and the Competitive Contracting Process", *Journal of Law and Economics*, Vol. 21, No. 2, 1978.

② Williamson, O. E., *The Economic Institutions of Capitalism*, New York: Free Press, 1985.

类是内生性不对称信息。指契约签订后，一方当事人无法真实计量另一方当事人的行为所导致的信息不对称。[1] 例如，劳动力买方——企业无法真实计量劳动力卖方——劳动者的工作努力程度。阿罗把这两类信息划分为"隐蔽信息"和"隐蔽行动"。信息不对称的限制，使契约不完全。三是交易成本的限制。在现实经济生活中，契约信息的收集、契约的谈判、契约的签订、契约的公证，等等，都需要花费交易成本，有时甚至是高昂的交易成本。所以，契约的有些条款只能束之高阁。即使有一些条款能够列入契约之中，但由于实施成本过高，也会使契约难以履约。法律制度也是一种契约。"法律可以说是全部契约关系的内在组成部分，不可忽视的一部分，但法律不是契约的全部"。[2] 法律是一种强制性的治理工具，具有较强的约束功能。

资产专用性是决定交易费用的重要因素，从而是决定企业和市场的不同制度结构的核心变量。随着资产专用性程度的增加，交易者所选择的是交易费用最小化的契约安排，一定会倾向于向内部组织或关系性契约的方向移动。当资产专用性较弱时，宜采用市场交易；当资产专用性很强时，内部组织有优势，宜采用企业制度。[3] 所以，经济组织的逻辑应该是，在交易频率很高或交易经常发生时，不完全契约和资产专用性最终导致企业的合并或纵向一体化。

资产专用性通过影响人的行为属性影响交易成本的高低。因为经济活动中人具有有限理性和机会主义倾向，因此决策时难免不周到；同时，趋利避害的人在利益的驱动下可能会做出损人利己的事

---

[1] 易宪容：《现代合约经济学导论》，中国社会科学出版社1997年版，第96页。

[2] ［美］麦克尼尔：《新社会契约论》，雷喜宁、潘勤译，中国政法大学出版社1994年版，第5页。

[3] 王凤娟：《资产专用性——威廉姆森的〈资本主义经济制度〉》，《佳木斯教育学院学报》2010年第3期。

情。人的这两个行为特征因资产专用性的强弱而有不同程度的表现，从而影响到交易成本的高低和交易方式的选择。

与资产专用性相对的是资产通用性（asset homogeneity），它意味着资产能够在任何领域同样地实现其价值，不会因为配置领域的变化而产生价值损失。试想一下，如果国有企业用工双方投入的资产全部是通用性的，即使契约是不完全的，双方也可以随时、自由、无损失地解除契约，机会主义行为就无从入手，问题也就迎刃而解。

虽然资产专用性容易诱发"敲竹杠"，但对机会主义行为却还有一定的限制作用。资产专用性能够提供具有个性、独特及优质的产品和服务，满足人们的特殊性偏好，降低生产成本，是企业核心竞争力的源泉之一。资产专业性程度越高，核心竞争力往往越强。例如，苹果产品的操作系统具有很强的专用性，提供个性化产品，市场竞争力也极强。所以，为了维护自身的核心竞争力，在长期的重复博弈中，企业会很注意自己的声誉，抑制自己的短期机会主义行为。对于资产投入方来讲，专用性资产可以产生两种激励，促使其进行事后合作：一是促进合作的正面激励，它的存在是因为在于合作是获取潜在准租金和声誉资本的必要条件；另一个是抑制负面因素的激励，有助于防范背叛，它的存在是因为一方如果背叛的话，可能会失去准租金与声誉资本，企业的核心竞争力在长期将受到损害。可见，资产专用性有规避机会主义的功能，原因在于机会主义行为存在破坏交易关系的风险，而这与"利己主义"（self-interest）是相悖的。①

可见，资产专用性对于机会主义行为的影响是双重的，要想实现最大的经济效率，关键在于建立完善的专用性资产治理结构，充

---

① Morgan, R., Hunt, S., "The Commitment-trust Theory of Relationship Marketing", *Journal of Marketing*, Vol. 58, 1994.

分发挥专用性资产的积极作用，克服机会主义行为。对此，Williamson 提出了治理结构、契约与交易的匹配理论，根据交易频率及资产专用性的强弱，基于交易成本最小化，可以匹配出各种不同的治理结构方式，见表5.10。

表5.10　　　　　　　　资产专用性、交易频率与治理结构

		资产专用性程度		
		非专用	中度	高度
交易频率	偶然	市场治理（古典式合同）	三方治理（新古典式合同）	三方治理（新古典式合同）
	经常	市场治理（古典式合同）	双方治理（关系合同）	统一治理（关系合同）

资料来源：笔者根据相关文献整理所得。

通过对资产专用性的阐释，可见，完全可以从资产专用性的视角来探讨国有企业用工应该采取何种制度安排。采取何种制度安排，这取决于双方是否投入专用性资产以及投入多少。

二　从资产专用性角度透析国有企业用工制度存在的问题

（一）国有企业和工人双方的专用性资产投资分析

对于国有企业而言，为了生产经营的正常运转及核心竞争力的提升，要付出一定的信息搜寻成本寻找合适的工人，尤其是寻找一些特殊工人，付出的信息成本会更高。入职之后，企业对工人要进行人力资本投资，其中，为了使一些工人适应特定的仪器设备及工艺，要进行较高专用性的投资，如对于特殊机器的使用进行特殊的专业培训，这样就形成了专用于企业的技术和知识，即人力专用性资产。如果出现用人不当，没有人尽其才，那么已经投入的专用性资产价值就会降低。更重要的是，由于劳动契约不完全，那些接受专用性资产投资的工人可能采取机会主义行为，如偷懒、要求过高的待遇，否则威胁跳槽等。对此，国有企业也很难终止双方契约，

原因在于已经在这些职工身上投入了大量的专用性资产，难以转作他用，很多情况下只能接受这种"敲竹杠"。

对于国有企业工人而言，可以分为两类，一类是没有进行专用性人力资本投资的一般从业人员，可以看作是"现货市场"（spot market）的临时雇佣，随时都可以从市场中招录。另一类是进行了专用性人力资本投资的特殊工人，[①] 他们从事的行业技术含量较高，关系到产品服务的差异化与质量，涉及企业的核心竞争力，具有专用性。一些技术工人在入职后接受了专业的业务培训，并且通过自己对自己的人力资本投资，例如，了解并适应企业文化、自我学习等，成为具有专用性的人力资本，而且在企业的时间越长，获得的企业知识更多，经验更为丰富，与企业的协调更顺畅，资产的专用性也就相应地越高。对于特殊工人来讲，如果离开企业，劳动力价值就会降低。而国有企业作为强大的谈判方，一旦意识到这一点，就可能采取机会主义行为，攫取对方的准租金。对于特殊工人来说，虽然他们可以选择终止契约，但是只要违约收益小于成本，他们还是会被迫接受现实。

可见，国有企业与工人之间都可以进行专用性资产投资，而且都会受到对方机会主义的"威胁"，同时也"威胁"着对方。作为专用性资产的投资方，为了维护声誉，避免价值损失，也会抑制自己违约的机会主义行为。可以说，双方之间是一种复杂、双向、长期的博弈关系。

（二）国有企业用工制度存在的问题及成因——基于资产专用性的剖析

在我国现行用工制度下，企业工人可以划分为正式工与非正式工两种类型，分别是有编制与无编制。有编制的职工使用期限较

---

① George Baker, Roberts Gibbons and Kevin Murphy, "Relational Contracts and the Theory of the Firm", *Quarterly Jour-nal of Economics*, Vol. 117, 2002.

长，与公务员和事业单位类似。临时工等没有编制的职工工作期限较短，有的甚至不足一年，他们的工作缺乏稳定性与保障。如果正式工属于高度专用性人力资本，而且交易频率高，那么统一治理是最有效的治理结构，也就是纵向一体化，将工人彻底买断，成为企业的一部分，即给予编制。如果是非正式工，如劳务派遣制，专用性程度很低，那么最优的治理结构是市场治理，也就是工人具有独立性，双方通过市场来进行劳动力交易，而无须实行一体化。这样的话，不给予编制也就具有合理性。但是，实际上，当前国有企业中很多有编制的岗位的资产专用性很低，编制外的工人也完全可以胜任；而一些无编制的岗位的资产专用性较高，却采取了市场治理手段。也就是说，上述两种情况都没有按照资产专用性的强度来合理地匹配治理结构。

如此一来，一方面，造成了人才流失与人浮于事并存，很多有编制的工人缺乏严格的绩效考核，在体制内享受着清闲的工作与高福利。由于不存在内外部的竞争压力，难免工作效率低下，创新力与积极性不足。而无编制的工人由于缺乏稳定性，待遇差，在具备一定条件后多选择跳槽。也就是，体制外的优秀职工留不住，体制内的冗员排不出。另一方面，还造成了同工不同酬，在同等劳动付出的情况下，有编制的工人获得的收益要远远大于没编制的工人，实质上是一种不公平。对于国有企业来说，体制内的职工获得了高于其付出的收益，可以看作是职工对国有企业的剥削，虽然国有企业可以通过裁汰冗员来减员增效，但经常会遇到巨大的阻力，使改革举步维艰。而对于无编制的工人来讲，很多情况下，获得的待遇少于自己付出的劳动，实际上是国有企业对其进行了剥削。

对于资产专用性高的特殊工人而言，工会是保障其权利的有效治理结构，能够将工人的力量积聚起来，增强讨价还价的能力。当前，一些国有企业为了尽可能地降低成本，会利用各种制度漏洞，损害这些特殊工人的合法权益。而我国国有企业在经过了大规模的股份制改造之后，之前的党委会、职工代表大会和工会"老三会"与股东大会、董事会、监事会"新三会"之间产生了职责不清、协调不顺的问题，其中，工会受到了产权制度改革的冲击，加之对工会重视程度不够，人才队伍跟不上，维权机制不健全，工会的作用日益边缘化。

除了工会之外，Williamson 认为，也可以在特定的时候将特殊工人纳入到董事会，他们不具有投票权，但是可以共享信息，这对于企业尤其是遇到危机时显得尤其重要。当前，国家及地方政府已经出台了一系列的制度，要求国有企业董事会中要有职工代表。例如，2009 年国务院国有资产监督管理委员会出台的《董事会试点中央企业董事会规范运作暂行办法》第二十五条规定："董事会中应当有职工代表，并由公司职工代表大会选举产生。"如此看来，国有企业在这一治理结构上的建设还是比较完善的。但是，在实践中，职工董事定位模糊不清，选举上来的职工明显地缺乏独立性，几乎没有一线工人担任，多由工会、党委及纪委的有关领导来担任，更多的是服务于管理者，难以代表、维护工人的利益。此外，有关规定用的是"应当有"的措辞，也就是可有可没有，导致对职工董事的重视程度明显不够。可见，职工董事这一治理结构在我国的用工制度中很不完善，更多的是充当"花瓶"的角色。而董事会作为法人治理结构的核心，在没有职工代表有效约束力的情况下，工人权益也就难以得到切实保障。

对于企业和工人双方来讲，谁投入的资产专用性越高，遭受"敲竹杠"的风险也就越大。如果一方意识到对方可能"敲"自己的"竹杠"，就会在事前降低专用性投资的激励，国有企业会减少对工人专用性人力资本的投入，如减少技能培训；工人也会减少自我学习、自我提高的积极性，不敢对自己专用性技能投入过高。如此一来，虽然有利于防范机会主义行为，但从长期来看，对工人和企业来讲都会造成损失，是一种"双输"，是囚徒困境的表现。这种情况普遍存在于国有企业中，国有企业对工人的专用性投资明显不足，难以打造高水平的专业技术队伍。而工人更多的是得过且过，明显缺乏自我学习与自我提高的意识与积极性，导致了人浮于事、技术创新不足等问题，最终影响的还是国有企业。

从资产专用性的视角来看，国有企业用工制度出现的问题体现在治理结构不合理，增加了过多的交易成本，探究原因要从治理结构入手。Williamson 所提出的治理结构、契约与交易的匹配理论的思路是，市场交易主体能够在市场中自由地选择合理的治理结构，进而实现交易成本的最小化。其内涵的假设前提是不存在政府过多的行政干预，政府充当的是外部法律法规的制定者或争议的仲裁者，为交易主体提供一个良好的外部交易环境，这对分析存在问题的原因提供了一个良好的思路。依据资产专用性理论，造成上述问题的原因可以归结为如下四个方面。

第一，劳动力市场不健全。我国劳动力市场不成熟，劳动相关法律法规还不健全，存在立法滞后、制度层次低、制度冲突等问题，而且执法不力现象突出，严重影响了劳动法制的权威性与有效性。地方政府对于劳动力市场基础设施及软件建设力度不够，劳动力管理制度不合理，没有按照市场要求办事，行政色彩浓重。劳动力信息机制不健全，难以为企业提供真实、有效、及时的用人信息。由此造成了劳动力市场信息严重不对称，国有企业找寻合适工人的信息成本高，增加了设计并建立相应治理结构的难度和成本，容易出现治理结构失误。此外，劳动力流通不畅，受地域、户籍等限制，使得专用性人力资本投资方难以实现"用脚投票"，进一步扭曲了治理结构。

第二，国有企业产权不清，政企不分。我国国有企业存在产权不清的天然缺陷，没有明晰的受益人和责任人，政府一方面是全民的代表，享有国有企业资产的所有权与监督权；另一方面，作为公共服务机构，需要为国有企业以及非国有企业发展创造良好的发展环境，对其生产经营行为进行制度约束。现实中，政府的双重身份容易相混淆，表现在对国有企业干预过多，有时让国有企业承担了过多的政策性负担。为了保障就业，维护社会经济的稳定，国有企业不可能进行激烈的变革，这就容易扭曲对不同专用性投资工人的治理结构。

第三，国有企业法人治理结构不合理。由于监管不力、出资人缺位、相关法律法规不健全等原因，国有企业的法人治理结构仍不完善，委托代理问题仍较为严重，存在"内部人控制"和"一股独大"等问题。国有企业经营者在用工决策中往往考虑的是自身利益，未能有效地控制企业投入的专用性人力资本的风险。此外，为了政绩等短期目标，对工人的激励明显不够，不重视工人长期发展的职业规划，对工人技能的投资不足，也没有很好地维护工人尤其是非正式工人的合法权益，严重地影响了国有企业的长远发展。

第四，路径依赖。计划经济时期，国有企业实际上是政府职能的延伸，并不是真正的企业。在计划经济体制中形成的固定的用工制度强调计划与稳定，缺乏流动性与竞争性。改革开放后，国有企业进行了深入的用工制度改革，也取得了很好的成效，但是计划经济时期形成的编制体制在短期内很难得到根本性的改变，体制内的工人流动性依旧不足，无法按照资产专用性来实施改革。原有编制体制下形成了既定的利益群体，他们安于现状，反对改革，会对市场化改革进行阻挠。要协调这些利益关系，需要付出相当高的改革成本，而且改革时间越长，难度和成本也就越高。

三　完善国有企业用工制度的对策建议

资产专用性是理解国有企业用工制度一个很好的切入点，从这一视角可见，国有企业用工制度存在的问题实际上是政府失灵与市场失灵的双重结果。为了充分发挥资产专用性的积极作用，激励企业和工人双方专用性资产投资，同时抑制可能的机会主义行为，应该采取适当的措施。

第一，大力发展劳动力市场，培育专用性劳动力。根据社会经济形式的变化，国家应加强立法，完善相关劳动法律法规，为国有企业用工制度及工人权益的保护提供坚实的法律保障。加大对劳动力市场软硬件设施的投入，加大对劳动力的培训，增强其专业技能。打破劳动力的地域限制、户籍限制及其他行政限制，为劳动力的自由流动创造条件。建立统一完善的劳动力信息系统，突出诚信与技能，为用工双方提供真实有效的相关信息，减少双方合作的交易成本。

第二，转变政府职能，实现政企分开。政府要厘清所有权代表与公共管理者之间的界限，在履行出资人职责的基础上，减少对国有企业的干预，使国有企业真正成为独立的市场主体，鼓励其自主地探索适合自身特色的用工模式。同时，供给相关的配套政策措施，进一步减少国有企业承担的政策负担，为国有企业创造良好的改革条件，使其能够完全按照市场规则，依据资产专用性对不同种类的工人确定实施相应的治理结构。

第三，完善法人治理结构，实现高效激励。国有企业要进一步完善法人治理结构，改革董事会制度，确保职工董事的地位与独立性，并加强股东大会与监事会建设，构建相互制约、高效率的法人治理结构，并充分发挥"老三会"的功能，对经营者严格监管，使其重视用工制度建设及工人专用性资产的投资，维护工人的合法权益。此外，要采取物质激励与精神激励相结合的方式，在给予一定物质保障的同时，还应注重表扬、给予发言权等精神激励，培育工人对国有企业的归属感与责任感，激发他们工作及创新的热情。

第四，加强专用性资产管理，严格控制风险。为了避免特殊工人的机会主义行为，国有企业不应该采取降低专用性人力资本投入的消极对策，而是应该加强专用性人力资本管理，尽可能地分散风险。加强契约研究，充分考虑风险，在合法合规的情况下，通过完备的合同保障投资安全。实现严格的责任追究制度，对因失误造成企业专用性资产损失的行为及人员，要依照规章制度进行惩罚。根据工人专用性程度的不同，实施不同的培育计划，对特殊工人实施具有针对性的特殊培训，增强其专用于本企业的技能，提高其价值，鼓励其为企业做出更多的贡献。

第四节　国有企业招聘与解聘制度的匹配性*

一　问题提出

改革开放后，随着计划经济体制向社会主义市场经济体制转轨，国有企业开始进行一系列的改革，国有企业用工制度也随之发生变化。当前，国有企业用工制度基本完成了由传统僵化的计划用工制度向市场化用工制度的转变，即国有企业与员工之间的关系由行政规范关系转变成了契约规范关系。但随着国有企业改革的深入，国有企业用工制度开始出现诸多问题，这些问题的复杂性引起了国内学者的广泛关注。从国内学者对国有企业用工制度的相关研

＊　本节内容原载《财经问题研究》2018 年第 5 期（合著者：王新乐）。

究来看，研究内容丰富，研究视角多元化，既有理论研究，又有实践调研。

从国有企业员工招聘制度来看，企业招聘的实质就是为企业找到适合的人才，但国有企业员工招聘存在特殊性。沈莉认为，国有企业的人才招聘存在制度僵化、信息传播范围窄和人力资源体系不完善等问题，这些问题导致国有企业员工招聘制度的低质、低效。[①]

从国有企业员工解聘制度来看，国有企业与非国有企业在企业体制、承担社会责任和企业文化特征等方面都存在着差异，这导致国有企业员工解聘制度存在特殊性。谷宝华认为，目前国有企业内部劳动、人事和分配三项制度改革均未到位，计划经济体制下的"平均主义"没有得到很好解决，这造成人才的流失和冗员的沉淀。[②]

从国有企业用工制度整体来看，国有企业用工制度改革是由体制外部增量管理逐步过渡到体制内部存量管理。[③] 部分学者将研究重点放在了国有企业"双轨制"用工制度改革上，年志远和刘斌、陈剩勇和曾秋荷与王继承都认为，[④] 经过多年的改革，国有企业用工制度基本完成了从计划用工到市场用工、从固定工制到劳动合同制的转变。但由于改革不彻底，目前国有企业普遍实行"双轨制"用工制度。"双轨制"虽然提高了国有企业用工效率，但也存在一

---

① 沈莉：《国有企业招聘有效性影响因素的实证研究》，硕士学位论文，辽宁大学，2013 年。

② 谷宝华：《国企裁员决策模型的实证研究》，《统计与决策》2004 年第 4 期。

③ 周德生：《我国央企的用工模式选择研究》，博士学位论文，首都经济贸易大学，2008 年。

④ 年志远、刘斌：《国有企业用工制度改革研究》，《当代经济研究》2013 年第 11 期；陈剩勇、曾秋荷：《国有企业"双轨制"用工制度改革：目标与策略》，《学术界》2012 年第 1 期；王继承：《劳动用工"双轨制"模式成因、利弊与政策含义》，《重庆理工大学学报》（社会科学版）2010 年第 4 期。

些问题，其突出表现为同工不同酬、人才流失和人浮于事等。国有企业用工制度存在问题的实质是契约不完全。这种带有明显身份歧视的用工制度不仅造成国有企业内部收入分配严重不公，而且使体制外劳动者的政治、经济和社会等方面权利受到侵害。陶厚永和刘洪将用工"双轨制"与用工"单轨制"进行比较研究，结果表明用工"双轨制"的适应性效率明显低于用工"单轨制"。① 这也是中国国有企业竞争力不强和事业单位效率低下的主要原因之一。因此，必须改革国有企业的用工"双轨制"。刘女丽提出转变用人观念、探索新型用工模式和完善劳动法三方面的政策建议。② 王丹认为，企业现行用工制度已呈现出多元化的状态，既满足了中国经济体制转轨对劳动用工多样性和丰富性的需求，又丰富了劳动用工理论和实践。③

　　虽然国有企业用工制度研究内容丰富、视角多元化和观点新颖，但都忽视了国有企业员工招聘制度与解聘制度的匹配性问题。在社会主义市场经济体制下，国有企业应是自主决策、自主经营、自负盈亏和自担风险的市场主体。因此，国有企业员工招聘制度与解聘制度应该相匹配。但在现实中，国有企业是实行市场化员工招聘制度与受行政约束的市场化员工解聘制度，两者并不匹配，引致国有企业生产经营诸多的不适应，进而影响了国有企业的经济效益和市场竞争力，不利于国有企业的生存和发展。因此，研究并解决国有企业市场化员工招聘制度与受行政约束的市场化员工解聘制度不匹配问题，具有重要的现实意义。

---

　　① 陶厚永、刘洪：《何种用工制度更具适应性效率——用工"双轨制"与"单轨制"的比较研究》，《中国工业经济》2009 年第 1 期。

　　② 刘女丽：《国有企业劳动用工制度改革管理模式与机制探讨》，《中国高新技术企业》2015 年第 1 期。

　　③ 王丹：《回顾企业用工制度改革》，《企业管理》2008 年第 9 期。

二　国有企业员工招聘制度与解聘制度匹配性理论分析

（一）国有企业员工招聘制度与解聘制度的匹配形式

从理论上来说，国有企业员工招聘制度与解聘制度主要有以下四种匹配形式。

一是国有企业员工行政化招聘制度与行政化解聘制度，即国有企业按政府行政指令招聘或解聘员工的制度。在这种招聘制度与解聘制度的匹配形式中，国有企业员工招聘行为或解聘行为严格受到政府行政指令的约束，企业没有员工招聘或解聘的自主权，不能根据生产经营的实际需要调整员工的结构、数量和素质。

二是国有企业员工市场化招聘制度与市场化解聘制度，即国有企业依据国家相关劳动法律法规，依据企业生产、经营、管理、竞争和发展的实际需要，独立自主地招聘或解聘员工的制度。在这种招聘制度与解聘制度的匹配形式中，国有企业员工招聘或解聘行为，既要遵守国家的法律法规，也要满足生产、经营、管理、竞争和发展的实际需要。

三是国有企业员工行政化招聘制度与市场化解聘制度，即国有企业按照政府行政指令招聘员工和使用员工，但同时又可以根据企业自身生产、经营、管理、竞争和发展的实际需要，自主解聘员工。虽然国有企业无法根据自身实际发展需要招聘员工，但却可以根据企业实际发展需要自主解聘员工，将多余的、不能胜任工作的和违法违纪的员工解聘，从而进一步提高企业的经济效益。

四是国有企业员工市场化招聘制度与行政化解聘制度，即国有企业根据企业生产、经营、管理、竞争和发展的实际需要，自主招聘员工，但国有企业要遵循政府行政指令尽可能不解聘员工，承担劳动者就业的社会责任，为政府分担就业压力。政府强制国有企业承担劳动者就业责任，导致国有企业冗员过多，增加了企业的生产经营管理成本，降低了企业的劳动生产率和产品的市场竞争力。虽然提高了企业的社会效益，但却降低了企业的经济效益。一般来说，政府重视国有企业的社会效益，国有企业重视自身的经济效益。

（二）国有企业员工招聘制度与解聘制度的匹配性

国有企业员工招聘制度与解聘制度的匹配性，是指招聘制度与解聘制度在实现企业目标上的一致性。在上述四种国有企业员工招聘制度与解聘制度的匹配形式中，第一种行政化招聘制度与行政化解聘制度是匹配的，行政化招聘制度与行政化解聘制度都是为了实现国有企业的社会目标（社会效益），目标是一致的。第二种市场化招聘制度与市场化解聘制度也是匹配的，市场化招聘制度与市场化解聘制度都是为了实现国有企业的经济目标（经济效益），目标是一致的。第三种行政化招聘制度与市场化解聘制度是不匹配的，行政化招聘制度是为了实现国有企业社会目标（社会效益），市场化解聘制度是为了实现国有企业经济目标（经济效益），二者目标不一致。同理，第四种市场化招聘制度与行政化解聘制度也是不匹配的。

社会主义市场经济体制要求国有企业员工招聘制度与解聘制度相匹配，即建立和实施市场化招聘制度与市场化解聘制度。对于国有企业员工而言，招聘制度与解聘制度相匹配有利于他们找准定位，正确进行职业规划，实现自身价值和企业价值。对于国有企业而言，招聘制度与解聘制度相匹配有利于企业成为市场主体，保持合理的员工数量和质量，合理配置人力资源，降低企业经营成本，增强企业活力和竞争力，提高企业经济效益。对于社会而言，员工招聘制度与解聘制度相匹配有利于政府培育劳动力市场，创造公平、公开和公正的市场环境，增加劳动者就业。

在社会主义市场经济体制下，如果国有企业员工招聘制度与解聘制度不匹配，将导致企业员工结构不合理，员工素质降低，冗员过多，成本上升，经济效益低下，等等。有证据表明，中国国有企业可以减员 1/3 而不影响其生产。由此可见，冗员是造成国有企业经济效益低下的主要原因之一，[①] 它不利于国有企业规模的扩大乃至长远发展。

三　计划经济体制时期国有企业员工招聘制度与解聘制度匹配性分析

在计划经济体制时期，国家建立的国有企业员工行政化招聘制度与行政化解聘制度，适应了当时国家经济和社会发展需要。

（一）国有企业员工行政化招聘制度分析

在计划经济体制时期，为了适应国民经济发展计划的需要，国有企业实施行政化招聘制度。这种行政化招聘制度要求国有企业必须按照国民经济发展计划规定的需要招聘员工，劳动者也必须无条件服从国家的招聘选择。

在行政化招聘制度下，国家是国有企业员工事实上的招聘主体。国有企业不是企业员工的招聘主体，只是执行国家招聘计划和代表国家使用员工的主体。国家具有统一配置劳动者的权力。为了解决劳动者的就业问题，国家常常制定过度招聘国有企业员工的计划，从而导致国有企业冗员过多、因人设岗、人浮于事和效率低下。

国有企业员工行政化招聘制度的优点是招聘成本低和组织效率高，缺点是剥夺了企业用工自主权和劳动者自主择业权。由于国家在对劳动者进行统一调配时没有考虑企业和员工的积极性问题，因而国有企业没有生产经营积极性，难以对资源进行合理配置；劳动

---

① 段志娥：《我国国有企业员工退出机制研究》，硕士学位论文，西南财经大学，2007 年。

者没有工作积极性，工作效率较低。

国家劳动人事管理部门依据国民经济发展计划对劳动力的需求，制定全国统一的指令性用工计划，并层层落实到下一级劳动人事管理部门，最后由国有企业以国家招工计划的形式落实执行。凡是国有企业需要招聘劳动者的，均需到本级劳动人事管理部门申请国民经济发展计划中规定的用工指标，拿到用工指标后才能进行招聘。如果国家为国有企业下拨了用工指标，即使国有企业不需要员工，也必须执行国家的行政指令。

国有企业员工行政化招聘制度是国家直接控制就业岗位，用行政手段把劳动力资源配置到各国有企业，劳动者不能自由选择职业和工作岗位。劳动者只有接受与否的权利，没有讨价还价的权利。同时，国家还制定了与国有企业行政化员工招聘制度相匹配的国有企业员工的工资、奖金、福利等标准，要求国有企业贯彻执行。

（二）国有企业员工行政化解聘制度分析

在计划经济体制下，国有企业实行固定用工制度，或"铁饭碗"用工制度，或终身用工制度。这种用工制度是指劳动者经国家各级劳动人事部门正式招收录用到国有企业后，便终身成为国有企业员工。只要不因过失而被开除，就永远不会失业。[1] 这一制度最早出现于抗日战争时期的生产组织中，新中国成立后又延续使用。国有企业无论规模大小，其员工均受终身雇用。政府把国有企业作为自己的附属物，不仅代替其管理企业生产，而且还直接为其选择员工，使员工成为"国家雇工"。员工经过劳动人事部门批准进入国有企业，表明员工已经与政府签订了终身聘用劳动合同。同时，政府获得终身支配员工劳动时间和人身的权利，也承担员工终身就

---

[1] 赵履宽、黄定康：《劳动科学大辞典》，四川科学技术出版社1991年版，第79页。

业和从工作到死亡的全部义务，意味着员工则承担终身不再进行新的就业选择和不自由支配自身的义务。

也就是说，劳动者一旦进入国有企业，就端上了国家给予的终生就业的"铁饭碗"，国有企业无权无故辞退员工。国有企业员工是国有企业的"终身工"。因此，国有企业没有真正意义上的员工解聘制度，但国家明确规定企业可以开除有过失的员工。因此，国有企业员工解聘制度是一种行政化解聘制度。

（三）国有企业员工行政化招聘制度与行政化解聘制度相匹配

新中国成立初期，百业待兴，如何解决劳动者失业问题是新生的人民政权面临的一项重要任务。针对这一状况，国家建立了国有企业员工行政化招聘制度与行政化解聘制度，这一制度安排解决了这个问题。因为国有企业作为一种特殊的经营组织形式，具有一定的行政性，因而其招聘或解聘员工的行为不能单纯地从经济理性出发，而应当充分考虑到稳定人心和维护社会秩序，防止出现大规模失业所带来的社会不稳定。还因为人民是国家的主人，是生产资料的所有者，有权利以员工身份进入国有企业参与企业生产经营，因而计划经济体制下行政化招聘制度与行政化解聘制度是国家为巩固政权、维护社会安定和体现人民当家做主的政治安排。此外，解决了大量劳动者就业问题，缓解了社会矛盾，维护了社会秩序，巩固壮大了新生政权。因此，国有企业员工行政化招聘制度与行政化解聘制度在当时是相匹配的。

四　经济体制转轨以来国有企业员工招聘制度与解聘制度匹配性分析

（一）建立国有企业员工市场化招聘制度与市场化解聘制度

经济体制转轨后，中国颁布和实施一系列法律法规，改革国有企业员工行政化招聘制度与行政化解聘制度，建立市场化招聘制度与市场化解聘制度。

党的十一届三中全会以后，党和国家的工作重心开始向经济建设转移，国家开始对国有企业用工制度进行改革。国家的改革目标和任务是，"形成在国家宏观调控和政策指导下，企业择优用人，个人竞争就业，劳务市场调节供求，劳动力合理流动的新格局，最终实现全员劳动合同制"。也就是说，国有企业用工制度改革目标是建立市场化招聘制度与市场化解聘制度。到 1983 年年底，全国 29 个省、自治区和直辖市进行了国有企业员工市场化招聘与解聘试点工作。①

1986 年 7 月，国务院颁布《国营企业实行劳动合同暂行规定》（以下简称《规定》）、《国营企业招用工人暂行规定》《国营企业辞退违纪职工暂行规定》和《国营企业职工待业保险暂行规定》。这四个法规的核心内容是推动国营企业建立市场化招聘制度与市场化解聘制度。例如，《规定》要求国营企业改革行政化招聘制度与行政化解聘制度，对新招聘员工实行市场化招聘制度与市场化解聘制度。这标志着国有企业市场化员工招聘制度与市场化解聘制度开始建立。但同时还存在行政化员工解聘制度，因为对国有企业原有员工的解聘需要政府有关部门批准。

1992 年 7 月 23 日，国务院颁布的《全民所有制工业企业转换经营机制条例》（以下简称《转换经营机制条例》）规定，企业可以实行合同化管理或者全员劳动合同制。实行全员劳动合同制意味着市场化招聘制度与市场化解聘制度既适用新增员工，又适用原有员工。《转换经营机制条例》还规定："企业享有劳动用工权""企业自主决定招工的时间、条件、方式、数量""企业有权依照法律、法规和企业规章，解除劳动合同、辞退、开除职工。对被解除劳动

---

① 年志远、刘斌：《资产专用性与国有企业用工制度分析》，《清华大学学报》（哲学社会科学版）2014 年第 2 期。

合同、辞退和开除的职工，待业保险机构依法提供待业保险金，劳动部门应当提供再就业的机会，对其中属于集体户口的人员，当地的公安、粮食部门应当准予办理户口和粮食供应关系迁移手续，城镇街道办事处应当予以接收"。《转换经营机制条例》的实施，标志着国有企业员工市场化招聘制度与市场化解聘制度进一步完善。

1992 年，党的十四大决定建立社会主义市场经济体制；1993 年，党的十四届三中全会决定重点培育劳动力市场等市场体系。这为国有企业建立市场化招聘制度与市场化解聘制度提供了强有力的支撑。

1994 年 7 月 5 日，第八届全国人民代表大会常务委员会第八次会议通过《中华人民共和国劳动法》。2007 年 6 月 29 日，第十届全国人民代表大会常务委员会第二十八次会议通过《中华人民共和国劳动合同法》（以下简称《劳动合同法》）。2008 年 9 月 3 日，国务院第 25 次常务会议通过《中华人民共和国劳动合同法实施条例》。《劳动合同法》等法律法规的颁布一方面增加了劳动合同的签订比例和无固定期限合同的数量；另一方面延长了劳动合同的期限，在一定程度上提高了用人成本，限制了用工灵活性，从而为国有企业员工市场化招聘制度与市场化解聘制度提供了依据和保障。[①]

（二）实施国有企业员工市场化招聘制度与市场化解聘制度的特定条件

目前，国有企业员工市场化招聘制度科学、完善，而且已经得到了完全的落实，并发挥了应有的作用，但国有企业员工市场化解聘制度还没有完全落实。虽然实行国有企业员工市场化解聘制度已经具备了法律条件和实施条件，但国有企业员工市场化解聘制度仍

---

① 程延园、杨柳：《〈劳动合同法〉实施对我国企业人力资源管理的影响——基于人力资源经理的观点》，《经济理论与经济管理》2010 年第 7 期。

然难以落到实处。其主要原因如下。

第一，社会的压力。计划经济体制时期国有企业员工行政化解聘制度虽然已经废除，但它在人们的观念中留下了深刻的烙印，在社会上产生了广泛而深远的影响，进而对社会主义市场经济体制下国有企业员工市场化解聘制度的实施产生了较大的阻碍作用。高寒认为，国有企业要通过改革发展为企业职工提供充分的就业岗位，将裁员数量降低到最小，以减轻社会的就业压力。国有企业不能将经济利益目标最大化和绝对化，这样必然会影响其社会责任的履行。例如，国有企业单纯为了追求利润最大化而大量裁员，这样经济效益可能提高了，但却将就业的包袱甩给了社会。[①]

第二，国有企业员工的压力。有一些国有企业员工留恋、怀念、赞成和拥护计划经济体制时期的终身雇用制，虽然收入较低，但工作稳定，没有压力和竞争，且具有较高的社会地位，因而反对、排斥甚至对抗社会主义市场经济体制下国有企业员工市场化解聘制度。

第三，国家相关部门的压力。国家相关部门发布了一系列法规，要求国有企业必须主动履行社会责任，其中包括就业责任。2007年12月29日，国务院国有资产监督管理委员会发布《关于中央企业履行社会责任的指导意见》（以下简称《指导意见》）。《指导意见》论述了中央企业履行社会责任的重要意义，确定了中央企业履行社会责任的指导思想、总体要求和基本原则，界定了中央企业履行社会责任的主要内容，提出了中央企业履行社会责任的主要措施。2015年12月7日，国务院国有资产监督管理委员会、财政部、国家发展和改革委员会联合发布《关于国有企业功能界定与分

---

① 高寒：《就业视角下的国有企业社会责任》，《理论导刊》2008年第5期。

类的指导意见》，要求社会主义市场经济条件下的国有企业必须自觉服务国家战略，主动履行社会责任。

社会各界对国有企业承担就业责任的期望，国家相关部门对国有企业承担就业责任的"要求"，使国有企业只能相机实行市场化解聘制度。所谓相机实行市场化解聘制度是指当国有企业面临生存危机时，为了生存下来，国有企业将实行市场化解聘制度，减轻企业负担，增强企业经济效益；当国有企业没有面临生存危机时，国有企业不可以实行市场化解聘制度。谌新民认为，造成国有企业出现大批员工失业下岗现象的原因，除了宏观经济环境的影响外，主要是因为传统体制下政府对企业工资和用人的干预，使国有企业内部劳动力市场运行低效率并缺乏自我修复机制。[1] 例如，2015 年，钢材均价从年初的接近 3200 元/吨，跌到年底的 2200 元/吨，大幅度下挫 1000 元/吨。全国有近 60 家钢铁企业关停，重点钢铁企业亏损达 645.34 亿元。大型国有企业湘潭钢铁集团有限公司（以下简称湘钢）也同样亏损严重。为了生存，湘钢实行了市场化解聘制度。2016 年 1—9 月，湘钢钢铁主业减员 2115 人。减员使湘钢扭亏为盈。2016 年 3 月，湘钢开始盈利，并连续 7 个月盈利，减员实现了增效。湘钢使用市场化解聘制度减员增效，不是不承担就业责任，而是为了生存。当然，在国有企业生产经营正常还具有盈利能力时，国有企业是不太可能实行市场化解聘制度的。可见，现阶段国有企业员工解聘制度，既是行政化的解聘制度，又是市场化的解聘制度。

在经济体制转轨时期，国有企业存在三种员工招聘制度与解聘制度的匹配形式。一是国有企业老员工实行行政化招聘制度与行政化解聘制度的匹配形式。在经济体制转轨初期，国有企业不

---

① 谌新民：《国有企业就业弱势群体形成原因与治理对策研究——国有企业内部劳动市场的缺陷及其修复》，《中国工业经济》2003 年第 1 期。

能解聘员工，即为该匹配形式。二是国有企业新员工实行市场化招聘制度与市场化解聘制度的匹配形式。在国有企业面临生存危机时，即为该匹配形式。三是国有企业员工实行市场化招聘制度与受行政约束的市场化解聘制度的匹配形式。国有企业生产经营正常时，即为该匹配形式。

五　建立国有企业员工市场化招聘制度与市场化解聘制度的政策建议

（一）化解国有企业市场化解聘员工的压力

因面临着巨大的社会压力，国有企业不能根据企业的生产经营需要解聘员工，导致企业生产经营成本上升，经济效益下降，竞争力下降，甚至亏、损危及生存。因此，应通过各种媒体加强对社会主义市场经济体制的宣传，促进社会公众转变计划经济体制下的终身雇用思想，树立市场经济体制下的就业观念，适应被国有企业解聘的制度安排。化解国有企业解聘员工的压力，使国有企业能够根据企业生产经营的实际需要解聘员工，降低企业生产经营成本，提高企业经济效益和竞争力。

（二）进一步推动政企分开

国有企业依法依规市场化解聘员工，面临着承担劳动者就业责任的社会压力。国家相关部门要求国有企业承担就业责任，对国有企业进行干预，其根源是政企不分。如果政企完全分开，国家各相关部门也就难以对国有企业解聘员工进行干预；即使进行干预，国有企业也不会服从。因此，推动国有企业市场化解聘员工，必须使政企进一步分开。

（三）强化国有企业市场主体地位

在市场经济条件下，国有企业是市场主体，具有自主招聘员工与解聘员工的权利，不受任何组织和人员的约束。因此，现实中国有企业不能实行市场化解聘制度，是国有企业还没有成为完全的市场主体，还受到政府相关部门的约束和干预。因此，政府必须继续落实相关法律法规，取消约束和干预，给国有企业松绑，让国有企业自主决策和自主经营，强化国有企业的市场主体地位。

（四）明确政府承担劳动者就业责任

政府要充分认识到自己应该承担的解决劳动者就业的责任，允许国有企业解聘员工，并解决被解聘的国有企业员工再就业问题，维护社会稳定。同时，强化劳动力市场培育，加强财政资金支持。一方面完善劳动力市场，为被解聘的国有企业员工提供良好的再就业平台；另一方面加强劳动力市场管理，建立劳动力市场信息系统，及时更新需要再就业人员的年龄、性别和技能等信息，减少交易双方的交易成本。对于没有劳动技能的劳动者，应强化再就业培训，增强其再就业能力。

第 六 章

物质资本产权与人力资本产权研究

本章主要研究物质资本产权与人力资本产权比较、物质资本产权与人力资本产权契约、物质资本产权与人力资本产权交易、物质资本产权与人力资本产权再交易、物质资本产权与人力资本产权"化合反应"。

第一节　物质资本产权与人力资本
产权比较 *

物质资本产权与人力资本产权是两种不同性质的产权，所以，对二者进行比较，有利于理论研究的深化与拓展，也有利于实践应用的进行与展开，更有利于二者的相互合作。物质资本产权与人力资本产权的比较，可以从产权的来源、产权的权能和产权的流动三个方面展开。

一　物质资本产权与人力资本产权的来源

物质资本产权是指实物资本、货币资本和证券资本等财产的权利；人力资本产权是指不能与载体分离独立的人力资本财产的权

＊　本节内容原载《吉林大学社会科学学报》2008 年第 6 期。

利。物质资本产权的来源方式较多，主要有先占、特权、投资、劳动和受赠等方式①；人力资本产权的来源较单一，主要是来源于投资。

（一）物质资本产权的来源

来源于先占的物质资本产权，是指主体因第一个占有某种没有被主张所有权的财产而获得的财产权利。先占还需要社会的认可或法律的承认。无论是在远古部落，还是在现代社会，先占一直是人们获得物质资本产权的基本方式之一。各国法律普遍承认物质资本产权先占获得。但是，先占不能阻碍他人先占，也不能破坏资源的可持续使用。先占获得物质资本产权可以节约交易成本，提高产权界定和使用效率。先占获得物质资本产权体现了机会均等的公平机制，也弘扬了劳动光荣的理念。

来源于特权的物质资本产权，是指主体通过自己特有的权利而获得的财产权利。来源于特权的物质资本产权不需要直接付出成本，是权利滋生出来的权利。从经济角度来说，特权可以分为正当经济特权和非正当经济特权两类。前者是指法律和道德允许或许可享有的获得财产的权利，后者是指法律和道德不允许或不许可享有的获得财产的权利。经济特权直接获得物质资本产权，其他特权间接获得物资本产权，即被私用后获得物质资本产权。

来源于投资的物质资本产权，是指以市场为中介合理利用资源而获得的财产权利。投资的方式较多，主要有生产投资、商业投资、风险投资、科技开发投资、资本运营投资、证券投资，等等。投资获得的物质资本产权来源于资源或资本运作中产生的利润，来源于资源交易中的经营收入。投资获得物质资本产权的同时，也为市场提供了产品或服务，满足了他人的需要。

---

① 罗能生：《产权的伦理维度》，人民出版社 2004 年版，第 153—176 页。

　　来源于劳动的物质资本产权，是指通过劳动而获得的财产权利。劳动获得财产，有利于激励人劳动。劳动是财产的源泉。劳动获得的财产越多，社会财富的增量就越大，人类社会就越进步、越发展。劳动获得的物质资本产权应正当和诚实。正当表现在劳动内容于人于己有益而无害、劳动方式无损于人；诚实表现在劳动产品或服务应保质、保量，货真价实。

　　来源于受赠的物质资本产权，是指通过接受他人赠予或遗传而获得的财产权利。与来源于先占、特权、经营和劳动的物质资本产权不同，受赠获得的物质资本产权是他人既有的产权，不是新创造的产权，产权获得是间接和被动的。

　　物质资本产权的来源方式不同，物质资本财产对社会经济发展的贡献也不同。一般而言，来源于先占的物质资本财产，因其种类和数量均较少，所以对社会经济发展的贡献也较小。

　　来源于特权的物质资本财产，来源渠道不同，作用也不同。来源于劳动或投资的正当经济特权，如专利权、专用权、特许权、著作权等，可以激励人们进行创造性劳动或特殊投入，促进社会进步和经济发展。所以，应鼓励和支持人们通过劳动或投资去获得正当经济特权；来源于公共权力私用的非正当经济特权，即公共权力私用而获得的财产权利，具有涣散作用，危害社会进步和经济发展。所以，必须打击和禁止非正当经济特权形成。来源于投资和劳动的物质资本产权，可以激励物质资本投资，激励劳动者劳动，增加社会财富，促进社会进步和经济发展，所以应大力支持。来源于受赠的物质资本产权，由于不是新创造的物质资本产权，不增加社会财富，而且是非劳动所得，不利于社会进步和经济发展，应加以限制，促使其增加社会财富。

　　（二）人力资本产权的来源

　　人力资本产权来源于投资。投资方式主要有学校学习、接受培训、卫生保健和边干边学等。① 人力资本产权投资有两类，一是个人（包括其家庭成员）投资，二是两个或两个以上投资者投资。个人投资，是指投资者个人既投入智力、体力、精力和时间等，又投入物质资本等。个人投资形成的人力资本产权完全归属于他自身——人力资本承载者；两个或两个以上投资者投资，是指投资由个人和他人共同完成，投资形成的人力资本产权由全体投资者共同分享。

人力资本产权投资的主体主要有个人、企业和政府等。个人投资的目的是追求未来自身与家庭的利益。个人投资不一定是利润最大化，而可能是整体效用或收益最大化。个人投资是功利性投资。虽然个人投资是主观自主行为，但最终还是取决于人力资本市场的供求状况；企业投资主要是集中在专业技能教育和培训等领域。企业投资的目的是利润最大化。企业投资是功利性投资。企业投资在一定程度上可以降低市场风险，但是却难以消除违约风险。因此，企业投资应在事前明确双方的责权利；政府投资是为了提高全体公民的素质，促进经济和社会发展，缩小个人收入分配差距，等等。与个人投资和企业投资不同，政府投资是福利性投资。因此，政府投资应体现公平性。

人力资本产权投资存在较大风险。人力资本产权是一种"活的产权"，不仅易受利益驱使而流动，而且作用发挥也不确定。在外界环境的影响和主观因素的作用下，人力资本产权所有者或载体投资者的思想、意志、目标等可能会发生变化，到合约执行时不履约，使非载体投资者的人力资本产权投资目标难以实现。非载体投资者进行人力资本产权投资，目的是使用人力资本，这就要求形成的人力资本具有较高的价值。但是，由于人力资本产权投资在先，

---

① 冯子标：《人力资本运营论》，经济科学出版社 2000 年版，第 81 页。

人力资本使用在后，而且人力资本的价值又难以观察和准确度量，所以，即使所投资的人力资本产权如期履约，在使用过程中能否实现预期的投资目的，也还不确定。如果人力资本产权的价值低于投资的预期，投资者就会遭受损失。

人力资本产权投资有一定期限，所以投资面临着由于预期不当所产生的市场风险。一种情况是，当投资的人力资本产权投入使用时，投资者原来的使用计划可能会因为市场变化而改变或停止，结果导致人力资本产权的价值难以实现，投资无法收回；另一种情况是，当投资的人力资本产权投入使用时，市场中此类人力资本产权已供给充裕，无须任何前期投资即可以获得。投资者由于对人力资本产权供求预期不当而发生损失；还有一种情况是科学技术的发展等使人力资本产权贬值，进而使人力资本产权投资者受损。人力资本产权的标的物是人力资本，而人力资本又不能与承载者分离，所以如果承载者忽视健康或防范不当，就可能发生意外伤害等，使人力资本的价值严重降低甚至消失，投资者的利益受损。

从财产权利角度来看，社会经济是一个物质资本产权与人力资本产权的结合体。因此，社会经济发展，表现为物质资本产权与人力资本产权的不断增加，或者表现为物质资本财产与人力资本财产的不断增加。而要保证物质资本财产与人力资本财产的不断增加，就要保证它们的来源渠道畅通，尤其是要保证特权渠道、投资渠道和劳动渠道畅通。

比较起来，物质资本产权来源渠道畅通比人力资本产权来源渠道畅通更重要。因为，人力资本产权来源于物质资本产权与非物质资本产权的投入，所以，只有保证物质资本产权的投入，才会有人力资本产权形成。物质资本产权越雄厚，人力资本产权形成才越有经济基础。物质资本产权的来源，决定人力资本产权的来源；人力资本产权的来源，又反作用于物质资本产权的来源。

二　物质资本产权与人力资本产权的权能

在产权理论中，产权即指物质资本产权。产权一词在英文中是一个复数名词（property rights），意思是财产完整的权利，是一组权利所组成的权利束。至于权利束应该包括那些具体权能，则是仁者见仁，智者见智。"马克思没有把财产权看作是单一的权利，而是看作是一组权利的结合体。即除了所有权，马克思还研究了占有权、使用权、支配权、经营权、索取权、继承权和不可侵犯权等一系列权利。"① 西方学者认为，产权"是指存在于任何客体之中或之上的完全权利，它包括所有权、使用权、出借权、转让权、用尽权、消费权和其他有关权利。"②

我国学者黄少安认为，"完整的产权，不是单项的权利，而是一组权利或一个权力体系。""这一组权利一般可以分做四项：狭义所有权或归属权、占有权、支配权、使用权。其中归属权即归谁所有是这一组产权中最根本的权利，其主体的状况决定产权关系的性质，而产权关系的性质是特定所有制性质在具体的产权关系中的体现。狭义所有权决定其他三项产权，但是不能取代或包含它们。"③

颜鹏飞认为，"产权包括所有权（掌握资产最终归属的权利）、使用权（使用资产的权利）、收益权（获得资产收益的权利）、处分权（改变资产形态和实质的权利）、转让权（将资产所有权或其使用权、收益权和处分权转让给他人的权利）、抵押权（将资产作为达到某种经济目的之担保的权利）等。"④ 罗能生认为，"就一般

---

① 吴易风：《马克思的产权理论与国有企业产权改革》，《中国社会科学》1995 年第 1 期。
② 约翰·伊特韦尔、默里·米尔盖特、彼得·纽曼：《新帕尔格雷夫经济学大辞典》（第 3 卷），经济科学出版社 1997 年版，第 1099 页。
③ 黄少安：《产权经济学导论》，经济科学出版社 2004 年版，第 66 页。
④ 载何秉孟《产权理论与国有企业改革——兼评科斯产权理论》，社会科学出版社 2005 年版，第 76—77 页。

而言，产权至少包括四个方面的基本权利，即财产的占有权、财产的使用权、财产的收益权和财产的转让权。"① 王金柱认为，"产权是一种排他性权利，是一组权利束，包括所有权、使用权、转让权、处置权和收益权等。"②

还有很多专家学者对产权权能构成提出了各自不同的见解。受篇幅限制，此处不一一列举。我们仅就上面列举的产权权能构成进行理论分析，以便抽象概括出具有广泛包容性和解释力的产权权能结构。

上面列举的产权权能共有 17 项，即所有权、狭义所有权或归属权、占有权、使用权、支配权、经营权、索取权、继承权、不可侵犯权、出借权、转让权、用尽权、消费权、处分权、抵押权、收益权和处置权。对每一项权能的内涵进行深入的分析和概括，就可以发现，权能中有一部分权能的内涵是相同或相近的。如果把内涵相同或相近的权能进行合并，权能的数量就会大大减少，保留下来的权能也具有了广泛的包容性和解释力。此时的产权权能结构不仅规范合理，而且也会得到各方面的认同。同时，也有利于产权理论的发展。

笔者认为，在上面有关产权权能的观点中，所有权是指狭义所有权或归属权，同时包含不可侵犯权；占有权包含继承权、出借权、抵押权；使用权包含支配权、经营权、消费权；收益权包含索取权；处置权包含转让权、处分权、用尽权、消费权。据此，可以把产权权能结构概括为所有权（狭义）、占有权、使用权、收益权和处置权五项权能。虽然产权五项权能的结论是从有限的权能观点中概括出来的，但是，推而广之，结论仍然是正确的。所以，这个结论具有普遍意义。

---

① 罗能生：《产权的伦理维度》，人民出版社 2004 年版，第 43 页。

② 王金柱：《双产权制度论》，商务印书馆 2005 年版，第 10 页。

同物质资本产权权能一样，人力资本产权权能也是仁者见仁，智者见智。黄乾认为，"人力资本产权是一组权利束，包括人力资本所有权、支配权、处置权、使用权和收益权等，上述权项形成人力资本产权的权能结构。"[①] 刘志标认为，"人力资本产权是人力资本市场交易中的行为关系，它包括人力资本的所有权及其派生出来的使用权、支配权和收益权等一系列权利的总和，是制约人们行使这些权利的规则。"[②] 黄乾认为，"所谓人力资本产权就是人力资本的所有关系、占有关系、支配关系、利得关系及处置关系，即存在于人体之内、具有经济价值的知识、技能乃至健康水平等的所有权。"[③]

郭东杰认为，"人力资本产权作为经济当事人的权利并非是一项单一的权利，而是一组权利束，包括人力资本所有权、支配权、使用权、处置权和收益权等。"[④] 孔宪香认为，"人力资本产权由人力资本所有权、使用权、收益权和处置权等权能构成。"[⑤] 年志远认为，人力资本产权应由"所有权（狭义）、占有权、实际使用权、法权使用权、收益权、实际处置权和法权处置权等权能构成。"[⑥] 还有很多专家学者也对人力资本产权权能提出了观点，大同小异，不再一一阐述。

采用分析物质资本产权权能内涵相同的分析方法，对人力资本产权权能内涵进行比较分析。结论是，笔者认为人力资本产权应由所有权（狭义）、占有权、实际使用权、法权使用权、收益权、实

① 黄乾：《高新技术企业人力资本与物质资本产权交易制度创新研究》，经济科学出版社2004年版，第27页。
② 刘志标：《建立与人力资本产权相符的报酬制度》，《商业时代》2004年第12期。
③ 转引自王金柱《双产权制度论》，商务印书馆2005年版，第38页。
④ 郭东杰：《公司治理与劳动关系研究》，浙江大学出版社2006年版，第56页。
⑤ 孔宪香：《论人力资本产权的权能界定及其意义》，《理论学刊》2006年第8期。
⑥ 年志远：《人力资本产权与国有企业所有权安排》，经济科学出版社2004年版，第29页。

际处置权和法权处置权七项权能构成。因为这七项权能可以包含各种观点中的权能，具有广泛的解释力。

物质资本产权权能与人力资本产权权能二者有相同之处。二者均含有所有权（狭义）、占有权和收益权权能。所有权（狭义）表示财产（指物质资本财产或人力资本财产，以下同）所有人对财产单纯的归属或领有关系，排斥他人违背所有者的意志和利益侵犯财产。占有权是财产所有人或他人在事实上或法律上管理、掌握、占领、控制财产的权力。占有权是所有权行使的基础，也是使用权和处置权实现的前提。对于物质资本财产来说，可以由所有人占有，即占有权权能与所有权权能合一。也可以由非所有人占有，即占有权权能与所有权权能分离。对于人力资本财产来说，由于人力资本只能依附承载者的身体存在，不能与承载者的身体相分离，所以人力资本财产只能由所有人——承载者天然独自占有。收益权是财产所有人或他人由于占有、使用和处置财产而取得经济利益的权力，或是财产作为资本使用时参与利润分配、获取投资回报的权力。

物质资本产权权能与人力资本产权权能二者有不同之处。物质资本产权权能含有使用权和处置权权项，人力资本产权权能含有实际使用权、法权使用权、实际处置权和法权处置权权项。使用权是利用财产的权力，即按照财产的用途加以利用，发挥其使用价值的权力。使用与占有密切相连。占有是基础和前提，使用是目的。没有占有就无从使用。使用权可以由所有人行使，也可以由非所有人行使。处置权是改变财产用途、状态、内容、功能、归属等权力；可以消费处置，也可以转让处置，还可以改变用途处置，等等。处置权可以由所有人行使，也可以由非所有人行使。实际使用权是指实际使用人力资本财产的权力。人力资本的价值和价值增值是通过实际使用权实现的，所以，实际使用权是人力资本价值的实现形式。由于人力资本承载者与实际使用权的生理关系，人力资本所有人独享实际使用权，是人力资本的唯一实际使用者。法权使用权，是指投资者依法支配人力资本所有者——承载者把人力资本付诸使用的权力。法权使用权受双方签订的合约和法律法规约束。法权使用权既可以由所有人行使，也可以由非所有人行使。当人力资本投资由承载者独自完成时，法权使用权与实际使用权重合，都归属于承载者；当人力资本投资由承载者和非承载者合作完成时，法权使用权与实际使用权分离，法权使用权归属于非承载者。法权是间接权力和支配权力，基于投资或交易产生。实际使用权是直接权力和操作权利，由承载者天然享有。实际处置权是指承载者实际处置人力资本的权力。实际处置权只能由承载者行使。法权处置权是指投资者依法支配人力资本所有者——承载者实际处置人力资本的权力。既可以由承载者行使，又可以由非承载者行使。

三　物质资本产权与人力资本产权的流动

物质资本产权与人力资本产权流动可以分为两类：一类是按计划安排流动，另一类是按市场需要流动。流动类型不同，流动效率也不同。实践证明，按市场需要流动比按计划安排流动更有效率。

产权流动可以为产权主体带来收益，提升产权的价值。物质资本产权完全归属于所有者独有，所以物质资本产权按所有者的意愿流动。人力资本产权既可以完全归属于载体投资者独有，又可以归属于载体投资者和非载体投资者共有，所以，人力资本产权有两种流动方式。一种是按载体投资者意愿流动——主动流动，另一种是按非载体投资者的意愿流动——被动流动。人力资本具有一个投资者（包括其家庭成员），进行主动流动；人力资本具有两个或两个以上投资者，进行被动流动。

主动流动体现了载体投资者的意愿，所以有利于载体投资者；被动流动体现了非载体投资者的意愿，所以有利于非载体投资者。

但是，被动流动是否有利于载体投资者却不确定，如果被动流动与载体投资者的意愿一致，则有利；如果不一致，则不利。人力资本产权之所以能够被动流动，是因为非载体投资者获得的人力资本法权使用权和人力资本法权处置权可以支配载体投资者所具有的人力资本产权权能。人力资本产权被动流动，当非载体投资者的意愿与载体投资者的意愿一致时，可以提高人力资本的效率；当二者的意愿不一致时，可能引发对立，降低人力资本的效率。效率降低的程度取决于载体投资者同非载体投资者的谈判结果。在人力资本产权实际流动时，只是法权使用权和法权处置权流动，其他权能不流动。因此，与物质资本产权流动相比，人力资本产权流动是一个狭义的概念。

人力资本产权主动流动和被动流动有所不同。主动流动的目的是人力资本载体投资者为实现自身的利益，如增加收入、改善工作环境、子女就业、职务职称晋升、住宅福利改善等；流动的方向是由低级到高级，由低层次到高层次；流动的地点也通常是流向其他地域、其他部门。而人力资本产权被动流动的目的是非载体投资者为实现自身的利益，即企业整体效益最大化。这其中，人力资本可能充分发挥了作用，也可能没有充分发挥作用。因为追求企业整体效益最大化，要从企业整体的角度配置产权，所以人力资本的使用应取决于企业整体效益的需要。结果，既可能是使用效益最大化，也可能是一般化或是最小化。人力资本产权被动流动的方式是命令派遣，人力资本载体无权提出要求，要无条件服从。被动流动的方向是不确定的，既可能是由低级到高级的流动，如从低收入部门到高收入部门的流动；也可能是由高级到低级的流动，如工作条件降低等。一般而言，被动流动是在企业系统内流动，如在不同职位之间流动、不同岗位之间流动、不同独立核算单位之间流动（集团所属的企业之间流动），等等。

物质资本产权流动和人力资本产权流动需要支付成本。一是信息成本。产权要流动，需要搜集相关信息，并对信息进行分析，以确定信息的可信性、有用性和达标性。如果收集到的是多部门的信息，还需要进行对比分析，综合判断，在此基础上做出决策。如果决策失误，还需要重新决策。这些都需要支付成本。二是签约成本。产权流动确定以后，还需要与合作方进行相关条件的谈判、磋商、签约等，并对签订的契约进行法律认可，同时还需要考虑违约补偿、矫正、仲裁等费用。三是签约后成本。产权流动契约签订后，为了解决契约本身存在的问题，有时还要改变条款或退出契约，进而支付费用。另外，由于人力资本产权具有特殊性，所以人力资本产权流动还需要支付独特的成本。人力资本产权流动，必然要放弃原有的人际关系，重新建立人际关系，这不仅需要付出时间成本，而且还需要付出财力、物力和精力等成本；人力资本发挥作用，需要团队成员协作。人力资本产权流动后，需要与新的团队成员进行"磨合"和"默契"，而"磨合"和"默契"需要付出一定的效率和时间成本。在企业中，还有一部分人力资本表现为一定的专门技术、工作技巧或某些特定的信息优势，人力资本产权流动后，这些人力资本将难以使用而遭受损失。

物质资本产权流动和人力资本产权流动受多种因素影响和制约，其中最重要的是制度因素。制度对产权流动可以产生三个方面的作用。一是规定作用。制度会迫使产权主体按照制度规定的方式流动，如果产权主体不按照制度规定的方式流动，就对其进行惩罚。计划配置产权和市场配置产权是两种不同的对产权流动的制度规定。从促进经济发展的角度来说，制度应有利于产权流动。二是激励作用。制度具有激励引导作用，所以，调整制度内容、规定优惠条件等，可以激励、吸引产权流入。改革开放后，国家允许深圳制定各项激励产权流入的政策，使大量产权流入了深圳。时至今日，产权流入仍未停止，已经形成产权净流入格局。三是保障作用。对于按照制度规定性和激励性流入的产权，制度还应保障其权益。这样，产权流入才不会断流。否则，就不会再有产权流入。

物质资本产权流动与人力资本产权流动是有差异的。由于物质资本与载体可以分离，所以物质资本产权流动既可以是完备产权流动（全部产权权能流动），也可以是残缺产权流动（部分产权权能流动）。但是，由于人力资本与载体不可分离，所以人力资本产权流动只能是残缺产权流动，即法权使用权权能和法权处置权权能流动，其他权能不流动。

第二节　物质资本产权与人力资本产权契约*

物质资本产权与人力资本产权契约，是指产权当事人双方为满足各自的需要而达成的权利义务约定。在市场中，双方当事人是平等的产权主体，进行对等的产权交易。在交易中，双方当事人充分体现各自的意志，自由选择约定，不受干预和胁迫，任何第三者都要尊重当事人的自由合意。当事人对自己的交易行为负责。从契约本身来说，物质资本产权与人力资本产权契约是一种社会关系或人际交往；从契约环境来说，达成契约和履行契约也离不开所处的社会。离开社会的契约是没有意义的。

契约达成对当事人双方都有利，当然，这种对双方都有利的契约只存在于交易前双方的理性预期中，而不必然是实际交易结果。契约也是一种治理工具，它通过权利义务约定，制约双方当事人的机会主义行为。①

另外，各种相关法律法规，对当事人双方也具有约束作用。法

---

* 本节内容原载《吉林大学社会科学学报》2009 年第 5 期。
① 易宪容：《现代合约经济学导论》，中国社会科学出版社 1997 年版，第 9—12 页。

律是一种通用性契约。"法律可以说是全部契约关系的内在组成部分，不可忽视的一部分，但法律不是契约的全部。"① 法律是一种强制性治理工具，具有较强的约束功能。不仅如此，法律还要求产权当事人达成的契约，必须符合法律规定，否则，达成的契约无效。

一般而言，物质资本产权与人力资本产权契约以企业契约为表现形式。企业契约又包括治理契约和劳动契约。

一　物质资本产权与人力资本产权的企业契约

物质资本产权与人力资本产权的企业契约，是指产权当事人双方为企业建立和运行而达成的权利义务约定。企业契约具有以下三个特点。

第一，企业契约是交易契约。在市场经济条件下，物质资本产权与人力资本产权的企业契约是通过市场交易达成的，所以，企业契约是交易契约。在市场中，物质资本产权与人力资本产权达成企业契约，受市场机制或价格机制、供求机制和竞争机制的作用和检验。价格机制是市场机制中最基础的机制。人力资本产权的价格除了决定于人力资本的价值之外，还受人力资本产权市场供求的影响。人力资本产权价格水平的变化，引导着未来人力资本产权投资者的行为，也影响着企业契约的达成状况。人力资本产权价格水平上升，人力资本收益权的"含金量"就会提高，人力资本产权的供给也会增加。但是，企业契约的达成率可能会降低，抑制了人力资本产权的需求；人力资本产权价格水平下降，人力资本收益权的"含金量"就会降低，人力资本产权的供给也会减少，但是，却可能提高企业契约的达成率，增加人力资本产权的需求。人力资本产权价格与人力资本产权供求这一联动关系，决定企业契约的最终达

---

① ［美］麦克尼尔：《新社会契约论》，雷喜宁、潘勒译，中国政法大学出版社1994年版，第5页。

成率。这组联动关系，是以市场竞争为条件的。人力资本产权价格对人力资本产权供给的影响，以人力资本产权之间竞争为条件；人力资本产权价格对人力资本产权需求的影响，则是以物质资本产权之间竞争为条件。从深层次来说，是市场竞争决定企业契约达成率。

供求机制是与价格机制紧密联系、共同发挥作用的机制。人力资本产权价格不仅要反映人力资本的价值，而且还要反映人力资本产权的供求关系。人力资本产权的供求关系，也影响企业契约的达成状况。人力资本产权供过于求，人力资本产权的价格就会低于价值，企业契约可能易于达成；人力资本产权供小于求，人力资本产权的价格就会高于价值，企业契约可能难于达成。由此，供求机制促使人力资本投资者努力适应市场需求的变化，引导物质资本产权与人力资本产权合理流动，提高两者的配置效率，调节企业契约的达成率。

价格机制和供求机制作用的结果，必然是优胜劣汰。按高于成本（或投资）价格交易的人力资本产权投资者将获利，按低于成本（或投资）价格交易的人力资本产权投资者将亏损。长此以往，与亏损的人力资本产权投资相同类的投资，将逐渐减少甚至绝迹。人力资本产权投资将转向可以获利的投资领域，进而调节人力资本产权的类型和数量，提高物质资本产权与人力资本产权的配置效率。

第二，企业契约是长期契约。物质资本产权与人力资本产权达成企业契约，目的是建立企业和运营企业——进行生产经营。客观理性地说，企业生产经营需要企业契约是长期契约。

（1）企业生产经营周期需要。一般企业生产经营周期都较长，特别是研发型企业、设备制造型企业、原材料生产型企业等，生产经营周期可能长达几年或十几年。因此，需要企业契约是长期契约。这里的长期契约是相对于治理契约和劳动契约的存续时间而言的，并不是经济发展规划中长期时间的概念。

（2）物质资本所有者收回物质资本投资和获得投资收益的需要。建立企业并进行生产经营，需要投入物质资本。如果没有物质资本投入，不仅企业难以建立，而且生产经营也难以进行。投入的物质资本，需要要在生产经营过程中逐步收回，所以收回投资的时间较长，特别是一些原材料企业、装备制造企业和基础设施企业等，收回投资的时间更长。因此，收回物质资本投资需要企业契约是长期契约。对于物质资本投资者来说，企业存续的时间越长，投资收益总额就会越大，这也会倾向于达成长期契约。

（3）人力资本所有者收回人力资本投资和获得投资收益的需要。人力资本是投资的产物，不仅要投入物质资本，而且还要投入时间、体力、精力、健康等非物质资本。一般来说，相对于个人收入，人力资本的投资都比较大，所以，收回投资的时间就比较长。因此，人力资本所有者收回人力资本投资需要长期企业契约；从人力资本所有者的投资收益来说，企业存续的时间越长，收益总额也会越大，这也使达成的企业契约长期性。

（4）人力资本的专用性需要。人力资本的专用性是指人力资本在某一用途上的价值要高于其在任何其他用途上的价值。人际关系、团队默契和特定信息等均是专用性人力资本。[①] 建立良好的人际关系不仅需要支付一定的时间成本，而且还需要付出财力、物力和精力等成本；团队默契需要团队成员长时间的"磨合"，需要付出一定的效率和时间成本；掌握特定的信息，也需要支付一定的时间、精力和物质等成本。支付这些成本形成的专用性人力资本，需要较长的时间收回。因此，拥有专用性人力资本的投资者，愿意使企业契约长期化。

---

① 年志远：《物质资本产权与人力资本产权再交易研究》，《吉林大学社会科学学报》2007年第2期。

（5）节约交易费用的需要。物质资本产权要与人力资本产权达成企业契约，就需要寻找人力资本产权作为交易对象；同理，人力资本产权要与物质资本产权达成企业契约，也需要寻找物质资本产权作为交易对象。但是，在现实中，由于交易双方存在着信息不对称，即双方都不知道交易对象是谁、在哪里，所以，双方都需要搜寻对方，这需要支付搜寻费用；然后，还需要支付调查了解费用、决策费用、重新决策费用、谈判费用、制定契约费用、执行契约费用，等等。因此，一份长期企业契约要比几份短期企业契约节约交易费用。另外，长期企业契约也有利于专用性人力资本充分发挥作用，提高企业生产经营效率；还可以减少事后机会主义行为。

第三，企业契约是更不完全契约。与市场契约相比，企业契约更不完全。这除了因为企业契约是长期契约、难以对未来事件的可能性做出准确的预测之外，还有下面两个主要原因。[①] 一是企业签订的是要素市场契约。与产品市场契约相比，要素市场契约更缺乏信息，可变因素更多。企业作为一个替代性的信息显示机制，实际上是对要素市场上严重信息缺乏的适应性反应。张五常在分析企业的契约性质时也指出，企业存在的一个重要原因，就是能够节约要素市场交易中存在的高昂信息费用。二是企业内部资产专用性程度相对比较高，企业面临的契约后机会主义行为的可能性也较大，因此，企业契约中包含了更多人的行为不确定性。而且，人力资本又是"主动性资产"，其所有者又完全控制着它的开发和使用，所以，契约中很难对人力资本的各种情况进行详细说明，或者说成本太高。相比之下，在商品购买契约中，主要项目却可以事先予以说明。因此，科斯认为，就企业契约的特点而言，"购买服务——劳动的情形显然比购买物品的情形具有更为重要的意义。"正是人力

---

① 陈赤平：《公司治理的契约分析》，中国经济出版社 2006 年版，第 28 页。

资本产权的这一特征，使企业"在直接利用这些资源时，无法采用事前全部讲清楚的合约模式。"①

二 物质资本产权与人力资本产权的治理契约

物质资本产权与人力资本产权的治理契约，是指产权当事人双方在企业治理上达成的权利和义务约定。物质资本产权与人力资本产权达成治理契约，目的是建立企业治理结构，进行企业治理权力配置。股东会把公司决策经营管理权力委托给董事会，形成股东会与董事会契约；股东会把监督董事会和经理层的权力委托给监事会，形成股东会与监事会契约；董事会把公司日常经营管理权委托给经理层，形成董事会与经理层契约；经理层把公司生产经营管理任务（或服务）委托给劳动者，形成经理层与劳动者契约。这些契约，既可以是显性的，也可以是隐形的。

物质资本产权与人力资本产权治理契约的核心，是企业治理权力所有者把自己的企业治理权力委托给受托者行使。当然，委托者并不是把自己的全部治理权力都委托给受托者行使，而只是把其中的一部分企业治理权力委托给受托者行使。股东会委托给董事会公司经营指挥控制权，保留了最终控制权；股东会委托给监事会监督董事会和经理层监督权，保留了最终监督权；董事会委托给经理经营指挥权，保留了经营控制权。物质资本产权与人力资本产权治理契约具有以下四个特点。

第一，治理契约是企业内部契约。治理契约是内含于企业契约内部的契约，它依赖于企业契约而存在。企业契约存在，治理契约也存在；企业契约不存在，治理契约也不存在。只要企业存在，企业就需要治理，就需要治理结构和权力配置；如果企业存在，又不

---

① 周其仁：《市场里的企业：一个人力资本与非人力资本的特别合约》，《经济研究》1996年第 6 期。

对企业治理，不存在治理结构和权力配置，那么，这样的企业也不会存在多久；如果不存在企业，也就无所谓企业治理，自然也就不存在企业治理结构和权力配置。一般来说，治理契约不是物质资本产权与人力资本产权通过交易达成的权利义务约定，而是隐含在法律法规内，由法律法规规定的。只要企业契约存在，法律法规规定的治理契约就自然而然地存在。

治理契约是企业内部契约，所以治理契约具有企业制度依存性。即治理契约是随着企业制度的不同而变化的。企业契约的种类不同或企业制度不同，企业治理契约也不同。在独资企业或合伙企业中，由于投资主体较少，只设立经营管理机构，不设股东会、董事会和监事会。所以，企业治理契约比较单一，表现为经理层与劳动者契约；在一般有限责任公司中，设股东会、董事会或董事、监事会或监事、经理层，治理契约表现为股东会与董事会或董事契约、股东会与监事会或监事契约、董事会与经理层契约、经理层与劳动者契约；在股份有限公司中，设股东会、董事会、监事会和经理层，治理契约表现为股东会与董事会契约、股东会与监事会契约、董事会与经理层契约、经理层与劳动者契约；在一人有限责任公司或国有独资公司中，不设股东会，设董事会、监事会和经理层，治理契约表现为出资者或代理人与董事会契约、出资者或代理人与监事会契约、董事会与经理层契约、经理层与劳动者契约。

从理论上来说，治理契约是企业内部契约，所以治理契约也应是长期契约。但是，在实践中，治理契约却是中期契约。例如，我国《公司法》规定：董事每届任期不得超过三年，董事任期届满，连选可以连任；监事每届任期为三年，监事任期届满，连选可以连任。因此，经理层每届任期也应不超过三年，因为经理层是由董事会聘任或解聘。采用三年的中期契约期，既有利于充分调动治理者的积极性，也有利于根据治理业绩及时调整、更换治理者。

第二，治理契约是组合契约。物质资本产权与人力资本产权的治理契约是由一系列子治理契约组合而成的，是一个治理契约结构或组合治理契约。一般而言，构成组合治理契约的要素有股东会与董事会契约、股东会与监事会契约、董事会与经理层契约、经理层与劳动者契约，等等。

物质资本产权与人力资本产权的治理契约之所以是组合治理契约，是因为企业物质资本产权与人力资本产权相分离而产生的委托代理问题所致。现代企业的物质资本产权与人力资本产权相分离，出现代理人和代理成本，即出现"道德风险"和"逆向选择"问题。这就需要委托人设立一套制度（即契约），规范不同权利主体之间的权责利关系，约束和监督代理人的行为，为此，组合治理契约应运而生。

在我国，股份有限公司治理契约由股东会与董事会契约、股东会与监事会契约、董事会与经理层契约、经理层与劳动者契约组成；有限责任公司治理契约由股东会与董事会或执行董事契约、股东会与监事会契约、董事会与经理层契约、经理层与劳动者契约组成；一人有限责任公司由于不设股东会，治理契约由公司章程决定；国有独资公司也不设股东会，治理契约由国资委与董事会契约、国资委与监事会契约、董事会与经理层契约组成；独资企业或合伙企业治理契约由公司章程决定。

美国、英国公司，治理契约由股东会与董事会契约、董事会与经理层契约、经理层与劳动者契约组成；德国公司，治理契约由股东会与监督董事会契约、监督董事会与管理董事会契约、管理董事会与劳动者契约组成；日本公司，治理契约由股东会与董事会契约、股东会与监事会契约、董事会与经理层契约、经理层与劳动者契约组成。

在同一国家，企业制度不同，企业治理契约的组合也不同；在不同的国家，相同的企业制度，企业治理契约的组合也不同。但是，治理契约的治理权力却是完全相同的，都是由最终控制权、监督权、经营控制权和经营指挥权构成的。也就是说，虽然各国受本国政治、经济和文化等因素的影响，使用了适应本国国情需要的企业治理契约组合，但是都根据企业治理的实际需要，向各治理契约组合要素赋予权力，满足了企业生存和发展需要。

第三，治理契约是隐显混合契约。所谓显性治理契约，是指产权当事人双方通过交易达成的权利义务约定；所谓隐性治理契约，是指产权当事人双方的权利义务由法律法规规定，不需要产权当事人双方交易达成。代表性的隐性契约或显性契约主要有以下三个。

（1）股东会与董事会之间的隐性委托契约。股东会与董事会之间的权利义务约定是由法律法规规定的，不是产权当事人双方通过交易达成的，所以它们之间是隐性委托治理契约。在治理契约中，董事会受股东会的信任委托，托管公司的法人财产和负责公司经营，成为公司的经营决策层和公司的法定代表，对全体股东负责。股东不再直接干预公司的经营管理，也不能以商业经营原因，如正常的经营失败等来解聘董事，但是，可以以玩忽职守、滥用权力、未尽到受托责任等起诉董事或不再推举他们连任。不过，选举不能由单个股东决定，而是由股东会投票决定。个别股东如对受托董事的治理绩效不满意，可以"用脚投票"，即转让自己的股权脱离该公司。

董事会是全体股东的代表，为全体股东的利益行使公司经营权力。在有限责任公司中，由于股东的人数较少，所以董事会成员大多具有股东身份，这意味着大股东直接控制公司；在股份有限公司中，由于股权比较分散，董事会主要由大股东、经营管理专家以及社会人士组成。

（2）股东会与监事会之间的隐性委托契约。股东会与监事会之间的权利和义务约定是由法律法规规定的，不是产权当事人双方通过交易达成的，所以他们之间是隐性委托治理契约。监事会受股东会的信任委托授权，对股东会负责，代表股东会对董事会和经理层进行监督检查，防止它们滥用职权，损害公司利益；并且对董事会和经理层的工作绩效进行评审与监督，维护公司健康发展。对于董事会和经理层滥用职权、经营不善等，监事会可以提请召开股东会，改组董事会或更换董事；或提请董事会更换经理。

监事会是投资者监督权的主体。在股东人数较多的情况下，由于监督权分散，所以只能把监督权委托授予给自己选举出来的监事会，由监事会代表股东会行使监督权。可见，监事会的监督权是股东所有权的延伸。监事享有监督权力，但同时，也具有义务和责任。监事应当遵守公司章程，忠实履行职务，维护公司利益。不得以权谋私，不得收受贿赂，不得获取非法收入，不得侵占公司财产，不得泄露公司秘密。监事执行公司职务时，如果违反法律、行政法规或公司章程，给公司造成损害的，应当承担赔偿责任。

（3）董事会与经理层之间的显性委托契约。董事会与经理层之间的权利义务约定是通过交易达成的，不是由法律法规规定的，所以它们之间是显性委托治理契约。董事会以经营管理才能和创利能力为标准，选择和聘任经理层。经理层，特别是经理，作为董事会的意定代理人，有管理权和代理权。管理权是指经理人员对公司内部事务的管理职能；代理权是指经理人员在诉讼方面及诉讼之外的商业代理权。① 董事会与经理层之间的显性委托契约有其明显的特点。

一是治理契约是董事会与经理层通过交易达成的，是显性治理契约。二是经理层作为被聘用的代理人，其权力受董事会委托范围

① 何玉长：《国有公司产权结构与治理结构》，上海财经大学出版社1997年版，第132—136页。

的限制。限制包括法定限制（法律与公司章程）和意定限制（董事会的授权范围和决定）。超越权限的决策和被公司章程或董事会定义为重大战略的决策，要报请董事会决定。三是公司对经理层的聘用是有偿的。经理层和公司之间是一种雇佣关系，经理层有责任和义务依法经营管理好公司事务，董事会也有权审核经理层的经营绩效，并据此对他们进行奖励或解聘。四是经理有权提请聘任或者解聘公司副经理和财务负责人。

治理契约中董事会与经理层的委托代理关系表明，董事会的主要职能已经从经营管理转为战略决策和对执行管理职能的经理层的制约。事实上，作为董事会意定代理人的经理层的权力比法律规定的和董事会授予的更大，因此，加强对经理层的约束激励，是完善公司治理契约的重要一环。

第四，治理契约是权力约束契约。治理契约的双方当事人严格受治理契约的约束。主要受两类契约约束，即法律法规约束和签订的契约约束。

（1）法律法规约束。制定法律法规的主体是国家或地方政府。国家或地方政府为了实现社会经济发展，从国家社会政治经济稳定、健康、发展的全局出发，从有利于企业经营管理、保护物质资本产权主体与人力资本产权主体双方当事人的正当、合法权益出发，制定了一系列当事人都必须遵守的法律法规。在一个国家或一个行政区域内，产权当事人双方都要受同一部法律法规约束。这种约束是强制的，它强制双方当事人必须无条件执行。违反约束者，将付出高昂的费用。因此，产权当事人双方在行使企业治理权力过程中，只有遵守法律法规，才会受到保护，治理权力才会发挥作用。

（2）签订的契约约束。产权当事人双方不仅要受到法律法规约束，而且还要受签订的契约约束。双方当事人依据有关法律法规，从维护自身的正当权益出发，利用谈判技巧和自身资本价值，讨价还价，签订"治理契约"。"治理契约"签订以后，对双方当事人均有约束作用。当然，"治理契约"经双方当事人协商同意，可以变更、解除、终止和续订。与法律法规相同的是，"治理契约"签订以后，双方当事人也必须无条件遵守。任何违反"治理契约"的当事人，都将受到应有的惩罚。如果签订的"治理契约"违反了法律法规或采取了欺诈、威胁等手段，则"治理契约"无效，没有法律约束力。一般而言，"治理契约"都具有较强的针对适用性，即只适用于特定的企业。尽管不同的企业可能签订不同的"治理契约"，但"治理契约"的形式和内容却是基本相同的。

常见的"治理契约"主要有劳动契约、考勤制度、考核制度、岗位责任制、工资制度、安全制度、设备管理制度、奖惩制度，等等。"治理契约"不同，对双方当事人的约束也不同。"治理契约"关系到双方当事人的切身权益，所以应由当事人双方本着平等的原则，互相尊重，充分考虑对方的意愿，在协商的基础上签订。物质资本产权所有者决不能妄自尊大，忽视人力资本产权所有者的意愿；更不能自作主张，把自己的意愿强加于人。否则，治理契约将难以发挥应有约束作用。

三　物质资本产权与人力资本产权的劳动契约

物质资本产权（或企业）与人力资本产权的劳动契约，是企业与劳动者就有关生产、管理、经营、销售或服务等所达成的权利和义务约定。劳动契约是生产性契约。按法律规定，劳动契约应是书面规范契约。书面规范契约是指符合法律法规规定的劳动契约。符合法律法规规定的劳动契约具有法律效力。劳动契约要合法，要保护双方当事人的权利。

第一，劳动契约要符合法律法规规定。从表象上来看，劳动契约是企业与劳动者签订的。但是，从本质上来看，则是物质资本产权主体与人力资本产权主体签订的。因为企业由经理层经营管理，经理层又是董事会的代理人，而董事会又是股东会的委托人，所以，劳动契约本质上是物质资本产权主体与人力资本产权主体签订的。订立和变更劳动契约，要平等自愿、协商一致，不能违反法律法规规定。依据法律法规订立的劳动契约具有约束力，当事人享有约定的权利和履行的义务。违反法律法规的劳动契约，采取欺诈、威胁等手段订立的劳动契约无效。无效的劳动契约，从订立的时候起，就没有法律约束力。① 确认劳动契约部分无效的，如果不影响其余部分的效力，其余部分仍然有效。劳动契约的无效，由劳动争议仲裁委员会或者人民法院确认。劳动契约应以书面形式订立，应包括以下条款：劳动契约期限、工作内容、劳动保护、劳动条件、劳动报酬、劳动纪律、劳动契约中止条件、违反劳动契约的责任以及约定的其他内容。

第二，劳动契约要保护双方当事人的权利。劳动契约规定了物质资本产权与人力资本产权双方主体的权利和义务。作为人力资本产权主体的劳动者，享有取得劳动报酬的权利、休息的权利、获得劳动安全卫生保护的权利、接受职业技能培训的权利、享受社会保险和福利的权利、参加和组织工会的权利、提请劳动争议处理的权利以及法律规定的其他劳动权利。但是，劳动者也应当完成劳动任务，遵守企业依法制定的规章制度，遵守劳动安全卫生、生产工艺、操作规程和工作规范，爱护企业的财产，遵守职业道德，积极参加企业培训，提高思想觉悟，提高职业技能；作为物质资本产权主体代理人的企业或经理层，享有依法建立和完善规章制度的权利、保障劳动者享有劳动的权利和履行劳动义务。劳动契约应保护

---

① 郭东杰：《公司治理与劳动关系研究》，浙江大学出版社 2006 年版，第 290 页。

物质资产权主体与人力资本产权主体双方当事人的合法权益，实现物质资本与人力资本的结合，生产产品或提供服务。

第三节　物质资本产权与人力资本产权交易[*]

企业是物质资本与人力资本交易的一个契约。或者进一步说，企业是物质资本产权与人力资本产权交易的一个契约或载体。因此，深入研究物质资本产权与人力资本产权交易，具有理论意义和现实意义。它既可以推进产权经济学的发展，又可以优化企业所有权安排。

一　物质资本产权与人力资本产权交易的特点

物质资本产权与人力资本产权交易主要具有以下三个特点。

第一，交易权利不平等。物质资本产权与人力资本产权交易是不平等的，物质资本产权主体始终处于交易主导地位，人力资本产权主体始终处于交易从属地位。这种主从地位格局，使物质资本产权主体在交易中决定是否成交、成交价格及人力资本收益权归属。

造成物质资本产权主体和人力资本产权主体权利差别的根本原因，是初始资本价值信号强弱不同。物质资本价值是显现的，初始价值信号明晰强烈；而人力资本价值则是隐藏的，初始价值信号模糊微弱。所以，物质资本产权主体始终占据主导地位。

企业是由物质资本和人力资本交易达成后签订的一个契约，这标志着物质资本产权主体已经控制人力资本产权主体。如果物质资本产权主体没有控制人力资本产权主体，则交易就难以达成，契约也难以签订，企业自然也就难以设立。

＊ 本节内容原载《四川大学学报》（哲学社会科学版）2006 年第 1 期。

从企业的生产经营来说，物质资本产权主体控制人力资本产权主体是比较有利的，它可以强化物质资本所有者的权威，保护物质资本所有者的利益，实现企业的既定目标。由于人力资本产权受控于物质资本产权，人力资本所有者受物质资本所有者支配，所以，其收益权完全被剥夺。这就是为什么目前人力资本所有者难以分享到企业剩余索取权的重要原因之一。

第二，交易风险不对称。物质资本产权与人力资本产权交易风险是不对称的，即前者风险大，后者风险小。因为在完成交易后，虽然在形式上交易的权力已归属于对方，但是在本质上，人力资本财产的所有权（狭义）、占有权、实际使用权和实际处置权仍然由人力资本财产交易主体，即所有者控制，他随时都可能不"兑现"所交易的权力。人力资本财产实际使用控制权天然由载体控制的客观事实表明，即使人力资本产权交易实现了，人力资本财产的真实供给仍然存在着极大的不确定性，即交易主体能否履约的风险性。如果人力资本财产所有者不能履约，则会造成物质资本所有者较大的损失；即使人力资本财产所有者能够履约，但由于人力资本使用权的无形性和人力资本财产质量和数量的难以测量性，其履约程度也是难以控制的。因此，仍然存在履约率的风险。

另外，由于人力资本产权交易结果并不能真正实现人力资本实际使用权和占有权相分离，所以，交易后人力资本财产仍然由其载体"保管"，如果承载者没有"保管"好，就会出现"意外事故"，使人力资本财产受损。这些都表明，物质资本产权所有者承担的风险较大。

第三，交易多次进行。物质资本产权之间的交易比较简单，只进行一次交易即可以完成。因为在交易之前，物质财产的使用细节已经基本确定。在企业内部，只需要行政权威命令就可以配置物质财产，所以，产权交易一次就可以完成。但是，物质资本产权与人力资本产权交易则不同，初次交易契约只能对人力资本财产的使用作一般性的规定，而权利和义务的细节尚没有确定，要留待进入企业以后再说。所以，人力资本产权在企业内部还要进行再次交易。也就是说，尽管人力资本财产进入了企业，但人力资本产权的使用却并不能完全由企业经营者行政命令单方面决定，还必须进行谈判，即要考虑人力资本产权所有者的意愿和要求。只有再次交易的结果完全被人力资本财产所有者接受，人力资本才能正常和充分发挥作用。所以，物质资本产权与人力资本产权需要进行多次交易。另外，由于人力资本财产是一种充分主动和"会跑"的财产，所以，当人力资本财产不能正常或充分发挥作用时或对交易的结果不能够完全接受时，人力资本产权就应该再次进行交易。

再次交易可以分为两种情况：一种是在企业内部重新交易。企业和人力资本所有者通过再次谈判达成新的交易结果；另一种是到市场上重新交易。如果受某些因素影响，在企业内部不能重新交易或交易结果仍难以令人力资本财产所有者满意时，人力资本财产所有者就可能终止服务，重新回到人力资本产权市场去选择交易对象，寻找自己满意的再次交易。当然，人力资本产权的重新交易也可以是企业要求的。总而言之，人力资本财产的使用过程，也是人力资本产权的不断交易过程。只要有人力资本财产的使用，就会发生人力资本产权的交易，直到人力资本财产退出使用为止。如果人力资本财产退出使用后不再进入市场，则交易停止；如果重新进入市场，则新的交易周期又将开始。

二　物质资本产权与人力资本产权交易的权能

物质资本产权与人力资本产权交易，不能是完整产权交易，因为完整物质资本产权交易将使物质资本所有者失去物质资本及收益权，完整人力资本产权交易将使人力资本所有者失去自由，所以，二者只能是各自的若干项权能进行交易。

物质资本产权是由所有权（狭义）、占有权、使用权、收益权和处置权等权能构成，人力资本产权是由所有权（狭义）、占有权、实际使用权、法权使用权、收益权、实际处置权和法权处置权等权能构成①。据此，我们展开进一步的分析。

首先，我们分析物质资本产权用于交易的权能。物质资本产权之所以要与人力资本产权进行交易，是因为物质财产所有者期望通过物质财产与人力财产的交易，实现物质财产的保值和增值。因此，物质资本产权与人力资本产权进行交易时，要让渡物质财产的占有权，以便于人力财产作用于物质财产，使物质财产价值增值；物质财产的占有权交易让渡了，物质财产的使用权也就自然而然让渡了，因为人力财产只有实际"使用"物质财产，物质财产的价值才会实现增值；物质财产的使用权交易让渡了，也就交易让渡了物质财产的处置权，因为物质财产使用的本身就是对物质财产的处置；物质财产所有权（狭义）是物质财产所有者拥有物质财产的法律凭证，是不会交易让渡的，否则，就会失去自己的物质财产；而物质财产的收益权则是物质资本产权交易的目的和出发点，失去了收益权，物质资本产权与人力资本产权交易就失去了意义。因此，物质资本产权与人力资本产权交易，是物质资本所有者保留所有权（狭义）和收益权，而把其余三项权能，即占有权、使用权和处置权权能用于交易。交易的结果，是企业（如股份有限公司）诞生，占有权、使用权和处置权权能归属于企业拥有，转化为经营权。

其次，我们分析人力资本产权用于交易的权能。人力资本不能独立存在，只能存在于承载者的身体之中②，所以，人力资本承载

① 年志远：《变异所有权与债权——也谈人力资本投资者的权利》，《天津社会科学》2004年第2期。

② 黄乾：《人力资本产权的概念、结构与特征》，《经济学家》2000年第5期。

者是人力资本唯一的所有者（狭义）和占有者，拥有人力资本所有权（狭义）和占有权。否则，人力资本承载者将失去人身自由。因此，在人力资本产权交易时，人力资本所有权（狭义）和占有权不能作为交易对象。同时，由于人力资本承载者享有人力资本所有权（狭义）和占有权，也就自然成为人力资本的唯一实际使用者，拥有唯一的人力资本实际使用权。所以，在人力资本产权交易时，人力资本实际使用权也不能作为交易对象。人力资本所有者享有的唯一所有权（狭义）、占有权和实际使用权又派生出人力资本实际处置权。同样道理，人力资本实际处置权也是不能作为交易对象的。

下面，我们分析人力资本收益权、法权使用权和法权处置权权能能否作为交易对象。人力资本是投资的产物，所以，这种资本投入企业后，理应获得投资回报[1]，分享企业剩余，即享有收益权。所以，收益权是不应交易让渡的。但是，在现阶段，受多种因素的影响和制约，在物质资本产权与人力资本产权交易时，人力资本收益权却被物质资本所有者不公正地占有[2]，使人力资本收益权成为"交易"让渡对象。为什么？主要原因是受产权经济学的误导。产权经济学只承认物质资本产权，不承认人力资本产权，自然就剥夺了人力资本所有者的收益权。

在物质资本产权与人力资本产权交易中，法权使用权是主要的交易对象。物质资本所有者愿意同人力资本所有者交易的目的，就是为了获取依法支配人力资本承载者把人力资本付诸于实际使用的权力。物质资本所有者拥有了人力资本法权使用权，也就获得了人力资本法权处置权。所以，法权处置权也是可以交易的。人力资本法权处置权是法律赋予物质资本所有者处置人力资

---

① 年志远：《论人力资本产权流动》，《四川大学学报》（哲社版）2002 年第 5 期。
② 周其仁：《市场里的企业：一个人力资本与非人力资本的特别合约》，《经济研究》1996 年第 6 期。

本的权力，它也是一种支配权力，即依法支配人力资本实际处置权，或依法支配人力资本承载者处置人力资本的权力；同时，它又是一种间接的和法权上的权力，而不是具体的、真实的、实际处置人力资本的权力。

三 物质资本产权与人力资本产权交易的费用

物质资本产权与人力资本产权交易，也要消耗一定的资源，也需要交易费用。交易费用主要由以下四个部分构成。

第一，信息费用。一是搜寻费用。物质资本产权与人力资本产权进行交易，需要有交易对象。但是，在现实中，由于交易双方存在着信息不对称，即双方都不知道交易对象是谁、在哪里，所以，双方都需要寻找对方。这样，就会发生一定的人、财、物等的消耗[①]。二是调查了解费用。寻找到了交易对象，只是具备了交易的前提条件，但能否进入实质性的交易过程和实现交易，交易双方都会采取各种可能的措施去了解、搜集对方的各种信息，并对对方的各种信息进行分析，以确定信息是否达到既定的标准或目标，确定满意程度。三是决策费用。如果交易过程是多方博弈，就需要对博弈各方进行综合比较分析，最后做出决策。如果决策失误，还会增加决策费用，即重新进行决策的费用。

第二，交易过程费用。交易过程费用包括两部分：一是交易中发生的费用。主要包括谈判费用、协议费用、执行费用以及其他辅助保障费用等。二是指交易偏离了一致性后所产生的，不适应费用、双方矫正事后不一致性所产生的讨价还价费用，与规制结构有关的设立与运行成本以及实现可信承诺的保证费用。

第三，再交易费用。物质资本产权与人力资本产权在市场上完

---

① 牛德生：《关于企业所有权安排理论的观点述评》，《经济学动态》1999 年第 4 期。

成交易后，还要在企业内部进行多次交易。这是因为物质资本所有者是通过人力资本所有者把"事情"办好，所以他就必须考虑人力资本所有者的意愿和要求，允许其重新交易，即讨价还价，以充分发挥人力资本所有者的积极主动性。物质资本产权与人力资本产权在企业内进行的再交易，产生了再交易费用。另外，由于人力资本的价值是不断变化的，企业对人力资本的要求也是不断变化的，所以，这也客观需要物质资本产权与人力资本产权交易不断进行。当人力资本价值提高以后，原来的交易结果就会显得相对不合理，这时，人力资本所有者就会要求物质资本所有者重新交易，以实现其应有的价值；如果人力资本的价值不能满足企业的需要，则物质资本所有者也会要求人力资本所有者重新交易，以降低人力资本价格。可见，物质资本产权与人力资本产权交易是绝对的，交易费用是不断递增的。物质资本产权与人力资本产权交易费用的不断上升看起来虽然增加了企业的生产经营成本，但事实上却大大提高了企业生产经营的效率，增强了企业的盈利能力，保证了企业的良性运行。

第四，交易后费用。物质资本产权与人力资本产权交易完成后，还会产生交易后费用，即威廉姆森所说的事后交易费用。事后交易费用是指契约签订后，为了解决契约本身存在的问题而改变条款或退出契约所支付的费用。主要包括[1]：一是当交易偏离了所要求的准则时所引起的不适应成本。例如，物质资本出资者要求经营者大幅度提高企业的经济效益，但经营者做不到；或者经营者要求物质资本出资者扩大授权，但物质资本出资者不同意。这些都会产生不适应成本。二是双方为了纠正事后偏离准则的行为而支付的努力成本和争论成本。例如，物质资本出资者找出各种理由，不允许

---

① 卢现祥：《新制度经济学》，武汉大学出版社 2004 年版，第 35 页。

经营者分享企业剩余索取权；但经营者也找出各种理由强调应该分享企业剩余索取权。于是，产生了讨价还价成本。三是建立和运作管理机构而产生的成本。为了解决契约纠纷，就必须建立相应的管理机构，这必然要支付成本。另外，管理机构的运行和交易纠纷的解决，也需要支付成本。四是安全的、保证生效的抵押成本，即确保各种约定得以兑现所支付的成本，如交易契约的公证费。

第四节　物质资本产权与人力资本
产权再交易*

一　问题提出

企业是物质资本与人力资本的特别合约①，也是物质资本产权与人力资本产权的交易契约。企业内是否存在交易？科斯认为，企业内市场交易已经被取消，已由企业权威（企业家）来支配企业资源。② 但是，在现实中，企业成立以后，企业内产权交易并没有结束。随着企业生产经营的展开，物质资本产权与人力资本产权还将进行再交易，以满足企业的生存和发展需要。从这个意义上来说，企业又是物质资本产权与人力资本产权初次交易的契约。再交易不是再进行一次交易，而是根据企业的实际需要，不断地进行交易，直至企业的生命结束。

物质资本产权与人力资本产权再交易是在两个层面上进行的：一个层面是在物质资本所有者与人力资本所有者之间进行的，例如，物质资本所有者与企业经营者的交易；另一个层面是在物质资本所有者的代理人——企业经营者与生产者（含一般管理者、技术

　＊ 本节内容原载《吉林大学社会科学学报》2007 年第 2 期。

　① 周其仁：《市场里的企业：一个人力资本与非人力资本的特别合》，《经济研究》1996 年第 6 期。

　② Coaser H.，"The nature of the firm"，*Economica*，No. 4，1937。

人员和一线工人）之间进行的，例如，企业经营者与一线生产者的交易。

人力资本的价值是不断变化的，企业对人力资本的要求也是不断变化的，所以，产权再交易就要不断进行。当人力资本的价值被低估或价值提高了，原来的交易结果对人力资本所有者而言就不合理，这时，人力资本所有者就会要求企业重新交易，以实现自身应有的价值；相反，如果人力资本的价值被高估或价值不能满足企业的需要，则企业就会要求人力资本所有者重新交易，以降低人力资本的价格。因此，产权再交易是绝对的，产权交易费用是不断递增的。人力资本产权交易费用的不断上升看起来虽然增加了企业的生产经营成本，但事实上却大大提高了企业生产经营的效率，增强了企业的盈利能力，有利于企业的发展。

二 物质资本产权与人力资本产权再交易的目的

物质资本产权与人力资本产权初次交易，目的是为了建立企业。物质资本产权与人力资本产权再交易，目的是为了实现资本的高效率，特别是实现人力资本的高效率。前者是公平性交易，后者是效率性交易。

受多种因素的影响和制约，物质资本产权与人力资本产权在初次交易时，人力资本收益权（企业剩余索取权）被物质资本所有者不公正和不同程度地占有。人力资本收益权与人力资本所有权（狭义）的分离，导致人力资本所有者减少人力资本的支出，使资本的效率降低。为了调动人力资本所有者的积极性，物质资本所有者应通过物质资本产权与人力资本产权再交易，把占有的人力资本收益权逐步归还给人力资本所有者。人力资本收益权回归人力资本所有者，使人力资本收益权与力资本所有权（狭义）相重合，可以充分激发人力资本所有者的积极性，符合激励相容原理。当然，对于不同存量的人力资本，人力资本所有者的收益权的权利也应不同。

物质资本产权与人力资本产权的初次交易达成以后，企业随之建立。企业建立以后，面临着如何具体配置物质资本和人力资本进行生产经营的问题。在具体配置资本时，核心是要发挥资本的效能。因此，物质资本产权与人力资本产权再交易的目的，是充分发挥物质资本和人力资本的效率。那么，哪种资本起决定作用呢？

物质资本是一种"死的"资本，而且在交易之前，其使用细节就已经基本确定了，所以物质资本产权与人力资本产权初次交易结束后，即实现了完全的产权交易，达到了交易的目的。在企业内部，对物质资本的配置只需要行政权威的命令就可以，不需要进行再次交易。① 而且，物质资本又是"不会跑"的资本，一旦配置完毕就将服务到"生命"结束。物质资本效能发挥主要取决于配置效率和使用效率。配置效率取决于行政权威，使用效率取决于普通人力资本所有者。一般而言，行政权威即是企业经营者，也即是高级人力资本所有者。因此，物质资本效能发挥主要取决于人力资本的效能，人力资本是一种"活的"资本。

初次交易契约只能对人力资本的使用做出一般性的规定，而细节则要待其进入企业以后再说。所以，在企业内部，人力资本产权还必须与物质资本产权进行再交易。也就是说，尽管人力资本已经进入了企业，但是，人力资本产权交易并没有结束，人力资本产权的使用还不能完全由行政权威单方面决定，还必须在企业内部进行再交易，即企业行政权威要考虑人力资本产权所有者的意愿和要求，允许其进行讨价还价。只有再交易的结果完全被人力资本所有者接受，人力资本才能正常、充分和高效地发挥作用。

另外，由于人力资本是一种充分主动和"会跑"的资本，所

---

① 张建琦：《人力资本交易与国有企业的契约关系》，《中山大学学报》（社科版）2000 年第 2 期。

以，当人力资本不能正常或充分发挥作用时，或其对交易的结果不能够完全接受时，人力资本产权就有可能发生再交易。这里可以分为两种情况。一种情况是在企业内部重新交易。企业和人力资本所有者通过再次谈判达成新的交易结果。另一种情况是到市场上重新交易。如果在企业内部因某些因素影响不能重新交易，或交易结果仍难以令人力资本所有者满意时，人力资本所有者就可能终止服务，重新回到人力资本产权市场去选择交易对象，寻找自己满意的再次交易。

当然，人力资本产权的重新交易也可以是企业要求的。总而言之，人力资本的使用过程，也是人力资本产权的不断交易过程。再交易的次数受初次交易契约的期限影响，初次交易契约的期限越长，再交易的次数也就越多。只要有人力资本的使用，就会发生人力资本产权的再交易，直至人力资本退出使用为止。如果人力资本退出使用后不再进入市场，则交易停止；如果重新进入市场，则新的交易周期又将开始。

三　物质资本产权与人力资本产权再交易的内容

物质资本产权与人力资本产权达成初次交易建立企业后，物质资本所有者或其代理人已经获得了人力资本法权使用权和法权处置权。[①] 这时，物质资本所有者或其代理人完全可以采取强制性方式支配人力资本的实际使用权和实际处置权，实现人力资本与物质资本相结合，实现企业生产经营。但是，这种强制性支配人力资本的行为，可能会影响人力资本所有者的利益，导致人力资本所有者不满，降低人力资本的使用效率。为了尊重人力资本所有者的利益，调动人力资本所有者的积极性，物质资本所有者或其代理人将通过

---

① 年志远：《变异所有权与债权——也谈人力资本投资者的权利》，《天津社会科学》2004年第2期。

产权再交易的方式，允许人力资本所有者讨价还价，满足他们的正常合理要求，用再交易支配人力资本的实际使用权和实际处置权，实现人力资本与物质资本相结合，提高资本效率。

物质资本产权与人力资本产权再交易的主要内容是人力资本所有者的权利。概括起来，是人力资本所有者取得劳动报酬的权利、休息休假的权利、获得劳动安全的权利、接受职业技能培训的权利、享受社会保险和福利的权利、提请劳动争议处理的权利、职业卫生保护的权利、女性劳动保护的权利、分享企业剩余的权利，等等。

在这些权利中，核心的交易内容是分享企业剩余的权利。一般而言，物质资本产权与人力资本产权初次交易的结果，是物质资本所有者独享或基本独享企业剩余索取权，而人力资本所有者不分享或基本不分享企业剩余索取权。这种利益分配格局是不公平的，因为交易双方都是独立的产权主体，都拿出了自己的一部分产权进行交易，所以双方都应获得本应获得的产权收益，即公平分享企业剩余。由于企业剩余分配不公平，人力资本所有者自然会要求再交易，以获得一定的补偿。为了调动人力资本所有者的积极性，充分发挥人力资本的效能，人力资本所有者的要求将会得到一定程度的满足。随着企业生产经营的进行，再交易将不断进行，人力资本所有者分享的企业剩余份额也将不断增加，人力资本所有者的积极性也会进一步提高，人力资本的效能也会不断提高，直至人力资本所有者的积极性达到极限，即双方能够比较公平地分配企业剩余为止。

物质资本产权与人力资本产权通过再交易，逐渐公平分配企业剩余的过程可以描述如下：设人力资本所有者为 H，其分享的企业剩余份额为 h（h≥0）；设物质资本所有者为 Q，其分享的企业剩余份额为 q；抽象去掉既为人力资本所有者又为物质资本所有者的情况。再设企业剩余公平分享份额为 h′和 q′。

在信息不对称的情况下，在签订初始企业契约 t_0 的时点，由于物质资本价值信号显示充分，并且具有完全的可抵押性；而人力资本的价值难以度量和受劳动力市场完善程度等的影响，很难准确显示，所以，物质资本所有者在产权初次交易中占有明显的优势，而人力资本所有者的价值被低估。因此，初始人力资本所有者分享的企业剩余份额为 h_0（$h_0 \geq 0$），物质资本所有者分享的企业剩余份额为 q_0。比较所得份额：$h_0 < h'$ 和 $q_0 > q'$。

随着时间的推移，人力资本的价值逐步得到显现，而且又增加了一定的新的专用性资产。人力资本所有者的谈判力得以提高，进而迫使理性的物质资本所有者在产权再交易中同意人力资本所有者增加企业剩余分享份额。随着再交易次数的递增，人力资本所有者分享的企业剩余份额也将逐渐增加。在 t_1 契约期时，人力资本所有者分享的企业剩余份额为 h_1，物质资本所有者分享的企业剩余份额为 q_1，这时，$h_0 < h_1 < h'$，$q' < q_1 < q_0$。企业剩余分享向公平趋近。……在 t_n 契约期时，人力资本所有者分享的企业剩余份额将达到 $h_n = h'$，物质资本所有者分享的企业剩余份额将达到 $q_n = q'$，企业剩余实现公平分配。

四　物质资本产权与人力资本产权再交易的特点

第一，交易权利逐渐平等。物质资本产权与人力资本产权在初次交易时，交易权利是不平等的。[①] 物质资本所有者或其代理人处于交易的主导地位，人力资本所有者处于交易的从属地位。之所以如此，是因为物质资本和人力资本的初始价值显示信号强弱不同。物质资本的价值显示信号强，谈判力也强，在初次交易中具有主导性交易权利；人力资本的价值显示信号弱，谈判力也弱，在初次交

---

① 年志远：《论物质资本产权与人力资本产权交易》，《四川大学学报》（哲学社会科学版）2006 年第 1 期。

易中具有从属性交易权利。

在企业的生产经营中，人力资本价值的显现、提高和增加，使人力资本所有者的谈判力得到提升，交易权利也有所增强。在产权再交易中，物质资本所有者或其代理人将承认人力资本所有者交易权利的增强。再交易的过程，是人力资本所有者的交易权利不断增强的过程，也是交易权利趋向于平等的过程。

在后续的生产经营中，人力资本的价值还会进一步显现、提高和增加。当人力资本的价值显现、提高和增加到一定程度，人力资本产权与物质资本产权还将再交易，使双方的交易权利进一步平等。如此下去，总会有一个时期，双方的交易权利达到平等。

第二，交易风险逐渐对称。物质资本产权与人力资本产权初次交易，交易风险是不对称的，前者风险大，后者风险小。因为在交易完成后，人力资本财产的所有权（狭义）、占有权、实际使用权和实际处置权仍然由人力资本交易者（所有者）控制着，他随时都可能不履约。即使能够履约，由于人力资本使用权的无形性和人力资本财产质量及数量的难以测量性，其履约程度也是难以控制的。另外，由于人力资本产权交易结果并不能真正实现人力资本实际使用权与人力资本所有者相分离，所以，交易后人力资本财产仍然由其载体"保管"。如果承载者没有"保管"好，出现"意外事故"使人力资本财产受损，那么，物质资本所有者就会承担风险。这些都表明，物质资本产权所有者承担的风险较大，人力资本产权所有者承担的风险较小，主要是价值被贬风险。

物质资本产权与人力资本产权再交易将使交易风险逐渐对称。首先，人力资本所有者不履约风险消除。物质资本产权与人力资本产权再交易，是在企业内部进行的。企业的成立，表明人力资本所有者已经履约了，不履约风险已经消除。其次，人力资本所有者履约程度风险降低。在企业生产经营过程中，人力资本财产的质量和数量状况已基本经过"实践检验"，使再交易有了实践依据，交易价格趋向于合理，降低了物质资本产权的交易风险。最后，物质资本所有者与人力资本所有者已构成风险共同体。在企业建立之前，人力资本所有者已经拥有某种专用性人力资本；进入企业之后，还会增加新的专用性人力资本，如团队精神、团队协作能力、团队人际关系或某些特定的知识和信息优势，等等。这种专用性人力资本如果退出特定的企业，就将消失，难以发挥作用，使人力资本所有者受损。这种专用性人力资本客观上也构成了人力资本所有者退出企业的障碍。当然，这种专用性人力资本退出企业，也会给企业造成较大的损失。这种专用性人力资本产生了"捆绑"效应。专用性人力资本越强，产生的"捆绑"效应也越强，退出给双方造成的损失也就越大。因此，再交易时，如果交易遇到一定的障碍，理性的双方都会退让一步，达成交易，避免两败俱伤，以实现共赢。总之，在物质资本产权与人力资本产权再交易中，交易风险将逐渐对称。

第三，交易内容具体化。物质资本产权与人力资本产权再交易的内容是初次交易内容的具体化，是直接实施的内容。例如，分享企业剩余的权利问题、获得劳动安全的权利问题，等等。初次交易的内容是比较单一的、宏观的，由人力资源管理部门代表企业或物质资本所有者与人力资本所有者进行交易。初次交易的场所和次数基本是确定的，但再交易的内容则是多方面的、具体的，由多个相关部门代表企业或物质资本所有者与人力资本所有者进行交易。再交易没有固定的场所和次数限制，完全是根据需要确定交易场所和次数。

五　物质资本产权与人力资本产权再交易的费用

物质资本产权与人力资本产权再交易，也需要花费成本，因为它也消耗了一定的资源。物质资本产权与人力资本产权再交易费用主要由以下三个部分构成。

第一，再交易前费用。再交易前费用是指物质资本产权与人力资本产权初次交易后，到再次交易前所发生的费用。再交易前费用主要是搜集信息费用。物质资本产权与人力资本产权进行再交易，需要物质资本所有者与人力资本所有者双方在原来掌握的信息基础上，进一步深入广泛搜集、掌握与交易密切相关的信息，以作为再交易的参考和依据。例如，再交易企业剩余权利分享问题，物质资本所有者需要搜集过去该人力资本的价值信息，人力资本所有者需要搜集过去该物质资本所有者与人力资本所有者分享企业剩余的信息。这些都需要消耗一定的人财物。另外，还有决策费用。如果再交易对象不是唯一的，而是多方博弈，交易方就需要对博弈对象进行综合比较分析，最后做出决策，确定出唯一的交易对象。如果决策失误，还会增加决策费用，即重新进行决策的费用。

第二，再交易中费用。再交易中费用是指从再次交易开始到结束所发生的费用，主要包括四种费用。一是谈判费用。物质资本所有者与人力资本所有者搜集了再交易对象的信息及进行决策以后，就进入了谈判阶段。双方各自依据搜集的信息和所做出的决策，展开再次交易。经过激烈的讨价还价，最后达成意向协议。在谈判过程中，双方都要消耗一定的财力物力，付出谈判费用。二是制定契约费用。双方达成意向协议之后，就要共同起草制定交易契约。交易契约应包含交易双方的名称、交易事项、交易双方的权利和义务、违约的责任、契约有效期和交易时间，等等。制定契约也要消耗必要的人、财、物，也要支付交易费用。三是维护再交易秩序费用。在再交易过程中，特别是在再交易谈判和再交易契约制定中，再交易双方难免发生争执和冲突，这时就需要有关部门调解和协调，进而支付费用。例如，物质资本所有者或其代理人——经营者在与生产者进行有关工资问题的交易时，就可能会发生冲突。这就需要有关部门进行调解，以维护再交易秩序。四是执行契约费用。签订契约以后，交易并没有结束。因为尽管签订了契约，但是如果签订的契约没有得到执行，则交易的目的还是没有实现。所以，必须采取有力措施执行契约。执行契约也需要支付费用。

第三，再交易后费用。再交易后费用是指物质资本产权与人力资本产权再次交易完成以后所发生的费用。再次交易完成后发生的费用，即是威廉姆森所说的事后交易费用。事后交易费用是指契约签订后，为了解决契约本身存在的问题而改变条款或退出契约所支付的费用。主要包括[①]：一是当交易偏离了所要求的准则时所引起的不适应成本。例如，物质资本出资者要求企业经营者大幅度提高企业的经济效益，但经营者做不到；或者经营者要求物质资本出资者扩大授权，但物质资本出资者不同意。这些都会产生不适应成本。二是双方为了纠正事后偏离准则的行为而支付的努力成本和争论成本。例如，物质资本出资者找出各种理由，不允许经营者分享企业剩余索取权；但经营者也找出各种理由强调应该分享到企业剩余索取权。于是，产生了讨价还价成本。三是建立和运作管理机构而产生的成本。为了解决契约纠纷，就必须建立相应的管理机构，这必然要支付成本。另外，管理机构的运行和交易纠纷的解决，也需要支付成本。四是安全的、保证生效的抵押成本，即确保各种约定得以兑现所支付的成本，如交易契约的公证费。另外，还需要支付履约费用和监督费用，等等。

---

① 卢现祥：《新制度经济学》，武汉大学出版社 2004 年版，第 35 页。

第五节 物质资本产权与人力资本产权
"化合反应"*

　　企业是物质资本产权与人力资本产权的契约，是物质资本产权与人力资本产权交易①的结果。企业的建立标志着物质资本产权与人力资本产权已经"化合"为企业所有权。企业所有权是指剩余索取权和归属性控制权②。因此，深入研究物质资本产权与人力资本产权的"化合反应"具有十分重要的意义。这不仅有利于企业所有权理论的完善和发展，而且也有利于企业所有权应用于实践。

一　物质资本产权与人力资本产权"化合反应"的权能

　　物质资本产权与人力资本产权的"化合反应"是一种权利融合反应。"化合反应"的显著特点是物质资本产权与人力资本产权双方只有一部分权能参与反应。

　　首先，分析物质资本产权参与"化合反应"的权能。物质资本产权与人力资本产权要发生"化合反应"，两者就必须有紧密的接触或联系。而要使两者能够有紧密的接触或联系，就需要通过交易来实现。因此，达成交易是物质资本产权与人力资本产权发生"化合反应"的前提。一般认为，物质资本产权由所有权（狭义）、占有权、使用权、收益权和处置权等权能构成。物质资本产权与人力资本产权进行交易时，为了实现物质资本与人力资本的结合，物质资本所有者就必须让渡物质资本的占有权权能，以使人力资本能够

---

　　* 本节内容原载《学习与探索》2006 年第 5 期。
　　① 年志远：《论物质资本产权与人力资本产权交易》，《四川大学学报》（哲社版）2006 年第 1 期。
　　② 年志远：《人力资本产权与国有企业所有权安排》，经济科学出版社 2004 年版，第 79 页。

与物质资本结合。物质资本的占有权权能通过交易让渡了，物质资本的使用权权能也就自然而然地让渡了，因为人力资本只有实际"使用"物质资本，物质资本的价值才能保值和增值；物质资本的使用权权能让渡了，也就让渡了物质资本的处置权权能，因为物质资本"使用"的本身就是对物质资本的处置。

在物质资本产权与人力资本产权的交易过程中，物质资本所有权（狭义）权能不会让渡，因为物质资本所有权（狭义）权能是物质资本所有者拥有物质资本的法律凭证。如果让渡了，就会失去自己的物质资本；物质资本的收益权权能是物质资本产权与人力资本产权发生"化合反应"的出发点，物质资本所有者失去了收益权权能，物质资本产权与人力资本产权交易就失去了意义。通过对物质资本产权与人力资本产权参与交易的权能分析，可以确定，只有占有权权能、使用权权能和处置权权能等参与了交易让渡；所有权（狭义）权能和收益权权能没有参与交易让渡，仍然归属于物质资本所有者。因此，在物质资本产权与人力资本产权发生"化合反应"时，物质资本产权的权能中，只有占有权权能、使用权权能和处置权权能参与了"化合反应"。

其次，分析人力资本产权参与"化合反应"的权能。由物质资本产权参与"化合反应"的权能分析可知，交易也是人力资本产权与物质资本产权发生"化合反应"的前提条件。人力资本产权是由所有权（狭义）、占有权、实际使用权、法权使用权、收益权、实际处置权和法权处置权等权能构成的[①]。由于人力资本不能独立存在，只能存在于承载者的身体之中，所以，人力资本产权与物质资本产权交易时，人力资本所有权（狭义）权能、占有权权能、实际使用权权能和实际处置权权能不会通过交易让渡。因为人力资本承

---

① 年志远：《变异所有权与债权——也谈人力资本投资者的权利》，《天津社会科学》2004年第2期。

载者是人力资本唯一的所有者、占有者、实际使用者和实际处置者，必须拥有人力资本所有权（狭义）权能、占有权权能、实际使用权权能和实际处置权权能。如果让渡了，人力资本承载者将失去人身自由。这是法律所不允许的。

在人力资本产权与物质资本产权的交易中，人力资本的收益权权能是否会让渡取决于人力资本所有者与物质资本所有者的谈判能力强弱。人力资本所有者的谈判能力强，物质资本所有者的谈判能力弱，人力资本的收益权权能就不会让渡；物质资本所有者的谈判能力强，人力资本所有者的谈判能力弱，人力资本的收益权权能就必须让渡。人力资本是其承载者（所有者）的私人财产，承载者理应享有人力资本收益权权能。因此，在人力资本产权与物质资本产权的交易中，收益权权能不应让渡。

在人力资本产权与物质资本产权的交易中，人力资本法权使用权权能和法权处置权权能要让渡。因为这两项权能，是法律赋予物质资本所有者（或企业）使用和处置人力资本的权力，是一种支配权力，即依法支配人力资本所有者（或承载者）实际使用和实际处置人力资本的权力。物质资本所有者（或企业）通过运用人力资本法权使用权权能和法权处置权权能，使用和处置人力资本，实现物质资本收益权权能。

通过对人力资本产权与物质资本产权参与交易的权能分析，可以确定，只有法权使用权权能、法权处置权权能和收益权权能（人力资本所有者谈判能力弱时）参与了交易让渡；所有权（狭义）权能、占有权权能、实际使用权权能和实际处置权权能没有参与交易让渡，仍然归属于物质资本所有者。因此，在人力资本产权与物质资本产权发生"化合反应"时，人力资本产权的权能中，只有法权使用权权能、法权处置权权能和收益权权能（人力资本所有者谈判能力弱时）参与了"化合反应"。

二　物质资本产权与人力资本产权"化合反应"的条件

（一）物质资本产权与人力资本产权归属界定清晰

物质资本产权与人力资本产权达成交易，是两者发生"化合反应"的前提；而物质资本产权与人力资本产权要达成交易，两者的归属就必须界定清晰，特别是参与交易让渡的产权权能归属更需要界定清晰。对于物质资本产权来说，必须把占有权权能、使用权权能和处置权权能的归属界定清晰；对于人力资本产权来说，必须把法权使用权权能和法权处置权权能的归属界定清晰。归属不清晰的产权是无权签约的。因为如果物质资本产权与人力资本产权的归属界定不清晰，即使达成了交易，也会带来不断的麻烦，还可能造成经济损失。例如，企业培养出某个高级专门技术人员，但并没有明确高级专门技术人员不能在业余时间到其他企业使用该高级专门技术，因此，在业余时间，高级专门技术的法权使用权权能和法权处置权权能的归属没有界定清晰，则培养高级专门技术人员的企业有可能遭受损失。

（二）物质资本产权与人力资本产权可以分解

产权分解，是指产权可以分解成若干项权能的现象。产权分解为物质资本产权与人力资本产权的交易、让渡和"化合反应"奠定了基础，创造了条件。因为物质资本产权与人力资本产权在交易、让渡和"化合反应"过程中，不是双方完整的产权交易、让渡和"化合反应"，而是各自产权中的一部分权能的交易、让渡和"化合反应"。完整的产权交易、让渡和"化合反应"将使物质资本所有者失去物质资本及收益，使人力资本所有者失去自由。所以，只有在双方产权分解的前提下，交易、让渡和"化合反应"才能符合现代社会规则。

物质资本产权与人力资本产权的"化合反应"，实际上是物质资本产权中的占有权权能、使用权权能和处置权权能等，与人力资本产权中的法权使用权权能、法权处置权权能和收益权权能（人力资本所有者谈判能力弱时）发生的"化合反应"。

（三）物质资本与人力资本相互关联

物质资本与人力资本相互关联，是指二者在某一方面或某一点上可以形成互为需求和供给的关系。如果二者不能相互关联，不能形成互为需求和供给的关系，那么二者就不能或很难发生"化合反应"。物质资本可以是实物形态，也可以是价值形态；人力资本可以是健康、知识，也可以是技术、能力等。不同的物质资本需求，需要不同类型的人力资本供给；不同类型的人力资本需求，需要不同的物质资本供给。例如，物质资本是实物形态的机械设备，那么，这种物质资本就与具有机械管理、机械知识和机械技能等的人力资本形成了互为需求和供给的联系。从物质资本所有者的角度来说，可以供给物质资本产权，需求人力资本产权；从人力资本所有者的角度来说，可以供给人力资本产权，需求物质资本产权。如果物质资本不是实物形态的资本，而是价值形态的资本，比如是货币，那么，这种资本就会与具有投资技术、投资知识等的人力资本形成互为需求和供给的联系；如果人力资本是投资技术和投资知识等，那么，这种资本就会与物质资本——货币形成互为需求和供给的联系。只有物质资本与人力资本相互关联，物质资本产权与人力资本产权才能发生"化合反应"。

（四）物质资本产权与人力资本产权彼此相容

物质资本产权与人力资本产权彼此相容，是指两种产权的供给与需求的相互适应性，即物质资本产权的供给或需求，与人力资本产权的需求或供给相平衡。两种产权只有彼此相容，才有可能达成交易，也才有可能实现"化合反应"。具体来说，两者的彼此相容主要表现在以下三个方面。

第一，时间相容。时间相容是指物质资本产权与人力资本产权供给与需求（或需求与供给）双方在时间上保持的一致性，即物质资本产权的供给或需求的时间与人力资本产权的需求或供给的时间相平衡。时间相容直接影响到物质资本所有者与人力资本所有者双方的利益。一般来说，相容的时间越长，越有利于双方的共同利益；相容的时间越短，越不利于双方的共同利益。双方应尽可能延长相容的时间，以保证共同的利益。因此，双方需要学会妥协，以妥协求得长期相容。

第二，专用性相容。专用性相容是指物质资本产权与人力资本产权供给与需求（或需求与供给）在内容上保持的一致性，即物质资本产权的供给或需求的内容与人力资本产权的需求或供给的内容相平衡。专用性相容直接影响到物质资本所有者与人力资本所有者双方能否达成交易和能否发生"化合反应"。如果两者专用性相容，就能够发生"化合反应"；如果两者专用性不相容，就不能够发生"化合反应"。

第三，权益相容。权益相容是指物质资本产权与人力资本产权供给与需求（或需求与供给）在权益上保持一致性，即物质资本产权的供给或需求的权益与人力资本产权的需求或供给的权益相平衡。权益相容，物质资本产权与人力资本产权就能够发生"化合反应"；权益不相容，物质资本产权与人力资本产权就不能够发生"化合反应"。

三　物质资本产权与人力资本产权"化合反应"的动力

物质资本产权与人力资本产权"化合反应"的动力，来源于物质资本与人力资本保值和增值的需要。如果物质资本产权与人力资本产权不发生"化合反应"，即物质资本产权与人力资本产权不达成交易，则物质资本仍然归属于物质资本所有者所有，人力资本仍然归属于人力资本所有者所有。物质资本财产和人力资本财产仍然分别以独立的方式存在。这种独立存在的物质资本和人力资本，难以保值和增值。这是因为就物质资本而言，如果独立放置，实物形态的物质资本要发生损耗或折旧，不仅难以保值和增值，而且价值还会不断降低；价值形态的物质资本，尽管价值有保值的可能，但升值的可能性也极小。因此，物质资本所有者为了实现物质资本的保值和增值，有动力用自身的物质资本产权与人力资本产权进行交易，并努力达成交易，实现物质资本产权与人力资本产权的"化合反应"。

就人力资本而言，由于人力资本是一种活的资本，所以，需要各种消费不断补充价值，特别是不断补充食物。否则，人力资本的价值不仅不会保值和增值，而且还会失去。人只有吃饭、穿衣、休息及就医等，才能生存，才能健康，人力资本的价值才能发挥出来；如果人没有饭吃、没有地方休息以及没有钱就医等，就不能生存，不能健康，人力资本的价值也自然难以发挥出来，更谈不上价值增值。因此，人力资本所有者为了实现人力资本的保值和增值，也有动力用自身的人力资本产权与物质资本产权进行交易，并努力达成交易，实现人力资本产权与物质资本产权的"化合反应"。

要实现物质资本与人力资本的保值和增值，其有效的途径之一，是通过物质资本产权与人力资本产权交易建立企业，企业生产产品或提供服务，获得企业剩余。物质资本所有者与人力资本所有者共同分享企业剩余，达到实现资本保值和增值的目标。当然，物质资本与人力资本能否实现保值和增值，还主要取决于物质资本所有者与人力资本所有者是否拥有企业所有权，以及拥有的企业所有权份额。拥有的企业所有权份额与资本份额相适应，物质资本与人力资本就可以实现保值和增值。反之，则难以实现保值和增值。

物质资本产权与人力资本产权达成交易，就发生"化合反应"，生成企业所有权。企业所有权是一个集合体，主要是由出资者企业所有权（或股东企业所有权），经营者企业所有权和生产者企业所有权等构成。物质资本出资者获得出资者企业所有权（或股东企业所有权），企业家人力资本出资者获得经营者企业所有权，一般人力资本出资者获得生产者企业所有权，准物质资本出资者——债权人获得债权人企业所有权。通过拥有企业所有权，物质资本与人力资本实现保值和增值。

如果物质资本产权与人力资本产权没有达成交易，企业就不能建立，物质资本产权与人力资本产权也不能发生"化合反应"，物质资本与人力资本保值和增值的目标也就难以实现。

四　物质资本产权与人力资本产权"化合反应"的过程及生成物

物质资本产权与人力资本产权的"化合反应"是一个长期的过程。具体来说，是分四个阶段进行的。

第一阶段：当物质资本产权与人力资本产权达成交易让渡后，两者即发生初始"化合反应"，生成出资者企业所有权、不完备经营者企业所有权和不完备生产者企业所有权。出资者企业所有权指企业剩余索取权与出资者企业控制权；不完备经营者企业所有权指经营者企业控制权；不完备生产者企业所有权指生产者企业控制权。

第二阶段：在"控制权应与剩余索取权对称"理论的"催化"下，不完备经营者企业所有权继续进行"化合反应"，转化为经营者企业所有权。经营者企业所有权是指企业剩余索取权与经营者企业控制权。

第三阶段：同样是在"控制权应与剩余索取权对称"理论的"催化"下。不完备生产者企业所有权继续进行"化合反应"，转化为生产者企业所有权。生产者企业所有权是指企业剩余索取权与生产者企业控制权。

第四阶段：如果企业举了债，而且又出现非正常经营状态，那么，物质资本产权与人力资本产权的"化合反应"还将继续，生成不完备债权人企业所有权。不完备债权人企业所有权是指债权人企业控制权。

企业所有权有三种类型：即出资者企业所有权、经营者企业所有权和生产者企业所有权。在内涵上，这三种企业所有权既有联系又有区别。三者的联系是，都含有剩余索取权要素；三者的区别是，控制权的性质不同。出资者企业所有权中含有最终控制权，经营者企业所有权中含有经营控制权，生产者企业所有权中含有直接控制权。

企业所有权是一种制度安排。"广义的公司治理结构与企业所有权安排几乎是同一个意思，或者更准确地讲，公司治理结构只是企业所有权安排的具体化，企业所有权是公司治理结构的一个抽象概括。"①

企业所有权是一种状态依存所有权（State-contingentownership）。企业所有权的状态依存特征，是指企业所有权并不固定安排给哪一个契约主体永久拥有，而是根据企业的生产经营状态，相机安排给相应的契约主体。或者说，在某种企业的生产经营状态下，企业所有权安排给甲主体；但在另一种企业的生产经营状态下，企业所有权又会安排给乙主体。企业所有权的状态依存特征是企业的一种自我调整和完善机制，正是这种机制的存在和运行，才使企业得以生存、发展和富于竞争力，也使企业各利益主体的利益得以保证。如果企业没有这种自我调整和完善机制，将难以生存和

---

① 张维迎：《企业理论与中国企业改革》，北京大学出版社 1999 年版，第 86 页。

发展。

企业所有权具有激励功能。一是引导企业所有权主体的行动方向。企业所有权具有行为导向作用，它可以激发、诱导和促使主体的行为始终朝着企业所有权指定的方向努力。企业所有权是通过其剩余索取权激发主体预期收益动机，使其产生责任感和使命感，进而采取积极、主动、认真、负责的态度和行为，把个体的目标与企业的目标结合起来，提高工作效率，实现工作目标。企业所有权主体在行动之前，行动的目的和基本的预定结果就以观念的形式存在大脑中了。主体据此做出计划，指导自己的行动，使之达到预期目的。在企业所有权的不断激励下，主体的行为会始终朝着一定的目标进行，如果主体的行为偏离了预定的目标，企业所有权就会通过各种控制和调节活动，纠正和引导主体的行为回到既定的目标上来，继续朝着既定的目标前进，直至实现目标。二是为企业所有权主体提供持续的动力。企业所有权为主体确定了预定的目标，并不断地强化该目标，强化主体的行动方向。主体将为实现该预定目标而不懈努力。一般而言，在预定目标没有实现之前，主体努力的行为是不会停止的。受某种外在因素的影响和制约，主体也许会改变其行为的方式，但不会停止其行为，仍然会继续不断地向目标前进。

这是因为，如果预定的目标没有实现，主体的预期收益也将难以实现。企业所有权推动主体实现预定目标的行为过程具有稳定性、持久性和坚韧性，使主体具有持续的动力。

主要参考文献

布莱尔：《所有权与控制：面向 21 世纪的公司治理探索》，中国社
　　会科学出版社 1999 年版。

费方域：《企业的产权分析》，上海三联书店、上海人民出版社
　　1998 年版。

冯子标：《人力资本运营论》，经济科学出版社 2000 年版。

甘培忠：《企业与公司法学》，北京大学出版社 1998 年版。

郭庆松、刘建洲、李婷玉：《新形势下国有企业劳动关系研究》，中
　　国社会科学出版社 2007 年版。

何玉长：《国有公司产权结构与治理结构》，上海财经大学出版社
　　1997 年版。

黄群慧：《企业家激励约束与国有企业改革》，中国人民大学出版社
　　2000 年版。

黄少安：《产权经济学导论》，经济科学出版社 2004 年版。

李建民：《人力资本通论》，上海三联书店 1999 年版。

李建民：《人力资本通论》，上海三联书店、上海人民出版社 1999
　　年版。

李建伟：《国有独资公司前沿问题研究》，法律出版社 2002 年版。

李苹莉：《经营者业绩评价——利益相关者模式》，浙江人民出版社
　　2001 年版。

罗能生：《产权的伦理维度》，人民出版社 2004 年版。

《马克思恩格斯全集》（第 1 卷），人民出版社 1975 年版。

马克思：《哥达纲领批判》，人民出版社 1965 年版。

马克思：《资本论》（第 1 卷），人民出版社 1975 年版。

马克思：《资本论》（第 2 卷），人民出版社 1975 年版。

马克思：《资本论》（第 3 卷），人民出版社 1975 年版。

［美］麦克尼尔：《新社会契约论》，雷喜宁、潘勒译，中国政法大
　　学出版社 1994 年版。

年志远等：《国有资产流失及其治理机制研究》，经济科学出版社
　　2012 年版。

年志远：《企业理论与经济发展研究》，吉林大学出版社 2014 年版。

潘胜文：《垄断行业收入分配状况分析及规制改革研究》，中国社会
　　科学出版社 2009 年版。

潘石、年志远等：《加入 WTO 后国企改革：新思路·新理论·新对
　　策》，经济科学出版社 2011 年版。

王文钦：《公司治理结构之研究》，人民出版社 1994 年版。

吴江等：《非公有制企业劳资关系研究——以广东为例》，经济科学
　　出版社 2008 年版。

颜震华、王绍海：《教育激励的理论与实践》，吉林大学出版社
　　1992 年版。

杨瑞龙：《现代企业产权制度》，中国人民大学出版社 1998 年版。

杨瑞龙、周业安：《企业的利益相关者理论及其应用》，经济科学出
　　版社 2000 年版。

易宪容：《现代合约经济学导论》，中国社会科学出版社 1997 年版。

约翰·伊特韦尔、默里·米尔盖特、彼得·纽曼：《新帕尔格雷夫
　　经济学大辞典》（第 3 卷），经济科学出版社 1997 年版。

张维迎：《企业的企业家——契约理论》，上海三联书店、上海人民

出版社 1995 年版。

张维迎：《企业理论与中国企业改革》，北京大学出版社 1999 年版。

赵履宽、黄定康：《劳动科学大辞典》，四川科学技术出版社 1991
年版。

邓义、张燕：《试论我国国有独资公司的监事会制度》，《哈尔滨学
院学报》2007 年第 8 期。

洪远朋、叶正茂、李明海：《共享利益制度：一种新的企业制度》，
《复旦学报》（社科版）2001 年第 3 期。

黄乾、李建民：《人力资本、企业性质和企业所有权安排》，《经济
学家》2001 年第 6 期。

黄乾：《企业所有权安排的理论探讨》，《河北学刊》2002 年第
2 期。

黄乾：《人力资本产权的概念、结构与特征》，《经济学家》2000 年
第 5 期。

李佳薇：《国有独资公司治理结构问题探究》，《沈阳工业大学学
报》（社会科学版）2008 年第 1 期。

李敏、张彤：《西方劳资关系冲突管理研究综述》，《华南理工大学
学报》（社会科学版）2002 年第 3 期。

刘大可：《论人力资本的产权特征与企业所有权安排》，《财经科
学》2001 年第 3 期。

马宏亮：《企业非正式群体的特点和作用》，《现代企业》2006 年第
6 期。

年志远：《论人力资本产权交易》，《经济纵横》2002 年第 1 期。

年志远：《企业委托代理劳资关系研究》，《吉林大学社会科学学
报》2011 年第 5 期。

年志远：《人力资本产权交易研究》，《经济纵横》2002 年第 2 期。

年志远、王一棠：《企业个体劳资关系研究——兼论国有垄断企业个体劳资关系》，《吉林大学社会科学学报》2016 年第 1 期。

年志远：《中国私营企业成长中的制度变迁》，《吉林大学社会科学学报》2001 年第 1 期。

牛德生：《关于企业所有权安排理论的观点述评》，《经济学动态》1999 年第 4 期。

王健民：《论人力资本产权的特殊性》，《财经科学》2001 年第 6 期。

王璐玲、王琪琼：《人力资本产权问题研究的综述及阐发》，《人口与经济》2002 年第 3 期。

邢乐成、王军：《企业性质及其内部权利分配》，《新华文摘》2001 年第 12 期。

杨其静：《合同与企业理论前沿综述》，《经济研究》2002 年第 1 期。

杨瑞龙、刘刚：《双重成本约束下的最优企业所有权安排》，《江海学刊》2002 年第 1 期。

杨正喜、唐鸣：《转型时期劳资冲突的政府治理》，《中南民族大学学报》（人文社会科学版）2008 年第 2 期。

姚树荣、张耀奇：《人力资本含义与特征论析》，《上海经济研究》2001 年第 2 期。

张海生：《公司治理结构的理论基础》，《理论月刊》2008 年第 9 期。

张曙光：《企业理论创新及分析方法改造》，《中国书评》1996 年第 5 期。

张维迎：《控制权损失的不可补偿性与国有企业兼并中的产权障碍》，《经济研究》1998 年第 7 期。

张元洁：《论国有独资公司治理结构的完善——基于新〈公司法〉

的考量》,《中共山西省委党校学报》2007 年第 4 期。

钟朋荣:《中国企业归谁所有》,《时代工商》2002 年第 3 期。

周其仁:《市场里的企业:一个人力资本与非人力资本的特别合约》,《经济研究》1996 年第 6 期。

Antoine BEVORT & Annette JOBERT（2011）. Sociologie du travail: les relations professionnelles, 2eédition, Paris: Armand Colin.

Benjamin Klein, Robert G. Crawford and Armen A. Alchian, "Vertical Integration, Appropriable Rents and the Competitive Contracting Process", *Journal of Law and Economics*, Vol. 21, No. 2, 1978.

Coaser H., "The nature of the firm", *Economica*, No. 4, 1937。

Franz Traxler, "The state in industrial relations: A Cross-National Analysis of Development and Socioeconomic Effects", *European Journal of Political Research*, Vol. 36, No. 1, 1999.

George Baker, Roberts Gibbons and Kevin Murphy, "Relational Contracts and the Theory of the Firm", *Quarterly Jour-nal of Economics*, Vol. 117, 2002.

Morgan, R., Hunt, S., "The Commitment-trust Theory of Relationship Marketing", *Journal of Marketing*, Vol. 58, 1994.

Steve Williams, "The Nature of Some Recent Trade Union Modernization Policies in The UK", *British Journal of Industrial Relations*, Vol. 35, No. 4, 1997.

Williamson, O. E., *The Economic Institutions of Capitalism*, New York: Free Press, 1985.